“十二五”职业教育国家规划教材
经全国职业教育教材审定委员会审定

全国高职高专会计专业工作过程导向系列教材

企业经济业务核算

QIYE JINGJI YEWU HESUAN

主　编　马　红　刘　波
主　审　马会起　牟清华

中国财政经济出版社

图书在版编目（CIP）数据

企业经济业务核算／马红，刘波主编．—北京：中国财政经济出版社，2014.7
“十二五”职业教育国家规划教材
ISBN 978－7－5095－5300－8

Ⅰ.①企…　Ⅱ.①马…②刘…　Ⅲ.①企业经济－经济核算－高等职业教育－教材
Ⅳ.①F275

中国版本图书馆CIP数据核字（2014）第072909号

责任编辑：尉　敏　　　　责任校对：胡永立
封面设计：华乐功　　　　版式设计：董生萍

中国财政经济出版社出版
URL：http：//www.cfeph.cn
E－mail：jiaoyu@cfeph.cn

社址：北京市海淀区阜成路甲28号　邮政编码：100142
营销中心电话：88190406　编辑部门电话：88190679
北京财经印刷厂印刷　各地新华书店经销
787×1092毫米　16开　14.75印张　357 000字
2015年2月第1版　2015年2月北京第1次印刷
定价：29.00元
ISBN 978－7－5095－5300－8/F·4286
（图书出现印装问题，本社负责调换）
本社质量投诉电话：010－88190744
反盗版举报热线：88190492、88190446

总 序

会计专业是高等职业教育领域规模较大的专业之一，全国1280所高等职业院校中有700余所院校开设了会计类专业，会计高等职业教育空前繁荣。随着办学规模的扩大，会计专业高等职业教育也一直存在培养目标模糊、知识本位倾向严重、高职特色不鲜明、教学过程与工作过程偏离等诸多问题。知识本位倾向和学科型特征尤为明显，被人们称为本科会计的“压缩饼干”。会计专业高等职业教育越来越不能适应经济社会对高素质技能型会计人才的需求。

会计行业的蓬勃发展和高等职业教育大踏步前进呼吁高等会计职业教育进行脱胎换骨的改革。近年来，我国高等职业教育围绕“专业对接产业职业岗位，课程内容对接职业标准，教学过程对接生产经营过程，学历证书对接职业资格证书，职业教育对接终身学习”的改革目标，在教育理念、培养目标、课程体系、师资队伍、实践条件和运行机制等方面进行了深入探索和大胆尝试，取得了系列改革成果。与此同时，高等会计职业教育领域也在积极尝试案例教学、任务驱动教学、项目教学和工作过程系统化教学等系列改革并取得了一定成就，积累了一批优秀的教学改革成果。一大批优秀的双师型教师迅速成长，一部分优秀的会计教学精英脱颖而出。

为了更好地总结会计专业教学改革的经验，推动优秀教学成果进学校、进课堂、进课本，把会计专业教学改革成果转化为丰富的教学内容，充分展现高职会计专业教育的会计属性、高职特征，我社组织了国内一批优秀会计教育教学专家，组成了“全国高职高专会计专业工作过程导向系列教材”项目开发组，在已积累的会计专业改革成果的基础上，通过近两年的努力开发了这套“全国高职高专会计专业工作过程导向系列教材”。

该系列教材是一套以企业会计工作任务为基本载体，以企业会计工作过程为基本脉络精心设计的突出教学做一体化的新体系教材。编写这套教材的基本理念是“能力本位，工学结合，校企合作，持续发展”，其基本的出发点是培养学生的职业能力，提高学生职业素养；基本路径就是工学结合、校企合作；根本目标是促进学生的可持续发展。

教材是教学内容的基本载体，是教学改革成果的综合反映，所以本套教材的设计就是要尽可能地彰显高职会计职业教育的会计职业特征和高等教育属性。我们凝炼和坚持的高等会计职业教育理念是“能力本位、持续发展、工学结合、校企合作”。“能力本位”主要体现高等职业教育的职业属性，是高等会计职业教育区别于普通会计高等教育的主要特征，高等会计职业教育坚持能力本位，讲究工作过程的系统性和完整性，而普通高等会计教育坚持学科本位，讲究知识体系的完整性；“持续发展”主要体现高等职业教育的高等属性，是高等职业教育区别于中等职业教育的重要特征，高职会计与中职会计最大的区别就在于可持续发展能力上。为此，本套教材在编写中以“职业能力”培养为根本出发点，以“典型岗位任务”为中心整合“知识、素质、技能”等教学内容，突出能力培养过程必须的“学习情境”设计、“职业环境”描述、“实践操作”指导等要素，使学习者在学习中逐渐熟悉职业岗位任务，提高职业岗位能力。同时，教材编写充分考虑了学习者的职业发展需求和综合素质培养要求，理论教学内容在做到“必需、够用”的基础上，具有一定的职业延展性；实践教学内容在按工作步骤完成“典型工作任务”的基础上，提示学习者思考实际工作中出现的各类“实践性”问题，培养学生在基本学习前提下的创新能力和对会计职业实践操作的逻辑思维能力。“工学结合、校企合作”是高等职业教育教学的组织模式和办学途径，也是实现高等职业实践性教学特点的必由之路。为此，教材编写一方面以“工学结合”理念为指导，按照“学中做”“做中学”的教学组织特点安排教学内容，引导教师和学生通过学练结合的方式掌握知识和技能并将其转化为职业能力；另一方面，教材编写注重与会计工作实践相结合，教材所选的“典型工作任务”、“工作流程”、“操作规范”、“票证账表”等均来自于企业、税务和银行一线，具有很强的实践性和时效性。

彰显高职会计专业学生优势，必须正确定位培养目标，合理搭建课程体系和科学重组教学内容。项目组在对会计职业进行调研分析的基础上，将高职会计专业的就业岗位定位于中小企业、非营利组织及社会中介机构的出纳、会计核算、会计监督、资金管理、会计信息管理、会计工作管理、税务管理等职业岗位。以培养目标即职业岗位为逻辑起点，项目组经过多次讨论，搭建了包括“会计基础、财务会计、成本会计、政府与非营利组织会计、经济法、审计实务、管理会计、财务管理、财务报表分析、会计信息化、财经法规与会计职业道德、会计制度设计、纳税实务、会计综合实训、会计英语”等15门学习领域课程在内的专业课程体系，形成了本系列教材的编写课程科目。在此基础上，教材编写遵循工作过程导向课程开发理论，采用职业含义更加丰富的“学习情境”搭建教学单元，按照“分析职业岗位设置——确定职业岗位典型工作任务——归纳形成学习情境——细分典型工作任务——归纳形成学习子情境——子情境工作过程步骤”的逻辑线索，以各职业岗位的典型工作任务为中心科学重组理论知识与实践技能，以完成工作任务的工作过程为导向序化教学内容，形成学习领域课程的各个“学习情境”，使“知识、技能、素质”的培养与典型工作任务的完成明晰对应起来。学习情境式教学单元融合了岗位任务完成所需的“职业环境、岗位要求、典型任务、职业工具和职业资料”，立体化地描述了完成一项典型工作任务的工作过程和工作情境，再现了大量真实的会计职业的账、证、表，充分体现了高等职业教育的职业性、实践性特点。

本系列教材的编写伴随着我国职业教育改革的历程，历时近两年，是编写者心血与智慧的结晶。我们衷心地希望它的出版能够为我国高等职业教育会计专业教学改革提供一个新的思路和一个新的载体。同时，我们也深深知道本系列教材的问世仅仅是我们在职业教育改革进程中的一个新起点，今后将随着经济社会与会计行业发展不断对其修订，以为会计改革实践和会计职业教育繁荣做出应有的贡献。在此，我们真诚的希望各位老师在教材的使用过程中，及时提出意见和建议，使之不断完善提高。

中国财政经济出版社

2014 年 5 月

前　言

"企业会计实务"学习领域的前置专业课程是"会计基础"，该课程的开设还为"成本核算与分析"、"企业财务管理"、"会计电算化"、"会计报表编制与分析"和"审计基础与实务"等后续学习领域的学习奠定基础。通过学习本学习领域，使学生在熟悉会计基础理论的基础上，理解企业会计实务的基本理论和技能，掌握企业经常发生的和企业非常重要的经济业务的核算的知识和技能，能胜任企业对"企业会计实务"核算岗位的要求，为企业管理层提供及时可靠的财务核算资料。

《企业经济业务核算》教材与其他版本教材的重要区别在于：本教材的内容是在与从事企业会计实务工作的专家进行了多次探讨的基础上确定的，符合企业的需求，按照工作过程和会计岗位的设置安排了教学和实训内容，实训与理论学习同步完成。力求达到"学以致用、学以会用"的目的，努力实现学用零距离。这种改革预期的好处在于：尽量减少空洞的理论说教，学习的内容尽可能接近工作的内容，通过学习不仅掌握知识，更重要的是对不同企业经济业务的适应，在处理基本业务的基础上，学会分析和应用。学生可以在学习中了解和熟悉将来的工作过程和内容，将理论学习和实践完全融合在一起，尽可能地减少理论与实践的界限，充分地体现了职业教育的特色。本教材不仅适用于职业院校相关课程的教学和学习，也可供作为在职人员及其他人员的学习用书或参考书。

本教材由四川财经职业学院联合新希望集团共同开发，由四川财经职业学院马红老师对全书进行总纂、修改、完善，由四川财经职业学院会计系主任马会起和新希望集团财务总部部长牟清华审定。具体编写分工如下：情境一由田云老师编写；情境二由杨勇老师编写；情境三由李健老师编写；情境四由夏小鸿老师编写；情境五由岳秀敏老师编写；情境六由王晶晶老师编写；情境七由马红老师编写；情境八由李代俊老师编写；情境九由林丽娜老师编写；情境十由孙琳老师编写。

任何一项改革都不会是一帆风顺的，《企业经济业务核算》这一门课程从我们达成需要改革的共识，到这本教材的付梓印刷，几经周折，历时一年多时间，由于种种原因，在职业能力训练部分还需大力加强和完善。同时，由于会计专业改革在不断推进，每个人对会计准则有关知识点的理解可能角度不同，而实际工作中每个单位都有自己的特色和个性，加之职业教育中的许多问题也在探索之中，难免出现疏漏或问题，在此敬请广大读者和同仁们不吝赐教，以便不断修改、完善。

编　者

2014 年 6 月

目录

1 学习情境一 货币资金的核算

情境学习目标

■ 能正确判断库存现金、银行存款和其他货币资金核算的范畴；

■ 能充分了解企业库存现金的内部控制和管理制度；理解企业银行账户的管理和银行支付结算办法；能对银行存款进行期末清查，并编制银行存款余额调节表；

■ 能正确编制和审核货币资金业务会计凭证；

■ 能完成现金日记账、总账，银行存款日记账和总账，以及其他货币资金总账和明细账的建立；

■ 能完成货币资金有关账簿的登记；

■ 能了解货币资金账务处理结果提供的会计信息。

情境关键术语

库存现金　　银行存款　　其他货币资金

情境有关参考资料

■ 《企业会计准则》

■ 《初级会计实务——2014 年度全国会计专业技术资格考试辅导教材》

学习子情境一
库存现金的核算

☞ 科目设置

为了总括地反映企业库存现金的收入、支出和结存情况，企业应当设置“库存现金”科目。该科目属于资产类科目，借方反映库存现金的增加，贷方反映库存现金的减少，余额在借方，反映企业实际持有的库存现金。企业内部各部门周转使用的备用金，可以单独设置“备用金”科目进行核算。

为了反映企业库存现金的收入、支出和结存的详细情况，企业除进行库存现金总分类核算外，还应当设置“库存现金日记账”，由出纳人员根据收付款凭证，按照业务发生顺序逐日逐笔登记。每日终了，应当计算当日的现金收入合计额、现金支出合计额和结余额，将结余额与实际库存额核对，做到“日清月结”。

核算内容

一、库存现金概述

（一）库存现金的概念

库存现金通常是指存放在企业财会部门，由出纳员保管的主要用于企业日常零星开支的货币，包括人民币和外币。库存现金是企业流动性最强的资产，企业应当严格遵守国家有关现金的管理制度，并正确核算企业库存现金的收支情况。

（二）现金的使用范围

1. 职工的工资、津贴；
2. 个人劳务报酬；
3. 根据国家规定发给个人的科学技术、文化艺术、体育等各种奖金；
4. 各种劳保、福利费用以及国家规定的对个人的其他支出；
5. 向个人收购农副产品和其他物资的价款；
6. 出差人员必须随身携带的差旅费；
7. 结算起点（1 000 元）以下的零星支出；
8. 中国人民银行确定需要支付现金的其他支出；

不属于上述现金使用范围的其他款项支付，一律通过银行进行转账结算。

（三）现金的库存限额

由开户银行根据企业的实际需要核定，一般按照企业 3～5 天日常零星开支的需要确定；边远地区和交通不便地区开户企业的库存限额，可按多于 5 天但不超过 15 天的日常零星开支的需要确定。库存限额不足时应及时补足，超出限额的现金应及时送存银行。

（四）现金的收支规定

企业在办理有关现金收支业务时，应遵守以下规定：

1. 企业的现金收入应于当日送存开户银行，当日送存确有困难的，由开户银行确定送存时间。

2. 企业不得从本单位的现金收入中直接支付现金，即不得“坐支”现金。

3. 企业签发现金支票从开户银行提取现金时，应如实写明提取现金的用途，由本单位财会部门负责人签字盖章，并经开户银行审查批准后，予以支付现金。

4. 不准用不符合国家统一会计制度的凭证顶替库存现金，即不得“白条抵库”；不准用企业银行账户代其他单位和个人存入或支取现金；不准保留账外公款，即不得“公款私存”，不得设置“小金库”等。

二、库存现金的核算

（一）现金收付的核算

企业收到现金时，借记“库存现金”科目，贷记有关科目；付出现金时，借记有关科目，贷记“库存现金”科目。

（二）现金清查的核算

为了加强对企业库存现金的监督，保证企业库存现金的安全和完整，企业应采用实地盘点法，定期或不定期对库存现金进行清查。对于清查中发现的现金短缺或现金溢余，在查明原因前，应先记入“待处理财产损溢”科目，并同时调整“库存现金”科目的账面余额，做到账实相符。待查明原因并按管理权限报经批准后，从“待处理财产损溢”科目转出，分别按下列情况处理：

1. 若为现金短缺，属于应由保险公司赔偿或应由责任人赔偿的部分，记入“其他应收款”科目；属于无法查明原因的部分，记入“管理费用”科目。

2. 若为现金溢余，属于应支付给有关单位或人员的，记入“其他应付款”科目；属于无法查明原因的部分，记入“营业外收入”科目。

典型案例

一、预借、报销差旅费

（一）非定额备用金：按需支付，用后报销，一次结清。

案例1－1：

1. 华美装饰材料有限责任公司采购部王刚出差借支差旅费3 500元，以现金付讫。

借：其他应收款——王刚　　3 500

　　贷：库存现金　　3 500

2. 华美装饰材料有限责任公司采购部王刚出差归来，报销差旅费3 400元，余款退回。

借：管理费用　　3 400

　　库存现金　　100

　　贷：其他应收款——王刚　　3 500

（二）定额备用金制度：按定额拨付，定期报销，报销时补足定额。

案例1－2：

（1）华美公司对总务部实行定额备用金制度，首次核定的定额为20 000元，以现金付讫。

借：其他应收款——总务部　　20 000

　　贷：库存现金　　20 000

（2）当月总务部凭单据报销备用金3 000元。

借：管理费用　　3 000

　　贷：库存现金　　3 000

二、其他现金收支业务

案例1－3：华美装饰材料有限责任公司销售部购买办公用品600元，以现金付讫。

借：销售费用　　600

　　贷：库存现金　　600

案例1－4：华美装饰材料有限责任公司用现金发放职工工资58 000元，代扣水费9 000元。

借：应付职工薪酬——工资　　67 000

　　贷：库存现金　　58 000

　　　　其他应付款——自来水公司　　9 000

案例1－5：华美装饰材料有限责任公司出售部分多余材料取得现金234元（含税），并开出增值税专用发票。

借：库存现金　　234

　　贷：其他业务收入　　200

　　　　应交税费——应交增值税（销项税额）　　34

三、现金盘盈业务

案例1－6：华美装饰材料有限责任公司某月末盘盈现金100元，报批后查明其中有80元属于应支付给有关人员或单位的款项，其余20元属于无法查明原因的现金溢余，转作营业外收入处理。

(1) 现金盘盈时：

借：库存现金	100	
贷：待处理财产损溢		100

(2) 报批后：

借：待处理财产损溢	100	
贷：营业外收入		20
其他应付款		80

四、现金盘亏业务

案例1-7：华美装饰材料有限责任公司某日盘亏现金80元，报批后查明其中有50元属于应由责任人赔偿的款项，其余30元属于无法查明原因的现金短款，作为管理费用处理。

(1) 现金盘亏时：

借：待处理财产损溢	80	
贷：库存现金		80

(2) 报批后：

借：管理费用	30	
其他应收款	50	
贷：待处理财产损溢		80

情境演练1-1

龙都公司于2008年7月设立，主营家用电器的制造、销售。2014年3月~2014年8月有关库存现金的业务如下：

业务1：2014年3月12日，财务部购买办公用品800元，以现金付讫。

业务2：2014年4月9日，公司出售多余原材料取得现金117元（含增值税）。

业务3：2014年5月27日，采购员王琳出差前到财务部预借差旅费5 000元，出纳员以现金付讫。

业务4：2014年6月8日，采购员王琳出差归来，报销差旅费4 800元，余款退回。

业务5：2014年7月29日，财务部在清查库存现金时发现溢余200元，原因待查。

业务6：2014年7月30日，经查上述溢余现金中，有160元系应付给司机刘强的油费，其余原因不明。

业务7：2014年8月15日，财务部进行库存现金清查时，发现现金短缺 3 000 元，原因待查。

业务 8： 2014 年 8 月 20 日，经查上述短缺现金中，有 800 元系出纳员黄茜工作疏忽所致，应责令其赔偿，其余无法查明原因。

要求：（1）查找资料，了解上述业务完成的过程以及涉及的部门；

（2）确认上述业务发生或完成时应取得的单据；

（3）编制上述业务的会计分录。

学习子情境二
银行存款的核算

☞ 科目设置

企业通过设置“银行存款”科目，核算银行存款资金的增减变动。该科目借方登记银行存款的增加，贷方登记银行存款的减少，期末余额在借方，反映企业实际拥有的银行存款数额。

为了及时地核算银行存款的收、付和结存情况，加强对银行存款的管理，企业除进行银行存款总账核算外，还应设置“银行存款日记账”，进行序时核算。出纳人员应按经济业务发生的时间顺序，逐日逐笔记录银行存款的增减变动，并且每日终了应当结出余额（不必每日结计发生额）。

核算内容

一、银行存款概述

（一）银行存款的管理

银行存款是指企业存放在银行或其他金融机构的货币资金，包括人民币存款和外币存款。银行存款管理的具体要求如下：

1. 严格执行银行账户管理办法的规定。实行独立核算的企业，必须在银行开设账户，以办理银行存款的存入、付出和转账业务。企业在银行开户，必须送存单位及有关人员的印鉴，签发各种结算凭证时，盖有留存银行印鉴的印章方为有效。

企业在银行开立存款账户，必须遵守相应的《银行账户管理办法》的各项规定。银行存款账户可以分为基本存款账户、一般存款账户、临时存款账户和专用存款账户四种。

（1）基本存款账户。基本存款账户是企业办理日常转账结算和现金收付的账户。

一个企业只能在一家银行的一个分支机构开立一个基本存款账户。该账户既可提现，也可办理转账结算；企业的工资、奖金等现金支取必须通过该账户办理。

（2）一般存款账户。一般存款账户是企业在基本存款账户以外的银行借款转存、与基本存款账户的企业不在同一地点的附属非独立核算单位开立的账户，或根据其资金管理需要开立的账户。一个企业可以开立多个一般存款账户。该账户只能办理转账结算和现金缴存，不能提现。

（3）临时存款账户。临时存款账户是企业因临时经营活动需要开立的账户。该账户既可办理转账结算，也可根据国家现金管理的规定办理现金收付。

（4）专用存款账户。专用存款账户是企业因特定用途需要开立的账户。该账户既可提现，也可办理转账结算，但资金用途必须是企业指定的专门项目，如基建资金，新产品开发资金等。

企业在银行开立的存款账户，只办理本企业经营业务范围内的资金收付企业，不得出租和转让给其他单位或个人使用。银行存款账户必须有足够的资金保证支付，不准签发空头和远期的付款凭证。

2. 银行存款收付业务必须使用银行统一规定的结算凭证。企业向银行存入款项时，要填制“送款单”或“进账单”，将现金或转账支票送存银行，或由银行按支付结算办法规定划转存入企业存款账户，企业根据“送款单”或“进账单”回单联或银行收账通知单入账。

企业从银行提取现金或支付款项时，应签发支票或其他结算凭证，或由银行根据支付结算办法的规定主动将款项从企业存款户中划出，企业根据银行盖章的付款通知联入账。企业填写的各项收付款结算凭证，必须如实填明款项来源或用途，不得弄虚作假以套取银行信用。

3. 定期与银行核对账目

企业收入的一切款项，除国家另有规定外，都必须及时送存银行；一切支出，除规定可用库存现金支付以外，都应按照支付结算办法的有关规定，通过银行办理转账结算。因此，企业应定期与银行核对账目，发现不符的账项要及时与银行联系，查明原因，进行账项调整。

（二）银行支付结算办法

根据中国人民银行有关支付结算办法的规定，目前企业发生的货币资金收付业务，可以采用支票、银行本票、银行汇票、商业汇票、托收承付、委托收款、汇兑、信用卡等结算方式，通过银行办理转账结算。

按照支付结算适用的区域不同，以上结算方式可分为同城结算方式、异地结算方式和同城异地通用结算方式三种。其中，同城结算方式是指在同一城镇或同一票据交换地区进行的结算方式，包括支票、银行本票两种结算方式；异地结算方式是指在全国范围内的不同城镇或交换地区进行的结算，包括汇兑、银行汇票和托收承付三种结算方式；同城异地通用结算方式是指同城、异地均可使用的结算方式，包括委托收款、商业汇票和信用卡三种结算方式。

办理各种银行转账结算业务时要遵守《票据法》、《票据管理实施办法》、《支付结算办法》等法规的有关规定。企业应当加强与货币资金相关的票据的管理，明确各种票据的购买、保管、领用、背书转让、注销等环节的职责权限和程序，并专设登记簿进行记录，防止空白票据的遗失和被盗用。

1. 支票。支票是指由出票人签发，委托办理支票业务的银行在见票时无条件支付确定金额给持票人的一种票据（见图 1－1、图 1－2）。

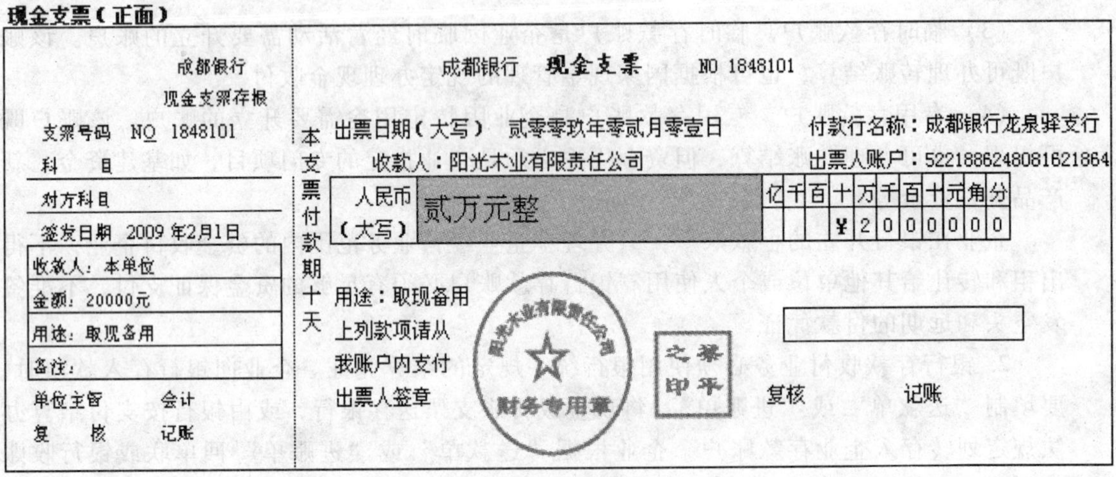
现金支票（正面）
成都银行 现金支票存根
支票号码 NO 1848101
科 目
对方科目
签发日期 2009年2月1日
收款人：本单位
金额：20000元
用途：取现备用
备注：
单位主管 会计
复 核 记账
成都银行 现金支票 NO 1848101
本支票付款期十天
出票日期（大写） 贰零零玖年零贰月零壹日 付款行名称：成都银行龙泉驿支行
收款人：阳光木业有限责任公司 出票人账户：5221886248081621864
人民币（大写） 贰万元整 ¥2000000
用途：取现备用
上列款项请从
我账户内支付
出票人签章 阳光木业有限责任公司 财务专用章 之黎印平 复核 记账

图 1－1 现金支票

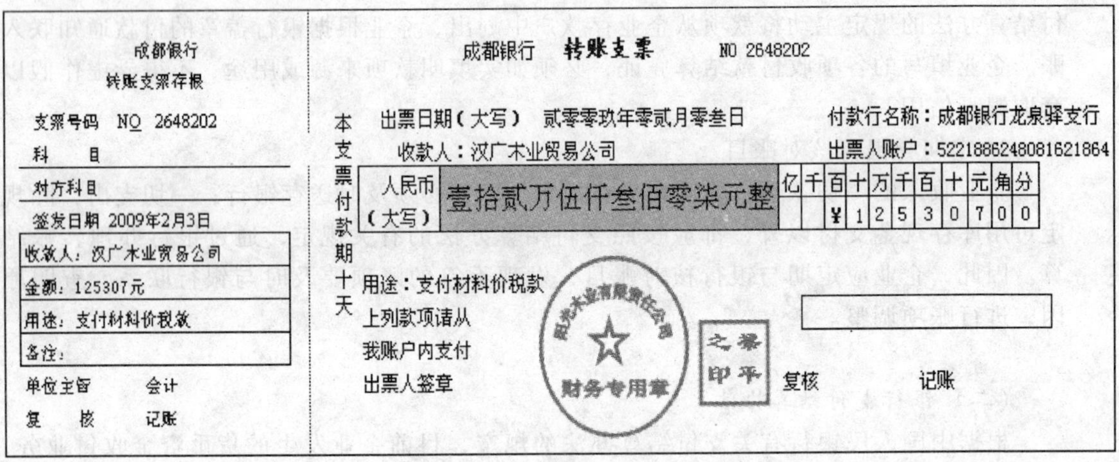
成都银行 转账支票存根
支票号码 NO 2648202
科 目
对方科目
签发日期 2009年2月3日
收款人：汉广木业贸易公司
金额：125307元
用途：支付材料价税款
备注：
单位主管 会计
复 核 记账
成都银行 转账支票 NO 2648202
本支票付款期十天
出票日期（大写） 贰零零玖年零贰月零叁日 付款行名称：成都银行龙泉驿支行
收款人：汉广木业贸易公司 出票人账户：5221886248081621864
人民币（大写） 壹拾贰万伍仟叁佰零柒元整 ¥12530700
用途：支付材料价税款
上列款项请从
我账户内支付
出票人签章 阳光木业有限责任公司 财务专用章 之黎印平 复核 记账

图 1－2 转账支票

（1）支票的结算程序如图 1－3 所示：

（2）有关规定。

①支票种类：按照支付票款的方式，支票分为现金支票、转账支票、普通支票。

支票上印有“现金”字样的为现金支票，现金支票只能用于支取现金。支票上印有“转账”字样的为转账支票，转账支票只能用于转账。支票上未印有“现金”或“转账”字样的为普通支票，普通支票可以用于支取现金，也可以用于转账。在普通支票左上角画两条平行线的，为划线支票，划线支票只能用于转账，不得支取现金。

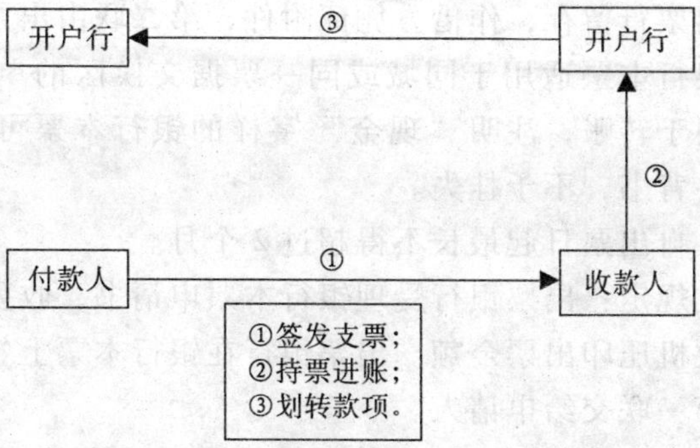

图 1－3　支票的结算程序

②适用范围：支票是企业同城结算中使用最为广泛的一种结算方式，适用于同城或同一票据交换区的单位、个人各种款项的结算。支票一律记名，起点金额为 100 元。

③提示付款期：10 天（从签发的次日算起，到期日遇节假日顺延）。

④支票签发规定：不准签发空头支票。签发支票必须使用墨汁或碳素墨水填写，支票上各项内容要填写齐全，数字要标准，大小写金额要一致。现在大多数商业银行要求采用支票打印机或支票打印软件填制支票各项内容，以提高支票填写的规范性及支票的安全性。

签发日期应填写实际出票日期，支票正联出票日期必须使用中文大写，支票存根部分出票日期可以用阿拉伯数字书写；收款单位名称应填写全称，并与预留银行印鉴中单位名称保持一致；大写金额应紧接“人民币”书写，不得留有空白，以防加填；大小写金额要对应，并按规定书写；小写金额前面，均应填写人民币符号“¥”；在签发人签章处按预留银行印鉴（财务专用章、法人印章）签章，不能缺漏；支票签发后，将支票从存根联与正联之间骑缝线剪开，正联交给收款人办理转账，存根联留下作为记账依据。

2. 银行本票。银行本票是指申请人将款项交存银行，由银行签发的，申请人据以办理转账结算或支取现金的一种票据。

（1）银行本票结算程序如图 1－4 所示：

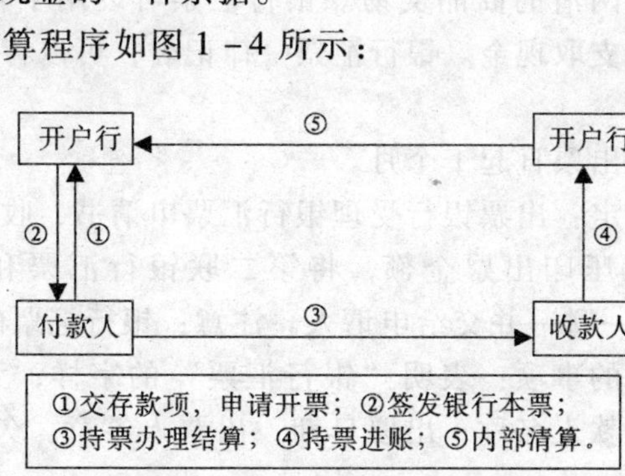

图 1－4　银行本票结算程序

（2）有关规定。

①种类：按金额的不同，银行本票分为定额本票和不定额本票。

定额本票面额为 1 千元、5 千元、1 万元和 5 万元。不定额本票一式两联，在结清本票时，第一联由出票行留存，作借方凭证附件，第二联由出票行作借方凭证。

②适用范围：银行本票适用于同城或同一票据交换区的单位、个人各种款项的结算。银行本票可以用于转账，注明“现金”字样的银行本票可以用于支取现金。银行本票一律记名，允许背书，不予挂失。

③提示付款期：自出票日起最长不得超过2个月。

④银行本票签发规定：出票银行受理银行本票申请书，收妥款项签发银行本票。不定额银行本票用压数机压印出票金额。出票银行在银行本票上签章后将银行本票第二联和银行本票申请书第一联交给申请人。

银行本票必须记载的事项：表明“银行本票”的字样；无条件支付的承诺；确定的金额；收款人名称；出票日期；出票人签章。欠缺记载上列事项之一的，银行本票无效。

3. 银行汇票。银行汇票是指汇款人将款项交存当地银行，由银行签发的，委托办理银行汇票业务的银行在见票时按实际结算金额支付确定金额给持票人的一种票据。

（1）银行汇票结算程序如图1-5所示：

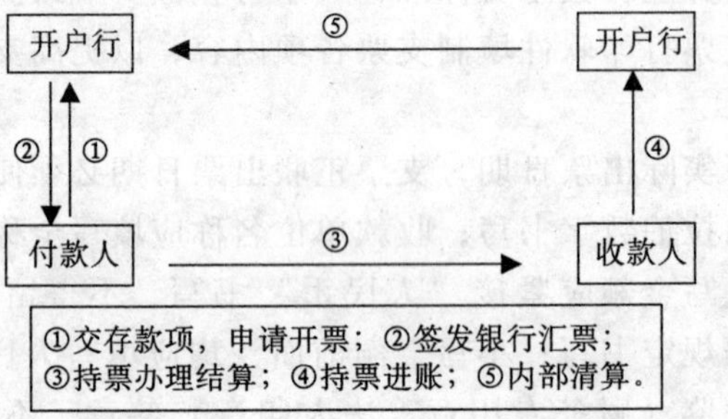

图1-5 银行汇票结算程序

（2）有关规定。

①适用范围：银行汇票适用于异地单位和个人之间各种款项的结算，特别适用于企业先收款后发货或钱货两清的商品交易。银行汇票可以用于转账，填明“现金”字样的银行汇票也可以用于支取现金。银行汇票一律记名，可以背书转让，汇款金额起点为500元。

②提示付款期：自出票日起1个月。

③银行汇票签发规定：出票银行受理银行汇票申请书，收妥款项后签发一式四联的银行汇票，并用压数机压印出票金额，将第二联银行汇票和第三联解讫通知，连同“银行汇票申请书”第一联一并交给申请人。注意：银行汇票的日期应为大写。

银行汇票必须记载的事项：表明“银行汇票”的字样；无条件支付的承诺；出票金额；付款人名称；收款人名称；出票日期；出票人签章。欠缺记载上列事项之一的，银行汇票无效。

4. 商业汇票。商业汇票是指由出票人签发，承兑人承兑，委托付款人在指定日期无条件支付确定金额给收款人的票据。商业汇票按承兑人不同分为商业承兑汇票（见图1-6）和银行承兑汇票（见图1-7）。前者的承兑人是付款人，后者的承兑人是付款人的开户银行。

商业承兑汇票（卡片）　1

出票日期（大写）贰零零玖年零贰月壹拾肆日　　汇票号码7889638

出票人	全　称	阳光木业有限责任公司	收款人	全　称	重庆江陵建材厂
	账　号	5221886248081621864		账　号	2520931558430045
	汇出地点	成都银行龙泉驿支行		汇入地点	工行南坪东路支行
出票金额	人民币（大写）	叁万叁仟零陆拾肆元贰角零分		千 百 十 万 千 百 十 元 角 分	¥ 3 3 0 6 4 2 0
汇票到期日（大写）		贰零零玖年零陆月壹拾肆日	付款人开户行	行号	6210
交易合同号码				地址	成都市龙泉建设路18号
阳光木业有限责任公司 财务专用章　之景 印平　出票人签章			备注：		

此联承兑人留存

图 1－6　商业承兑汇票

银行承兑汇票（卡片）　1

汇票号码6889735

出票日期（大写）贰零零玖年零贰月壹拾肆日

出票人	全　称	阳光木业有限责任公司	收款人	全　称	重庆江陵建材厂
	账　号	5221886248081621864		账　号	2520931558430045
	汇出地点	成都银行龙泉驿支行		汇入地点	工行南坪东路支行
出票金额	人民币（大写）	叁万叁仟零陆拾肆元贰角零分		千 百 十 万 千 百 十 元 角 分	¥ 3 3 0 6 4 2 0
汇票到期日（大写）		贰零零玖年零陆月壹拾肆日	付款人开户行	行号	6210
承兑协议编号		2009-107		地址	成都市龙泉建设路18号
本汇票请你行承兑，此项汇票款我单位按承兑协议于到期日前足额交存你行，到期请予以支付。阳光木业有限责任公司 财务专用章　之景 印平　出票人签章			备注：	复核	记账

此联承兑行存查，到期支付票款时作借方凭证附件

图 1－7　银行承兑汇票

（1）商业承兑汇票结算程序如图 1－8 所示：

（2）银行承兑汇票的结算程序如图 1－9 所示：

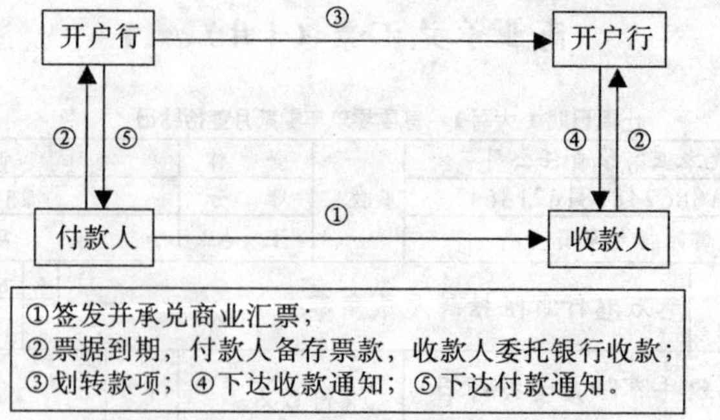

图 1－8　商业承兑汇票结算程序

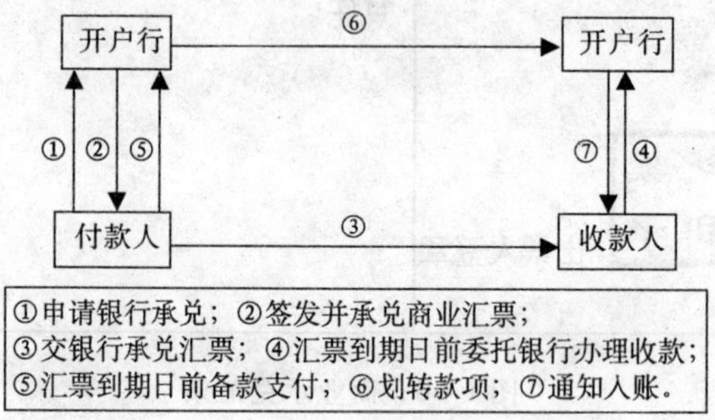

图 1－9　银行承兑汇票结算程序

（3）有关规定。

①适用范围：商业汇票适用于在银行开立账户的法人之间根据购销合同先发货后收款或延期付款的商品交易。同城或异地均可使用。商业汇票一律记名，可以背书转让，也可以贴现。

②承兑期限：由交易双方商定，最长不得超过 6 个月。若分期付款应一次签发若干张不同期限的汇票。

③银行汇票必须记载的事项：表明“商业承兑汇票”或“银行承兑汇票”的字样；确定的金额（大写）；付款人名称、账号、开户银行及行号；收款人名称、账号、开户银行及行号；出票日期（大写）、汇票到期日为交易双方约定的付款日（大写）；银行承兑汇票的“承兑协议编号”为付款人与承兑银行签订的“承兑协议”的编号；出票人在汇票的第一联、第二联签单位财务专用章和单位法人代表章。欠缺记载上列事项之一的，商业汇票无效。

商业承兑汇票一般一式三联。第一联卡片，由承兑人（付款人）留存；第二联商业承兑汇票，交收款人（或持票人），是持票人开户行随托收凭证寄往付款人开户行作为借方凭证附件；第三联存根由出票人存查。

银行承兑汇票一般一式三联。第一联卡片，由承兑银行留存备查，作为到期支付票款时作借方凭证附件；第二联银行承兑汇票，交收款人（或持票人），是收款人开户行随托收凭证寄往付款人开户行作为借方凭证附件；第三联存根由出票人存查。

5. 汇兑。汇兑是指汇款人委托银行将款项汇给异地收款人的一种结算方法，即俗称的“汇款”（见图 1－10）。

中国建设银行　电汇凭证　1

年　月　日

汇款方式	□普通　□加急						
汇款人	全　称			收款人	全　称		
	账　号 或住址				账　号 或住址		
	汇　出 地　点		汇出行 全　称		汇　入 地　点	汇入行 全　称	
金额	人民币 （大写）						亿 千 百 十 万 千 百 十 元 角 分
汇款用途： 会计主管　授权　复核　录入				此汇款支付给收款人 客户签章			

第一联　银行记账凭证

图 1-10　电汇凭证

（1）汇兑结算程序如图 1-11 所示：

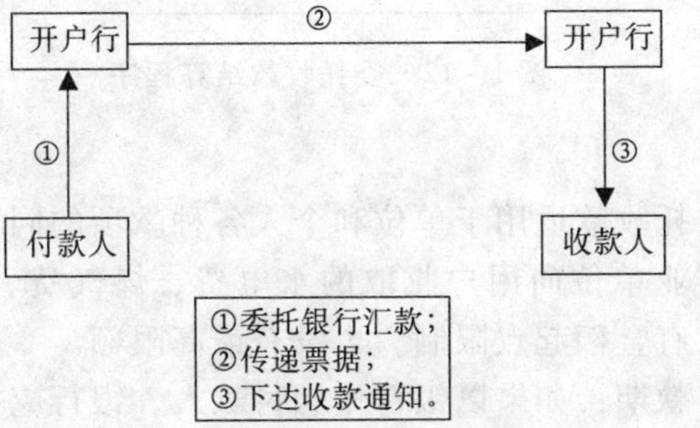

图 1-11　汇兑结算程序

（2）有关规定。

①种类：汇兑分为信汇（邮寄凭证）或电汇（拍发电报），由汇款人根据对汇款快慢的要求选择使用。

②适用范围：汇兑适用于单位和个人各种款项的异地结算。汇兑结算没有起点限制，就汇款人来说，无论是否在银行开立账户，只要需要就可办理。

③汇兑凭证填写规定：表明“电汇”或“信汇”的字样；无条件支付的委托；确定的金额；收款人名称；汇款人名称；汇入地点、汇入行名称；汇出地点、汇出行名称；委托日期；汇款人签章。汇兑凭证上欠缺上列记载事项之一的，银行不予受理。汇兑凭证记载的汇款人名称、收款人名称，其在银行开立存款账户的，必须记载其账号。欠缺记载的，银行不予受理。

汇款人以电汇方式汇款时，应填制电汇凭证（一式三联：第一联回单，汇出行给汇款人的回单；第二联借方凭证，汇出行作借方凭证；第三联汇款依据，汇出行凭以汇出汇款），并在第二联“汇款人签章”处加盖预留银行印鉴。银行受理后加盖转讫章，将第一联回单退给汇款人作为记账的依据。

汇款人以信汇方式汇款时，填制信汇凭证（一式四联：第一联，汇出行给汇款人的回单；第二联，汇出行作借方凭证；第三联，汇入行作贷方凭证；第四联，给收款人的收账通知或代取款收据），并在第二联“汇款人盖章”处加盖预留银行印鉴。银行受理后加盖转讫章，将第一联回单退给汇款人作为记账的依据。

6. 委托收款。

委托收款是指收款人委托银行向付款人收取款项的一种结算方法。委托收款结算款项的划回方式，分为邮寄和电报两种，由收款人选用。

（1）委托收款结算程序如图 1－12 所示：

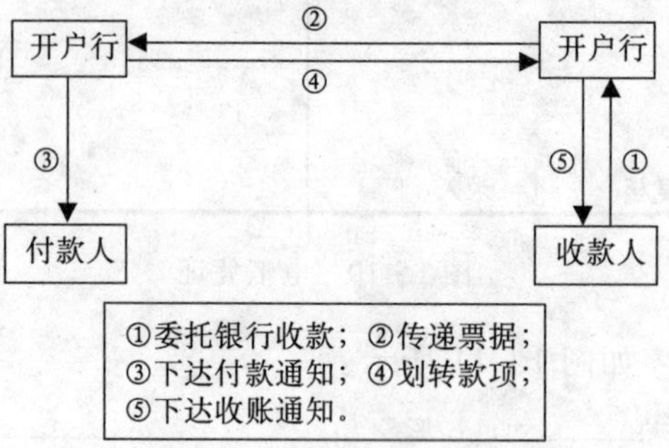

图 1－12　委托收款结算程序

（2）有关规定。

①适用范围：委托收款适用于单位和个人各种款项的同城或异地结算。在同城范围内，主要用于公用事业单位向用户收取的水电费、煤气费、电话费等公用事业费的结算。委托收款结算没有金额起点限制，也没有最高限额。

②委托收款的付款期：如果以银行作为付款人，银行应在当日将款项主动支付给收款人；如果以单位作为付款人，银行应及时通知付款人，付款人应于接到通知的当日书面通知银行付款。

③办理委托收款的相关规定：应填制一式五联的托收凭证（第一联是收款人开户银行给收款人的受理回单，由收款人开户银行审查无误后加盖印章退给收款人；第二联由收款人开户银行作为贷方凭证；第三联由付款人开户银行作为借方凭证；第四联由付款人开户行凭以汇款或收款人开户银行作收账通知；第五联是付款人开户行给付款人的按期付款通知），选择业务类型是“委托收款”。

托收凭证必须记载的事项：表明“托收凭证”字样；确定的金额；收款人和付款人全称、开户银行、地址及账号；托收凭证名称及附寄单证张数（根据提供的债务证明填明）；委托日期；收款人签章（收款人在第二联托收凭证上加盖预留银行印章）。欠缺上列记载事项之一的，银行不予受理。

7. 托收承付。

托收承付是指收款人发货后委托银行向异地付款人收取款项，由付款人向银行承认付款的一种较为严格的结算方式。托收承付结算款项的划回方式，分邮寄和电报两种，由收款人选用。

（1）托收承付结算程序如图 1－13 所示：

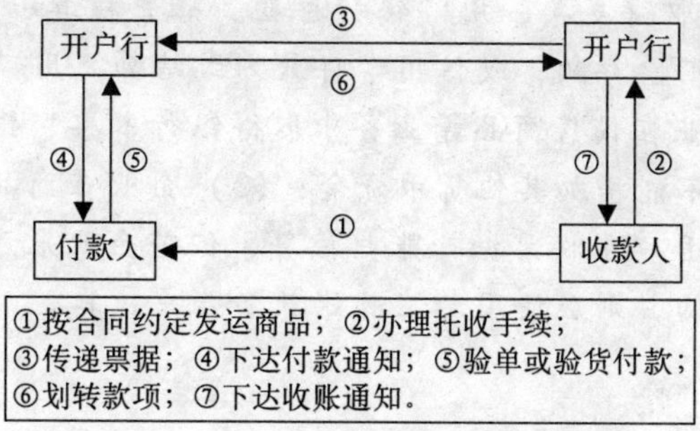

图 1－13 托收承付结算程序

（2）有关规定。

①适用范围：在托收承付结算方式下，收付款单位必须是国有企业、供销合作社以及经营管理较好，并经开户银行审查同意的城乡集体所有制工业企业；必须是商品交易以及因商品交易而产生的劳务供应款项的异地结算；收付款双方必须签有符合《合同法》的购销合同，并在合同上订明使用托收承付结算方式。托收承付结算每笔的金额起点为 1 万元；新华书店系统每笔的金额起点为 1 千元。

②承付货款分为验单付款和验货付款两种：验单付款是指根据银行转来的托收承付结算凭证及其他单证，与经济合同核对无误后，承付货款；验货付款是指在收到商品、检验无误后，才承付货款。验单付款承付期 3 天，验货付款承付期 10 天。

8. 信用卡。

信用卡是指商业银行向个人和单位发行的，凭以向特约单位购货、消费和向银行存取现金且具有消费信用的特制载体卡片。

（1）信用卡结算程序如图 1－14 所示：

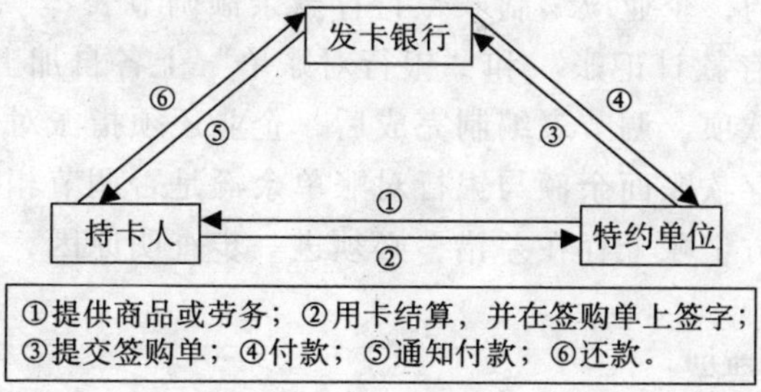

图 1－14 信用卡结算程序

（2）有关规定。

①种类：信用卡按使用对象分为单位卡和个人卡；按信誉等级分为金卡和普通卡。

②适用范围：信用卡适用于同城或异地的特约单位购物、消费和向银行存取现金，办理转账结算。

企业采用上述银行支付结算办法，须区分情况使用不同的账户进行会计核算：(1) 企业签发或取得支票，用“银行存款”账户核算；(2) 企业使用银行本票存款、银行汇票存款，或信用卡存款方式结算，用“其他货币资金”账户核算。但若企业在销售商品等业务中取得银行本票、银行汇票应直接引起银行存款增加，不能增加其他货币资金；(3) 企业在商品销售等业务中取得商业汇票，应使用“应收票据”账户核算，但若企业采用托收承付或委托收款方式办理结算的，则应使用“应收账款”账户核算。

提示

二、银行存款的核算

（一）银行存款收付的账务处理

企业收到款项时，借记“银行存款”科目，贷记有关科目；付出款项时，借记有关科目，贷记“银行存款”科目。

（二）银行存款的清查

为了加强对企业银行存款的监督，防止企业银行存款记账上的差错，保证银行存款的安全、完整，正确掌握企业银行存款的实有金额，企业应当指定专人（非出纳人员）定期（至少每月一次）将企业登记的“银行存款日记账”和开户行开具的“银行对账单”进行核对。“银行存款日记账”的账面余额与“银行对账单”余额不一致的，企业应查找原因。

造成企业与开户行双方账目余额不一致的原因，一是双方记账可能出现差错；二是可能存在未达账项。未达账项是指银行与企业之间因为票据传递时间上的差异导致一方已入账而另一方尚未入账的事项，包括银行已作增加或减少记录而企业尚未作增加或减少记录，企业已作增加或减少记录而银行尚未作增加或减少记录。

存在未达账项的，企业应编制“银行存款余额调节表”。编制“银行存款余额调节表”时，在“银行存款日记账”和“银行对账单”上各自加上或减去对方已收或已付，本方未收或未付的款项。调节表编制完成后，企业还须指派对账人员以外的其他人员进行审核，确定银行存款账面余额与银行对账单余额是否调节相符。若调节后双方账目仍不相符，则表明双方记账上存在差错，必须进一步查明原因，并予以更正。

典型案例

一、日常收支业务

案例1-8： 华美装饰材料有限公司开出现金支票一张，从银行提取现金30 000元备发工资。

借：库存现金　　30 000

　　贷：银行存款　　30 000

案例1-9：华美公司购进价值20 000元的原材料，取得的增值税专用发票上的税率为17%，对方代垫运杂费600元，均以银行存款支付，材料已验收入库。

借：原材料 20 600
　　应交税费——应交增值税（进项税额） 3 400
　　贷：银行存款 24 000

案例1-10：华美公司销售商品一批，开出的增值税专用发票上注明售价为150 000元，增值税税率为17%，收到货款100 000元存入银行，其余款项暂未收到。

借：银行存款 100 000
　　应收账款 75 500
　　贷：主营业务收入 150 000
　　　　应交税费——应交增值税（销项税额） 25 500

二、银行存款的清查

案例1-11：华美公司2012年4月30日的银行存款日记账账面余额为83 820元，银行对账单余额为171 820元。经逐笔核对，发现存在下列未达账项：

（1）4月29日企业开出现金支票74 600元支付劳务费，持票人尚未到银行办理结算手续；

（2）4月29日银行代企业收取货款52 000元，企业尚未收到收款通知；

（3）4月30日银行代企业支付电话费3 600元，企业尚未收到付款通知；

（4）4月30日企业送存银行的转账支票35 000元，银行尚未入账；

根据该公司发生的上述事项，编制"银行存款余额调节表"（见表1-1）：

表1-1　银行存款余额调节表　单位：元

项　目	金　额	项　目	金　额
企业银行存款日记账余额	83 820	银行对账单余额	171 820
加：银行已收、企业未收款	52 000	加：企业已收、银行未收款	35 000
减：银行已付、企业未付款	3 600	减：企业已付、银行未付款	74 600
调节后的存款余额	132 220	调节后的存款余额	132 220

情境演练 1－2

龙都公司2008年7月设立，主营家用电器的制造、销售。2014年3月~2014年5月有关银行存款的业务如下：

业务1：2014年3月8日，财务部向供应商东信公司开出一张金额为16 800元的转账支票，预付购料款。

业务2：2014年3月12日，采购部从东信公司购进价值20 000元的原材料，取得的增值税专用发票上注明的税率为17%，对方代垫运杂费600元，预付款抵付后的余款均以银行存款支付，材料已验收入库。

业务3：2014年5月4日，销售部向客户爱丽思公司销售商品一批，开出的增值税专用发票上注明：售价150 000元，增值税税率为17%，收到货款100 000元存入银行，其余暂欠，龙都公司已向银行办妥托收手续。

业务4：2014年5月18日，财务部收到银行转来的托收承付收款通知一份，托收爱丽思公司的款项75 500元已收妥入账。

业务5：2014年5月31日，公司收到银行转来的委托收款方式付款通知联和增值税专用发票，系本月管理部门水费共计4 770元（含税，增值税税率为6%），已办理转账。

要求：(1) 查找资料，了解上述业务完成的过程以及涉及的部门；

(2) 确认上述业务发生或完成时应取得的单据；

(3) 编制上述业务的会计分录。

学习子情境三
其他货币资金的核算

☞ 科目设置

为了反映和监督其他货币资金的增减变化和结存情况，应设置“其他货币资金”总分类科目。该科目属于资产类科目，借方登记其他货币资金的增加额，贷方登记其他货币资金的减少额，余额在借方，表示其他货币资金的结存额。“其他货币资金”科目可按“外埠存款”、“银行汇票存款”、“银行本票存款”、“信用卡存款”、“信用证保证金存款”、“存出投资款”等下设明细分类科目，进行明细核算。

核算内容

一、其他货币资金概述

其他货币资金是指除库存现金、银行存款以外其他具有特定用途的货币资金，包括外埠存款、银行本票存款、银行汇票存款、信用证保证金存款、信用卡存款、存出投资款等。

二、主要业务的账务处理

（一）外埠存款的核算

外埠存款是指企业到外地进行临时或零星采购时，汇往采购地银行并以汇款单位名义开立采购专户的存款。设立外埠存款，一是为了结算方便，二是为了保证货币资金的安全。该存款账户不计利息，除采购员差旅费可以支取少量现金外，一律转账结算。采购专户只付不收，付完结束账户。

外埠存款的核算程序可分为以下三个步骤：

(1) 汇出资金并开户时，借记“其他货币资金——外埠存款”科目，贷记“银行存款”科目；

(2) 采购付款时，借记有关科目，贷记“其他货币资金——外埠存款”科目；

(3) 余额转回时，借记“银行存款”科目，贷记“其他货币资金——外埠存款”科目。

（二）银行汇票存款、银行本票存款和信用卡存款、信用证保证金存款的核算

银行汇票存款是企业为了取得银行汇票按规定存入银行的款项；银行本票存款是企业为了取得银行本票按规定存入银行的款项；信用卡存款是企业为了取得信用卡按规定存入银行的款项；信用证保证金存款是采用信用证结算方式的企业为开具信用证而存入银行信用证保证金账户的款项。

上述票据结算方式的会计核算均可分为三个环节：①取得银行汇票、银行本票或信用卡、信用证；②用票、卡、证付款；③余额转回。下面以银行汇票为例，来说明具体的账务处理方法：

1. 付款单位的账务处理。

(1) 收到银行汇票和解讫通知后，根据“银行汇票委托书”存根联，借记“其他货币资金——银行汇票存款”科目，贷记“银行存款”科目。

(2) 办理结算时，假定为购买材料支付货款，且汇票款项有余额，应根据“银行汇票”第四联“多余款收账通知”和购货发票等原始凭证，借记有关材料、“银行存款”（多余金额）科目，贷记“其他货币资金——银行汇票存款”科目。

2. 收款单位的账务处理。收款单位受理银行汇票后，应填制进账单，连同银行汇票和解讫通知一起送存银行，根据进账单回单和有关原始凭证，借记“银行存款”科

目，贷记有关科目。

（三）存出投资款的核算

存出投资款是指企业已存入证券公司但尚未进行短期投资的资金。存出投资款的核算主要包括资金划出和使用两部分。企业向证券公司划出资金时，借记“其他货币资金——存出投资款”科目，贷记“银行存款”科目；企业购买股票、债券时，借记“交易性金融资产”等科目，贷记“其他货币资金——存出投资款”科目。

典型案例

一、外埠存款的核算

案例1-12：

（一）华美公司将一笔50 000元的款项，汇往异地开立临时采购专户。

借：其他货币资金——外埠存款　　50 000
　　贷：银行存款　　50 000

（二）华美公司用上述款项购入一批材料，买价40 000元，增值税6 800元，余款已于同日划回，材料已验收入库。

借：原材料　　40 000
　　应交税费——应交增值税（进项税额）　　6 800
　　银行存款　　3 200
　　贷：其他货币资金——外埠存款　　50 000

二、银行本票存款的核算

案例1-13：

（一）华美公司从银行申请取得一张面值为30 000元的银行本票。

借：其他货币资金——银行本票存款　　30 000
　　贷：银行存款　　30 000

（二）华美公司用上述款项购入一批材料，买价20 000元，增值税3 400元，余款已于同日划回，材料已验收入库。

借：原材料　　20 000
　　应交税费——应交增值税（进项税额）　　3 400
　　银行存款　　6 600
　　贷：其他货币资金——银行本票存款　　30 000

注意：银行汇票存款、信用卡存款、信用证保证金存款与银行本票核算类似。

三、存出投资款的核算

案例1-14：华美公司向某证券公司划出资金200 000元准备进行股票投资。

借：其他货币资金——存出投资款　　200 000
　　贷：银行存款　　200 000

案例1-15：华美公司购入红光公司普通股共计180 000元，作为短期投资。

借：交易性金融资产——成本　　180 000
　　贷：其他货币资金——存出投资款　　180 000

情境演练1-3

龙都公司2009年7月设立，主营家用电器的制造、销售。2014年6月~8月有关其他货币资金的业务如下：

业务1：2014年6月8日，公司委托开户银行将一笔60 000元的款项，汇往异地开立临时采购专户。

业务2：2014年6月14日，公司用上述款项购入一批材料，买价40 000元，增值税税款6 800元，余款已于同日划回，材料已验收入库。

业务3：2014年7月9日，公司从银行申请取得一张面值为30 000元的银行本票。

业务4：2014年7月11日，龙都公司用上述款项购入一批材料，买价20 000元，增值税3 400元，余款已于同日划回，材料已验收入库。

业务5：2014年8月16日，公司向某证券公司划出资金180 000元准备进行股票投资。

业务6：2014年8月21日，龙都公司购入ABC公司普通股共计170 000元，作为交易性金融资产。

要求：（1）查找资料，了解上述业务完成的过程以及涉及的部门；
（2）确认上述业务发生或完成时应取得的单据；
（3）编制上述业务的会计分录。

知识拓展

一、业务流程

（一）备用金借款的业务流程（见图1－15）

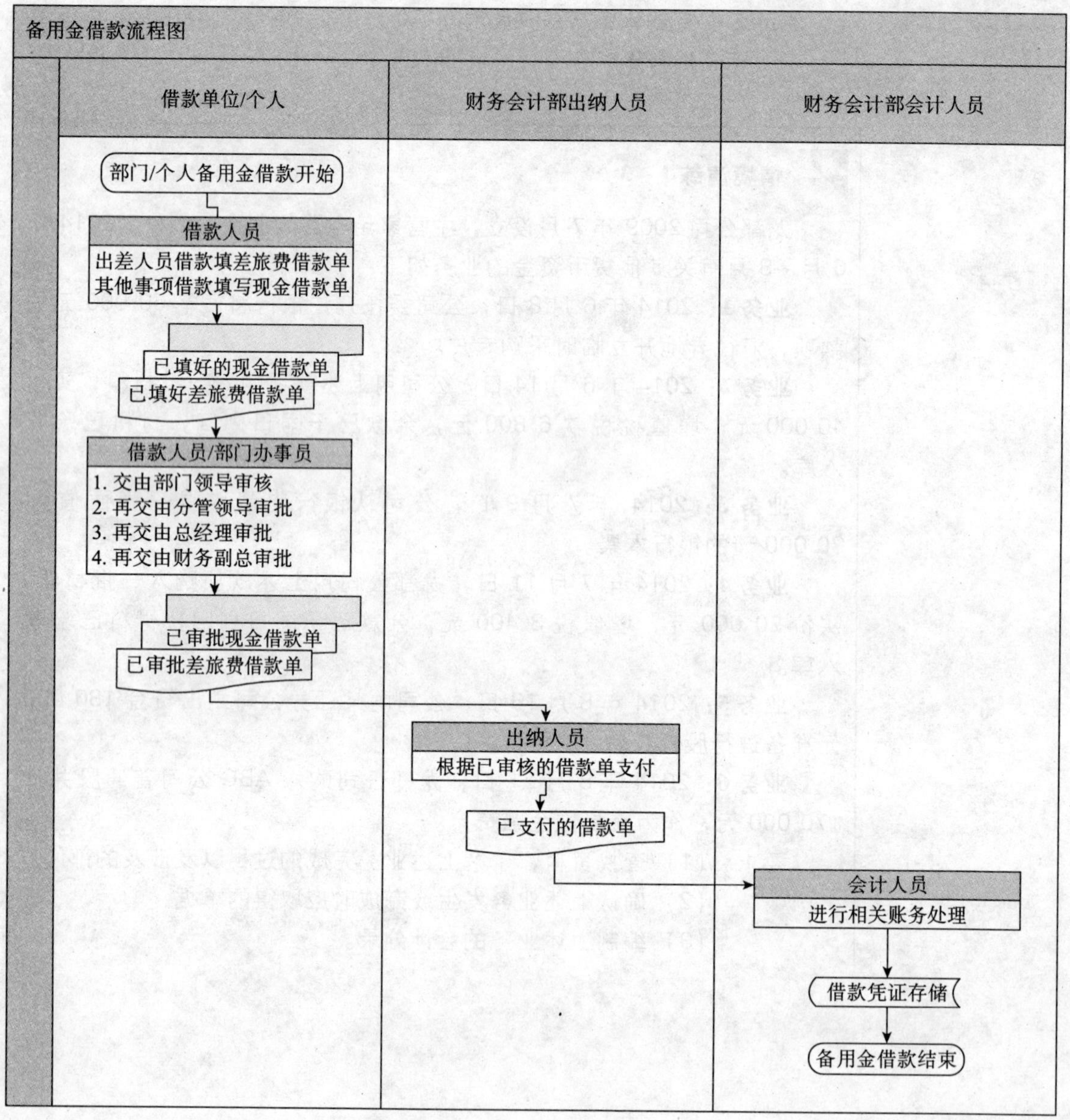

图1－15 备用金借款流程图

（二）费用报销的业务流程（见图1-16）

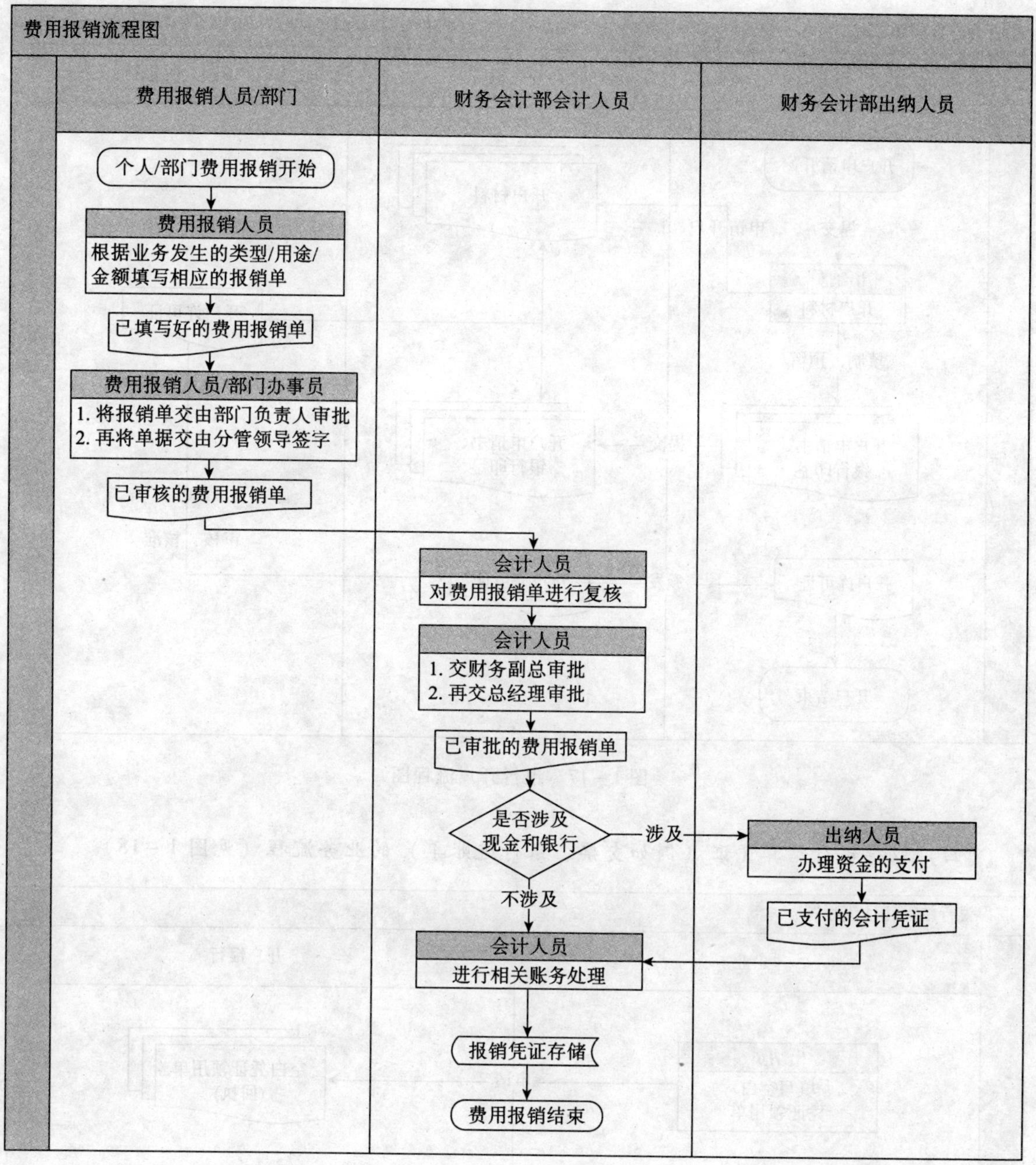

图1-16　费用报销流程图

（三）银行开户的业务流程（见图 1－17）

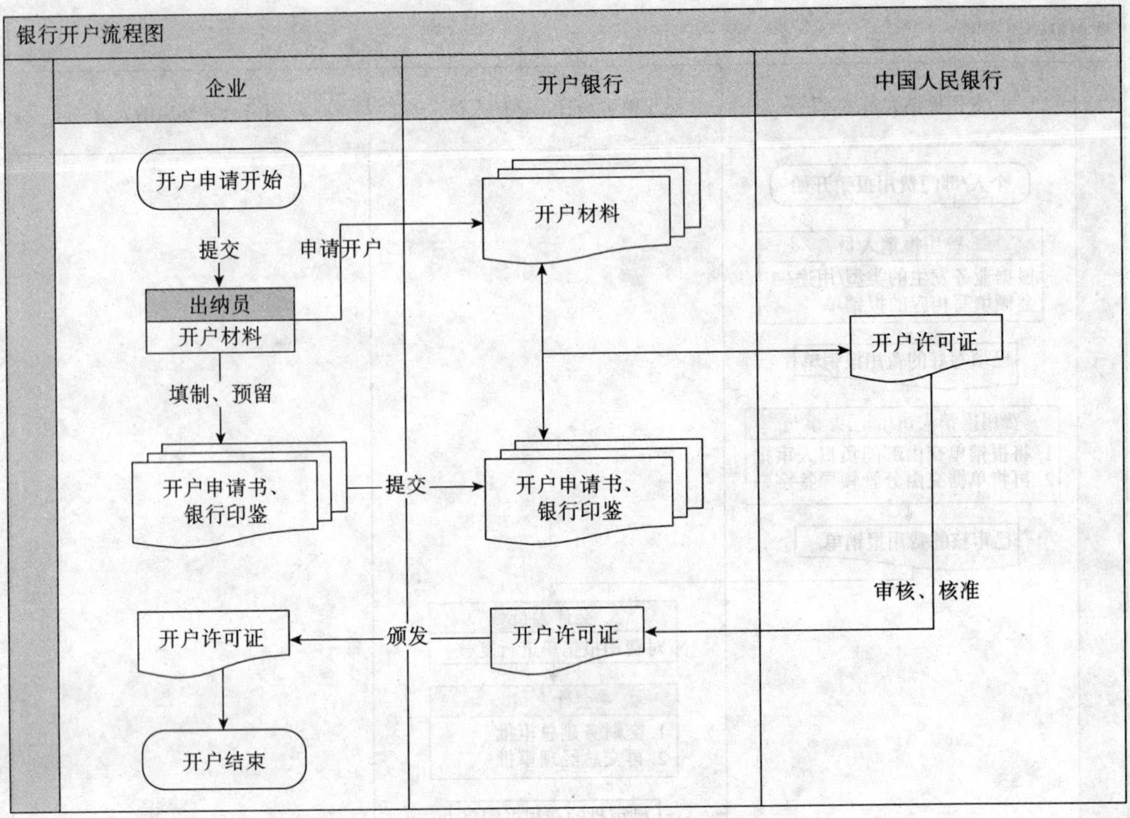

图 1－17　银行开户流程图

（四）取得银行结算凭证（例如支票、银行进账单）的业务流程（见图 1－18）

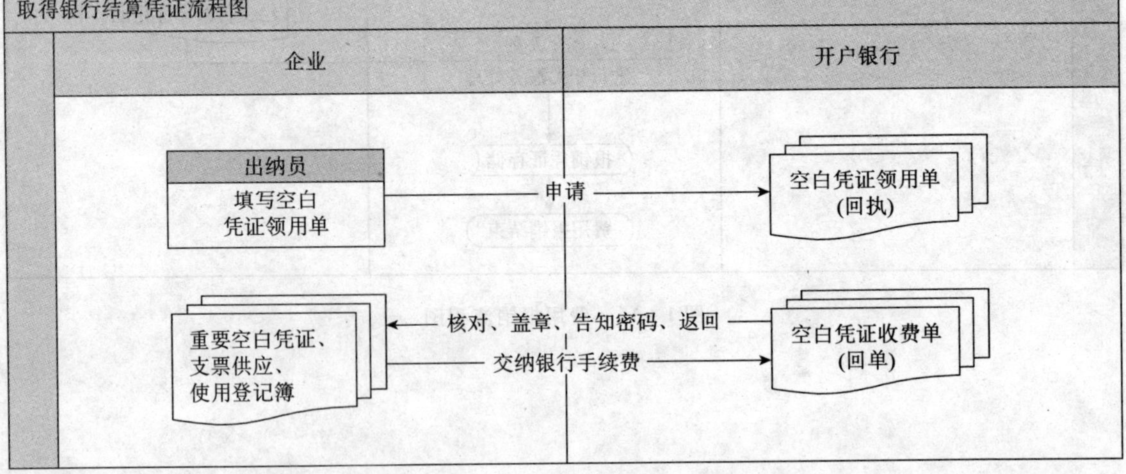

图 1－18　取得银行结算凭证流程图

二、内部管理制度

（一）库存现金的内控制度

现金的内部控制主要并不是在于发现差错，而是要减少发生差错、舞弊、欺诈的机会。一般而言，一个良好的现金内部控制制度应该做到以下几点：

一是与现金相关岗位的职责分工、权限范围和审批程序应当明确，机构设置和人员配备应当科学合理。

二是现金收入、支出要有合理、合法的凭据；全部收入应及时准确入账，严禁坐支现金，全部支出要有审批手续。不得账外设账，严禁收款不入账。有条件的企业，可以实行收支两条线和集中收付制度，加强对货币资金的集中统一管理。

三是确定现金开支范围，当日收入现金超过规定限额的部分应及时送存银行；不属于现金开支范围或超过现金开支限额的业务应当通过银行办理转账结算。

四是按月盘点现金，做到账实相符，若发现不符，应及时查明原因，作出处理；定期编制现金使用预算；加强对现金收支业务的内部审计。

总之，良好的内部控制制度可以在一定程度上起到保护现金资产安全的作用。

（二）银行存款的内控制度

1. 企业应当严格按照《支付结算办法》等国家有关规定，加强对银行账户的管理，严格按照规定开立账户，办理存款、取款和结算。银行账户的开立应当符合企业经营管理实际需要，不得随意开立多个账户，禁止企业内设管理部门自行开立银行账户。

2. 企业应当定期检查、清理银行账户的开立及使用情况，发现未经审批擅自开立银行账户或者不按规定及时清理、撤销银行账户等问题，应当及时处理并追究有关责任人的责任。

3. 企业应当加强对银行结算凭证的填制、传递及保管等环节的管理与控制。

4. 企业应当加强对银行对账单的稽核和管理。出纳人员不得同时从事银行对账单的获取、银行存款余额调节表的编制等工作。

5. 企业应当严格遵守银行结算纪律，不得签发没有资金保证的票据或远期支票，套取银行信用；不得签发、取得和转让没有真实交易和债权债务的票据；不得无理拒绝付款，任意占用他人资金；不得违反规定开立和使用银行账户。

6. 企业应当指定专人定期核对银行账户，每月至少核对一次，编制银行存款余额调节表，并指派对账人员以外的其他人员进行审核，确定银行存款账面余额与银行对账单余额是否调节相符。如调节不符，应当查明原因，及时处理。

7. 实行网上交易、电子支付等方式办理货币资金支付业务的企业，应当与承办银行签订网上银行操作协议，明确双方在资金安全方面的责任与义务、交易范围等。操作人员应当根据操作授权和密码进行规范操作。企业在严格实行网上交易、电子支付操作人员不相容情境相互分离控制的同时，应当配备专人加强对交易和支付行为的审核。

8. 企业应当加强银行预留印鉴的管理。财务专用章应当由专人保管，个人名章应当由本人或其授权人员保管，不得由一个人保管支付款项所需的全部印章。按规定需要由有关负责人签字或盖章的经济业务与事项，必须严格履行签字或盖章手续。

（三）其他货币资金的内控制度

其他货币资金是企业内部流动性很强的资产，具有容易被侵占、贪污、挪用的特点，企业必须对其加强管理，具体应做到以下几点：

第一，外埠存款、银行本票存款、银行汇票存款、信用卡存款等其他货币资金，须根据企业业务的需要合理选择结算方式，并统一由财务部门管理。财务部门应严格按照规定进行其他货币资金收支业务的核算，建立明细分类账和台账，确定专人负责及时记账和督促有关业务部门清理结账、对账。

第二，业务部门需要采用外埠存款、银行汇票存款等其他货币资金办理结算时，须提出申请报告，附上项目或购物清单，经业务部门主管签字后，报财务负责人、总经理（总裁）签字批准后，方可交财务部门办理。

第三，业务部门在使用外埠存款时，必须按计划项目掌握使用，并将使用情况清单和原始票据寄回财务部门。该项业务处理完毕，应将结余外埠存款与财务部门核对或及时汇回，不得挪作他用。

三、《现金管理暂行条例》* 的有关规定

第一条　为改善现金管理，促进商品生产和流通，加强对社会经济活动的监督，制定本条例。

第二条　凡在银行和其他金融机构（以下简称开户银行）开立账户的机关、团体、部队、企业、事业单位和其他单位（以下简称开户单位），必须依照本条例的规定收支和使用现金，接受开户银行的监督。

国家鼓励开户单位和个人在经济活动中，采取转账方式进行结算，减少使用现金。

第三条　开户单位之间的经济往来，除按本条例规定的范围可以使用现金外，应当通过开户银行进行转账结算。

第四条　各级人民银行应当严格履行金融主管机关的职责，负责对开户银行的现金管理进行监督和稽核。

开户银行依照本条例和中国人民银行的规定，负责现金管理的具体实施，对开户单位收支、使用现金进行监督管理。

第五条　开户单位可以在下列范围内使用现金：

（一）职工工资、津贴；

（二）个人劳务报酬；

（三）根据国家规定颁发给个人的科学技术、文化艺术、体育等各种奖金；

（四）各种劳保、福利费用以及国家规定的对个人的其他支出；

（五）向个人收购农副产品和其他物资的价款；

（六）出差人员必须随身携带的差旅费；

---

* 中华人民共和国国务院令（第12号）《现金管理暂行条例》于1988年8月16日国务院第十八次常务会议通过，自1988年10月1日起施行。该条例已于2011年1月8日被中华人民共和国国务院令第588号发布的《国务院关于废止和修改部分行政法规的决定》所修订，删去了其中的第二十条、第二十一条、第二十二条。

（七）结算起点以下的零星支出；

（八）中国人民银行确定需要支付现金的其他支出。

前款结算起点定为一千元。结算起点的调整，由中国人民银行确定，报国务院备案。

第六条　除本条例第五条第（五）、（六）项外，开户单位支付给个人的款项，超过使用现金限额的部分，应当以支票或者银行本票支付；确需全额支付现金的，经开户银行审核后，予以支付现金。

前款使用现金限额，按本条例第五条第二款的规定执行。

第七条　转账结算凭证在经济往来中，具有同现金相同的支付能力。

开户单位在销售活动中，不得对现金结算给予比转账结算优惠待遇；不得拒收支票、银行汇票和银行本票。

第八条　机关、团体、部队、全民所有制和集体所有制企业事业单位购置国家规定的专项控制商品，必须采取转账结算方式，不得使用现金。

第九条　开户银行应当根据实际需要，核定开户单位三天至五天的日常零星开支所需的库存现金限额。

边远地区和交通不便地区的开户单位的库存现金限额，可以多于五天，但不得超过十五天的日常零星开支。

第十条　经核定的库存现金限额，开户单位必须严格遵守。需要增加或者减少库存现金限额的，应当向开户银行提出申请，由开户银行核定。

第十一条　开户单位现金收支应当依照下列规定办理：

（一）开户单位现金收入应当于当日送存开户银行。当日送存确有困难的，由开户银行确定送存时间；

（二）开户单位支付现金，可以从本单位库存现金限额中支付或者从开户银行提取，不得从本单位的现金收入中直接支付（即坐支）。

因特殊情况需要坐支现金的，应当事先报经开户银行审查批准，由开户银行核定坐支范围和限额。坐支单位应当定期向开户银行报送坐支金额和使用情况；

（三）开户单位根据本条例第五条和第六条的规定，从开户银行提取现金，应当写明用途，由本单位财会部门负责人签字盖章，经开户银行审核后，予以支付现金；

（四）因采购地点不固定，交通不便，生产或者市场急需，抢险救灾以及其他特殊情况必须使用现金的，开户单位应当向开户银行提出申请，由本单位财会部门负责人签字盖章，经开户银行审核后，予以支付现金。

第十二条　开户单位应当建立健全现金账目，逐笔记载现金支付。账目应当日清月结，账款相符。

第十三条　对个体工商户、农村承包经营户发放的贷款，应当以转账方式支付。对确需在集市使用现金购买物资的，经开户银行审核后，可以在贷款金额内支付现金。

第十四条　在开户银行开户的个体工商户、农村承包经营户异地采购所需货款，应当通过银行汇兑方式支付。因采购地点不固定，交通不便必须携带现金的，由开户银行根据实际需要，予以支付现金。

未在开户银行开户的个体工商户、农村承包经营户异地采购所需货款，可以通过银行汇兑方式支付。凡加盖“现金”字样的结算凭证，汇入银行必须保证支付现金。

第十五条　具备条件的银行应当接受开户单位的委托，开展代发工资、转存储蓄业务。

第十六条　为保证开户单位的现金收入及时送存银行，开户银行必须按照规定做好现金收款工作，不得随意缩短收款时间。大中城市和商业比较集中的地区，应当建立非营业时间收款制度。

第十七条　开户银行应当加强柜台审查，定期和不定期地对开户单位现金收支情况进行检查，并按规定向当地人民银行报告现金管理情况。

第十八条　一个单位在几家银行开户的，由一家开户银行负责现金管理工作，核定开户单位库存现金限额。

各金融机构的现金管理分工，由中国人民银行确定。有关现金管理分工的争议，由当地人民银行协调、裁决。

第十九条　开户银行应当建立健全现金管理制度，配备专职人员，改进工作作风，改善服务设施。现金管理工作所需经费应当在开户银行业务费中解决。

情境演练参考答案

情境演练 1-1：

业务1：	借：管理费用	800	
	贷：库存现金		800
业务2：	借：库存现金	117	
	贷：其他业务收入		100
	应交税费——应交增值税（销项税额）		17
业务3：	借：其他应收款——王琳	5 000	
	贷：库存现金		5 000
业务4：	借：管理费用	4 800	
	库存现金	200	
	贷：其他应收款——王琳		5 000
业务5：	借：库存现金	200	
	贷：待处理财产损溢		200
业务6：	借：待处理财产损溢	200	
	贷：其他应付款——刘强		160
	营业外收入		40
业务7：	借：待处理财产损溢	3 000	
	贷：库存现金		3 000
业务8：	借：其他应收款——黄茜	800	
	管理费用	2 200	
	贷：待处理财产损溢		3 000

情境演练 1-2：

业务1：借：预付账款——东信公司 16 800
　　贷：银行存款 16 800

业务2：（1）借：原材料 20 600
　　应交税费——应交增值税（进项税额） 3 400
　　贷：预付账款——东信公司 24 000
（2）借：预付账款——东信公司 7 200
　　贷：银行存款 7 200

业务3：借：银行存款 100 000
　　应收账款——爱丽思公司 75 500
　　贷：主营业务收入 150 000
　　应交税费——应交增值税（销项税额） 25 000

业务4：借：银行存款 75 000
　　贷：应收账款——爱丽思公司 75 500

业务5：借：管理费用 4 500
　　应交税费——应交增值税（进项税额） 270
　　贷：银行存款 4 770

情境演练 1-3：

业务1：借：其他货币资金——外埠存款 60 000
　　贷：银行存款 60 000

业务2：借：原材料——××材料 40 000
　　应交税费——应交增值税（进项税额） 6 800
　　银行存款 13 200
　　贷：其他货币资金——外埠存款 60 000

业务3：借：其他货币资金——银行本票存款 30 000
　　贷：银行存款 30 000

业务4：借：原材料——××材料 20 000
　　应交税费——应交增值税（进项税额） 3 400
　　银行存款 6 600
　　贷：其他货币资金——银行本票存款 30 000

业务5：借：其他货币资金——存出投资款 180 000
　　贷：银行存款 180 000

业务6：借：交易性金融资产——成本 170 000
　　贷：其他货币资金——存出投资款 170 000

2 学习情境二 往来业务的核算

情境学习目标

- 能正确识别、整理往来业务涉及的会计凭证；
- 能充分了解往来业务涉及的债权、债务业务的会计核算内容；
- 能正确编制和审核往来业务所涉及的债权、债务的会计凭证；
- 能完成应收账款、应付账款、预收账款、预付账款等往来业务总账、明细账的建立；
- 能完成应收账款、应付账款等各项往来业务账簿的登记；
- 能正确填报往来业务账务处理结果提供的会计信息。

情境关键术语

- 往来业务
- 购销债权业务
- 购销债务业务
- 其他往来业务
- 坏账、坏账准备及坏账损失

情境有关参考资料

- 企业会计准则第 22 号
- 《企业会计准则讲解 2012》第二十三章
- 初级会计实务——2014 年度全国会计专业技术资格考试辅导教材

学习子情境一

购销业务债权的核算

☞ 科目设置

一、"应收账款"科目

此科目属于资产类科目，核算企业因销售商品、提供劳务等经营活动应收取的款项。本科目应按债务人设置明细账，进行明细核算。本科目期末借方余额，反映企业尚未收回的应收账款；期末如为贷方余额，反映企业预收的账款。

二、"应收票据"科目

此科目属于资产类科目，核算企业因销售商品、提供劳务等而收到的商业汇票。本账户可按开出、承兑商业汇票的单位设置明细账，进行明细核算。

会计实务中，企业应当设置"应收票据备查簿"，逐笔登记商业汇票的种类、号数和出票日、票面金额、交易合同号和付款人、承兑人、背书人的姓名或单位名称、到期日、背书转让日、贴现日、贴现率和贴现净额以及收款日和收款金额、退票情况等资料。商业汇票到期结清票款或退票后，在备查簿中应予注销。

三、"预付账款"科目

此科目属于资产类科目，核算企业预付账款的发生及结算情况。企业进行在建工程预付的工程价款，也在本科目中核算。本科目可按供货单位设置明细账，进行明细核算。本科目期末借方余额，反映企业预付的款项；期末如为贷方余额，反映企业尚未补付的款项。企业预付款项情况不多的，也可以不设置本科目，将预付的款项直接记入"应付账款"科目。

四、"坏账准备"科目

此科目从性质上看，属于资产类科目，是"应收账款"、"应收票据"等账户的备抵调整科目，核算企业应收款项减值、坏账损失的确认等。本科目期末贷方余额，反映企业已计提但尚未转销的坏账准备。

▣ 核算内容

一、购销业务债权概述

（一）购销业务债权的内容

1. 应收账款。应收账款是指企业因对外销售商品、提供劳务等经营活动应向客户收取的款项。应收账款主要包括应收取的货款、代购货方垫付的运杂费、应收取的增值税销项税额等。它不包括应收取的各种赔款、罚款，也不包括各种非主要经营业务而发生的应收款项，如职工欠款、存出保证金、应收股利和利息等债权。

2. 应收票据。应收票据是指企业因销售商品、产品或提供劳务等而收到的已承兑的商业汇票。票据作为一种债权凭证，是一种记载有一定的付款日期、付款地点、付款金额的流通证券，也是一种可以由持票人自由转让给他人的债权凭证，它包括企业持有的未到期兑现的汇票、本票和支票。在我国会计实务中，支票、银行本票、银行汇票均为见票即付的票据，收到这种票据，即可视同收到货币资金，无需将其列为应收票据处理，只有商业汇票是一种远期票据，企业取得商业汇票时，只是取得了一项债权。因此，应收票据只涉及企业因销售商品、产品或提供劳务而收到的经承兑人承兑的商业汇票。

商业汇票可以按不同标准进行分类。

（1）按照票据承兑人的不同，商业汇票可分为银行承兑汇票和商业承兑汇票。承兑是指汇票付款人承诺在汇票到期日支付汇票金额的行为。商业汇票必须经承兑后方可生效。商业承兑汇票的承兑人是付款人，银行承兑汇票的承兑人是承兑申请人的承兑银行。

（2）按照票据是否带息分类，商业汇票分为带息票据和不带息票据。带息票据是指商业汇票到期时，承兑人除向收款人或被背书人支付票面金额外，还应按票面金额、票据期限和票据利率，支付自票据生效日起至票据到期日止利息的商业汇票。不带息票据是指商业汇票到期时，承兑人只按票面金额向收款人或被背书人支付款项的票据。

3. 预付账款。预付账款是指企业按照购销合同规定预付给供应单位的货款，是企业的一项债权。

（二）购销业务债权的确认和计量

1. 应收账款的确认和计量。

（1）应收账款的确认。应收账款是因企业赊销业务而产生的，所以应在销售成立时确认入账。

（2）应收账款的计量。应收账款的计量，是指确定应收账款的入账金额。通常情况下，应收账款应按从购货方应收的合同或协议价款作为初始确认金额。但企业有时为了及时回笼货款或为了扩大销售量，在销货时往往实行折扣政策，会影响应收账款的计价。因此，应当在考虑折扣这一因素的基础上，采用一定的方法计算确定应收账款的入账金额。

企业在销售过程中的折扣有商业折扣和现金折扣两种方式。

（1）商业折扣。商业折扣是指在商品交易时为鼓励客户大批量购买而从商品价目单中所列售价的基础上扣减一定的数额，实际上是对商品报价进行的折扣。商业折扣通常以百分比来表示，如5%、10%、15%等。在发生商业折扣的情况下，企业应收账款的入账金额应按扣除商业折扣后的实际售价金额入账。如某企业赊销 A 产品，产品价目单上标明产品单价为80元，甲顾客购买1 000件，按规定给予10%的商业折扣，则该企业 A 产品的实际销售单价为72（80－80×10%）元，应收账款的入账金额为72 000元。由于商业折扣一般在交易发生时即已确定，商业折扣仅仅是确定实际售价的一种手段，不在买卖任何一方的账面上反映，所以，商业折扣对应收账款入账金额的确认并无实质性的影响。

（2）现金折扣。现金折扣是指销售企业为了鼓励客户在一定期限内尽早偿还货款而给予客户的折扣优惠。现金折扣一般用（2/10、1/20、n/30）等形式来表示。其含义是信用期为 30 天，在 10 天内付款给予 2% 的折扣，在 20 天内付款给予 1% 的折扣，在 20 天以上 30 天内付款无折扣。现金折扣使得企业应收账款的实收数额在规定的付款期内随客户付款时间的不同而有所差异，这就产生了应收账款发生时以什么金额计价入账的问题。对此，会计理论上有两种可供选择的方法：一是总价法；二是净价法。

①总价法。总价法是指在赊销业务发生时，应收账款和销售收入均以未扣减现金折扣前的实际售价作为入账价值。比如：商品的销售价格为300 000元，现金折扣条件为2/10、1/20、n/30，则在赊销成立时，应收账款和销售收入均按300 000元的金额入账。

②净价法。净价法是指在赊销业务发生时，应收账款和销售收入均按扣除最大的现金折扣后的金额入账。这种方法是将客户取得的现金折扣视为正常现象，认为客户应当提前付款而获得现金折扣。如前例，赊销成立时，应按 294 000 元（300 000 - 300 000 × 2%）确认应收账款和销售收入的入账金额。

上述两种方法中，总价法可以较好地反映销售的总过程，但在客户可能享受现金折扣的情况下会高估应收账款和销售收入。如期末结账时，有些应收账款还没有超过折扣期，企业无法确切地知道客户是否会享受现金折扣，如果有一部分可能会享受折扣，而应收账款上并未作反映，从而导致虚增应收账款的余额。净价法则可以避免总价法的不足，但在客户没有享受现金折扣时，由于应收账款以净额入账，所以必须再查对原销售总额。同时，期末结账时，对于已超过折扣期尚未付款的应收账款，要按客户享受现金折扣进行调整，操作起来比较麻烦。按照会计准则的要求，我国会计实务中对应收账款均采用总价法计量，现金折扣在实际发生时记入“财务费用”账户。

2. 应收票据的确认和计量。

（1）应收票据到期日的确定。商业汇票的持票人在票据到期日可向承兑人收取票据款项。商业汇票自承兑日起生效，其到期日是由票据有效期限的长短来决定的。票据期限的确定一般有按月计算和按日计算两种。

①按月计算票据到期日。若应收票据期限按月计算，票据的到期日不考虑各月份实际天数的多少，统一按到期月份的对应日计算。如：3 月 5 日签发的承兑期限为三个月的商业汇票，其到期日为 6 月 5 日；如果签发承兑汇票的日期为某月月末，则不论月份大小，统一以到期月份的最末一天为到期日。如 4 月 30 日签发的承兑期限为四个月的商业汇票，其到期日为 8 月 31 日。

②按日计算票据到期日。若应收票据期限按日计算，票据的到期日不考虑月数，统一按票据的实际日历天数计算。在票据签发承兑日和票据到期日这两天中，只算其中的一天，称为“算头不算尾”或“算尾不算头”。如 3 月 10 日签发的承兑期限为 150 天的商业汇票，到期日为：8 月 7 日。

算头不算尾：3 月份 22 天；4 月份 30 天；5 月份 31 天；6 月份 30 天；7 月份 31 天；8 月份 6 天。

算尾不算头：3 月份 21 天；4 月份 30 天；5 月份 31 天；6 月份 30 天；7 月份 31 天；8 月份 7 天。

（2）应收票据贴现。应收票据贴现，是指商业汇票的持票人为了资金周转的需要，持已承兑未到期的应收票据向银行兑取款项，银行受理后，从票据到期值中扣除按一定贴现利率计算的贴现息后，将余款付给贴现申请人，作为银行对贴现申请人短期贷款的一种信贷活动。实质上，应收票据贴现是企业的一种短期融资行为。

贴现企业向银行申请办理商业汇票贴现时，首先应确定出贴现利息和贴现金额（也称贴现净额或贴现实得额）。其计算公式为：

贴现金额 = 票据到期值 - 贴现利息

贴现利息 = 票据到期值 × 贴现率 × 贴现天数/360

公式中的贴现率由银行统一规定，一般以年利率表示。贴现天数是指自贴现日起至票据到期前一日止的实际天数，贴现日计入，票据到期日不计入。例如，本公司于3月10日将1月12日签发的、承兑期限为90天、到期日为4月12日的不带息商业汇票贴现，则贴现天数计算为33天，即3月份22天，4月份11天。

例如：成都盛天露公司将持有的一张期限为150天、面值为100 000元的不带息商业承兑汇票向银行办理贴现。该汇票出票日为4月12日，到期日为9月9日，该公司于7月15日向银行申请贴现，银行规定的贴现率为9%。有关计算如下：

票据到期值：100 000（元）

贴现天数 = 17 + 31 + 8 = 56（天）

贴现息 = 100 000 × 9% × 56/360 = 1 400（元）

贴现净额 = 100 000 - 1 400 = 98 600（元）

3. 预付账款的确认和计量。预付账款应按实际发生额入账。

4. 应收款项减值的确认与计量。企业的应收款项由于债务人财务困难等原因而无法收回，这部分无法收回的应收款项称为坏账。企业因发生坏账而产生的损失，称为坏账损失。

（1）应收款项减值损失的核算方法。按照企业会计准则规定，企业对应收款项减值损失的核算，应当采用备抵法。备抵法是指采用一定的方法按期（至少每年末）估计应收款项减值损失，提取坏账准备并转作当期费用。实际发生减值损失时，直接冲减已计提坏账准备，同时转销相应的应收款项余额的一种处理方法。

（2）应收款项减值损失的计量。在备抵法下，企业每期期末应进行应收款项减值损失的测试，具体测试方法分为以下两种情况：

①单项金额重大的应收款项。对于单项金额重大的应收款项，应当单独进行减值测试。有客观证据表明其发生了减值的，应当根据其未来现金流量现值低于其账面价值的差额，确认减值损失，计提坏账准备。

②单项金额非重大的应收款项。对于单项金额非重大的应收款项可以单独进行减值测试，确定减值损失，计提坏账准备；也可以与经单独测试后未减值的应收款项一起按类似信用风险特征划分为若干组合，再按这些应收款项组合在资产负债表日余额的一定比例计算确定减值损失，计提坏账准备。根据应收款项组合余额的一定比例计算确定的坏账准备，应当反映各项目实际发生的减值损失，即各项组合的账面价值超过其未来现金流量现值的金额。

短期应收款项的预计未来现金流量与其现值相差很小的，在确定相关减值损失时，可不对其预计未来现金流量进行折现。

③坏账准备计提比例的确定。企业应当根据以前年度与之相同或相类似的、具有类似信用风险特征的应收款项组合的实际损失率为基础，结合现时情况确定本期各项组合

计提坏账准备的比例，据此计算本期应计提的坏账准备。

(3) 计提坏账准备的方法。企业每期期末，应对每一项应收款项的账面余额进行检查和减值测试，如果有客观证据表明发生了减值，则应确认应收款项减值损失，记入当期损益，并计提坏账准备。计提坏账准备时，应注意以下几点：

第一次提取坏账准备时，计提坏账准备的数额，应根据测试的减值金额确定。

第二次计提坏账准备时，会计期末测试的减值损失金额与“坏账准备”账户的余额有差异时，应对“坏账准备”账户的余额进行调整，使调整后的“坏账准备”账户的贷方余额与测试的减值损失金额一致。

本期应计提的坏账准备额 = 本期末减值测试确定的坏账准备余额 - “坏账准备”原贷方余额（+“坏账准备”原借方余额）。

会计实务中运用账龄分析法计提坏账准备的较为普遍。

账龄分析法是指根据应收款项账龄的长短，来确定减值损失金额的一种方法。所谓账龄是指客户所欠账款超过结算期的时间。虽然应收款项能否回收的程度与账龄长短并无直接关系，但从一般意义上讲，账龄越长，账款收不回的可能性越大。

采用账龄分析法，一般应列出“应收款项账龄分析表”，将所有应收款项按账龄的长短分段排列，然后分段确定坏账损失比例，分段估算坏账损失，把各段估算出来的坏账损失相加后即确定为本期应估计的坏账损失总额，从而确定本期应计提的坏账准备额。

典型案例

一、应收票据的取得、收回到期票款、应收票据转让及贴现业务

案例 2-1：2013 年 6 月 5 日，长江工业制造公司向成都大邑天欣公司销售产品一批，价款 800 000 元，增值税为 136 000 元。双方商定以商业汇票结算。收到天欣公司交来的商业汇票一张，面值 936 000 元，期限为三个月。

借：应收票据　　936 000
　贷：主营业务收入　　800 000
　　应交税费——应交增值税（销项税额）　　136 000

案例 2-2：2013 年 9 月 5 日，票据到期，长江工业制造公司收到成都大邑天欣公司支付的票据款 936 000 元。

借：银行存款　　936 000
　贷：应收票据　　936 000

案例 2-3：接例 2-1，2013 年 7 月 9 日，长江工业制造公司向成都双流金辉公司购入原材料一批，价款 1 000 000 元，增值税为 170 000 元。双方协商，金辉公司同意长江公司用所持有的大邑天欣公司的商业汇票结算，余款 234 000 元由长江公司用银行存款支付。材料已验收入库，余款已于当日支付。

借：原材料　　1 000 000
　应交税费——应交增值税（进项税额）　　170 000
　贷：应收票据　　936 000

银行存款　　　　　　　　　　　　　　　　234 000

案例2-4：接例2-1，2013年8月8日，长江工业制造公司将所持有的大邑天欣公司的未到期商业汇票向成都银行申请贴现，银行贴现利率为7.2%，假定长江公司不承担票据到期款项收取的连带偿还责任。

票据到期值：因属于不带息票据，其到期值为票据面值936 000元。

贴现天数=24+4=28（天）

贴现息=936 000×7.2%×28/360=5 241.6（元）

贴现金额=936 000-5 241.6=930 758.40（元）

借：银行存款　　　　　　　　　　　930 758.4
　　财务费用　　　　　　　　　　　　5 241.6
　　贷：应收票据　　　　　　　　　　　　936 000

二、应收账款的确认、收回款项

案例2-5：2013年9月12日，长江工业制造公司向成都大邑天欣公司销售产品一批，货款总额为2 000 000元，增值税340 000元。长江工业制造公司为成都大邑天欣公司垫付运杂费4 000元，以银行存款付清。合同中约定的现金折扣付款条件为（1/10，0.5/20，n/30），假定计算现金折扣时不考虑增值税。

（1）在赊销业务成立时，根据增值税专用发票、银行托收凭证回单联以及支付运费支票的回单等编制记账凭证，编制会计分录；

（2）若乙企业在10天内付款；

（3）若乙企业在20天内付款；

（4）若乙企业在30天内付款。

（1）在赊销业务成立时，根据增值税专用发票、银行托收凭证回单联以及支付运费支票的回单等编制记账凭证，编制会计分录如下：

借：应收账款——成都大邑天欣公司　　　　2 344 000
　　贷：主营业务收入　　　　　　　　　　　　2 000 000
　　　　应交税费——应交增值税（销项税额）　　340 000
　　　　银行存款　　　　　　　　　　　　　　　4 000

（2）若天欣公司在10天内付款，根据有关凭证编制会计分录如下：

借：银行存款　　　　　　　　　　　　2 324 000
　　财务费用　　　　　　　　　　　　　20 000
　　贷：应收账款——成都大邑天欣公司　　　2 344 000

（3）若天欣公司在20天内付款，根据有关凭证编制会计分录如下：

借：银行存款　　　　　　　　　　　　2 334 000
　　财务费用　　　　　　　　　　　　　10 000
　　贷：应收账款——成都大邑天欣公司　　　2 344 000

（4）若天欣在30天内付款，则不应给予现金折扣。根据有关凭证，编制会计分录如下：

借：银行存款　　2 344 000

　　贷：应收账款——成都大邑天欣公司　　2 344 000

三、根据合同约定预付货款、购入货物、补付余款

案例2-6：2013年9月20日，长江工业制造公司向成都双流龙华公司采购原材料一批，根据合同约定，长江公司向龙华公司预付购货款200 000元；2013年9月26日，长江公司收到龙华公司发来的原材料及发票，注明：价款820 000元，增值税额139 400元，材料于当日验收入库；2013年10月9日，长江公司向龙华公司支付余款759 400元。

（1）2013年9月20日，长江公司向龙华公司预付购货款时：

借：预付账款——成都双流龙华公司　　200 000

　　贷：银行存款　　200 000

（2）2013年9月26日，长江公司收到龙华公司发来的原材料：

借：原材料　　820 000

　　应交税费——应交增值税（进项税额）　　139 400

　　贷：预付账款——成都双流龙华公司　　959 400

（3）2013年10月9日，长江公司向龙华公司补付购货的余款：

借：预付账款——成都双流龙华公司　　759 400

　　贷：银行存款　　759 400

四、坏账准备的计提以及坏账损失的确认

案例2-7：长江工业制造公司为生产小型电工工具的加工企业。

（1）2012年年初“坏账准备”科目贷方余额为97 000元，当年未发生坏账损失。当年年末，应收款项余额为8 690 000元。经减值测试，应收款项估计能为企业带来的未来现金流量的现值为8 564 000元。

（2）2013年5月，长江公司应收成都双流太升公司货款92 300元因故不能收回，经批准确认为坏账损失。2013年年末应收款项余额为10 700 000元。经减值测试，应收款项估计能为企业带来的未来现金流量的现值为10 565 000元。

（3）长江公司2014年8月26日收到成都启明星商贸公司支付的货款93 800元。该款项本公司原已将其确认为坏账损失。2014年年末应收款项余额为10 960 000元。经减值测试，应收款项估计能为企业带来的未来现金流量的现值为10 813 000元。

（1）2012年年末：

借：资产减值损失　　29 000

　　贷：坏账准备　　29 000

（说明：2012年年末应收款项减值额为8 690 000－8 564 000＝126 000元；“坏账准备”账户原余额为97 000元，应补提坏账准备额126 000－97 000＝29 000元。）

（2）2013 年 5 月，根据坏账审批程序以及公司决议，编制记账凭证，编制会计分录如下：

借：坏账准备　　92 300

　　贷：应收账款——成都双流太升公司　　92 300

2013 年年末：根据公司决议、应收款项减值损失计算表，编制转账凭证，编制会计分录如下：

借：资产减值损失　　101 300

　　贷：坏账准备　　101 300

（说明：2013 年年末应收款项减值额为 10 700 000 - 10 565 000 = 135 000 元；年末应计提的“坏账准备”为：135 000 -（126 000 - 92 300）= 101 300 元。）

（3）2014 年 8 月 26 日，原已核销的坏账又收回：

借：银行存款　　93 800

　　贷：坏账准备　　93 800

年末：根据公司决议、应收款项减值损失计算表，编制转账凭证，编制会计分录如下：

借：坏账准备　　81 800

　　贷：资产减值损失　　81 800

（说明：2014 年年末应收款项减值为 10 960 000 - 10 813 000 = 147 000 元；年末应计提的“坏账准备”为：147 000 -（135 000 + 93 800）= -81 800 元。）

情境演练 2 - 1

2014 年 12 月，成都盛天露有限责任公司发生如下经济业务：

业务 1：2 日，成都盛天露公司赊销产品一批给甲企业，货款 840 000 元，增值税 142 800 元，另公司以银行存款 1 200 元代购货方垫付运费，已一并向银行办妥托收手续。

6 日，接银行通知，上述托收的款项已全部收妥入账。

业务 2：8 日，成都盛天露公司赊销产品 2 000 件给甲企业，按价目表标明的单位售价为 1 000 元，由于甲企业购买量大，成都盛天露公司给予客户 10% 的商业折扣。成都盛天露公司开出增值税专用发票，注明：价款 1 800 000 元，增值税额 306 000 元。

业务 3：成都盛天露公司销售一批产品给乙企业，货款总额为 1 000 000 元，增值税 170 000 元。成都盛天露公司为乙企业垫付运杂费 3 000 元，以银行存款付清。合同中约定的现金折扣付款条件为（1/10，0. 5/20，n/30），假定计算现金折扣时不考虑增值税。

（1）在赊销业务成立时，根据增值税专用发票、银行托收凭证回单联以及支付运费支票的回单等编制记账凭证，编制会计分录。

（2）若乙企业在10天内付款。

（3）若乙企业在20天内付款。

（4）若乙企业在30天内付款。

业务4：10日，成都盛天露公司向天宝公司销售产品一批，价款400 000元，增值税为68 000元。双方商定以商业汇票结算。收到天宝公司交来的已承兑商业汇票一张，面值468 000元，期限为5个月。

业务5：13日，成都盛天露公司收到名山公司交来的商业承兑汇票一张，面值为585 000元，期限为3个月，用以抵偿前欠本公司货款500 000元和增值税85 000元。

业务6：接业务5，上述商业汇票到期，成都盛天露公司收到名山公司支付的票据款585 000元，如数收到票款存入银行。

业务7：16日，成都盛天露公司持有的一张面值为300 000元的商业承兑汇票到期，但付款人账户无款支付，票据由托收银行退回。

业务8：20日，成都盛天露公司将持有的一张三个月到期、面值为936 000元的商业承兑汇票向银行办理贴现。该汇票出票日为10月17日，到期日为1月17日。银行规定贴现率为7.2%。贴现协议中明确，假设票据到期，银行不能按时向债务人收取款项，成都盛天露公司不负有还款责任。

业务9：21日，成都盛天露公司按购货合同规定开出转账支票，预付给东方公司购买的材料款200 000元。26日，成都盛天露公司收到东方公司发来的原材料：货款为500 000元、增值税85 000元，材料已如数验收入库。29日，以银行存款补付东方公司货款385 000元。

业务10：成都盛天露公司与应收款项减值相关的业务如下：

（1）2012年年初“坏账准备”科目余额为120 000元，当年年末，应收款项余额为9 200 000元。经减值测试，应收款项估计能为企业带来的未来现金流量的现值为9 050 000元。

（2）2013年6月，成都盛天露公司应收龙泉光华公司的货款86 000元因故不能收回，经批准确认为坏账损失。2013年年末应收款项余额为11 000 000元。经减值测试，应收款项估计能为企业带来的未来现金流量的现值为10 830 000元。

（3）成都盛天露公司2014年9月20日收到成都天天商贸公司支付的货款95 000元。该款项本公司原已将其确认为坏账损失。2014年年末应收款项余额为11 840 000元。经减值测试，应收款项估计能为企业带来的未来现金流量的现值为11 655 000元。

要求：（1）查找资料，了解上述业务完成的过程以及涉及的部门；

（2）确认上述业务发生或完成时应取得的单据；

（3）编制上述业务的会计分录。

学习子情境二
购销业务债务的核算

☞ 科目设置

一、"应付票据"科目

此科目属于负债类科目，核算企业购买材料、商品和接受劳务供应等开出、承兑的商业汇票，包括银行承兑汇票和商业承兑汇票，可按债权人进行明细核算。为了详细反映应付票据的有关情况，企业还应设置"应付票据备查簿"，详细登记商业汇票的种类、号数、出票日期、到期日、票面金额、交易合同号和收款人姓名或单位名称以及付款日期和金额等资料。应付票据到期结清时，在备查簿中应予注销。本科目期末贷方余额，反映企业尚未到期的商业汇票的票面金额。

票据到期时，如果企业无力支付票据款，则应根据不同情况进行处理：

1. 若企业采用商业承兑汇票进行结算，企业即为承兑人，也就是付款人，银行将把商业承兑汇票退还给收款人，由收付款双方协商解决。由于商业承兑汇票已经失效，企业应将应付票据款转为应付账款，应付的利息也应计入应付账款，借记"应付票据"、"应付利息"、"财务费用"科目，贷记"应付账款"科目。需要注意的是，到期不能支付的带息应付票据，转入"应付账款"后，期末不再计提应付利息。

2. 若采用银行承兑汇票进行结算，承兑人为承兑银行，承兑银行将代为支付票据款，并将其转为对企业的逾期贷款。由于商业汇票已经失效，企业应将应付票据款转为短期借款，应付的利息也应计入短期借款，借记"应付票据"、"应付利息"、"财务费用"等科目，贷记"短期借款"科目。企业支付的罚息，应计入财务费用。

二、"应付账款"科目

此科目属于负债类科目，核算企业因购买材料、商品和接受劳务等经营活动应支付的款项。该科目按债权人设置明细账，进行明细核算。本科目期末贷方余额，反映企业尚未支付的应付账款余额。

三、"预收账款"科目

此科目属于负债类科目，核算企业按合同规定预收的款项。本科目可按购货单位设置明细账，进行明细分类核算。本科目期末余额在贷方，反映企业预收的款项；如果期末余额在借方，反映企业应收的货款（即应由购货单位补付的货款）。在预收账款业务不多的企业，可以不设置本账户，将预收的账款直接记入"应收账款"账户。

核算内容

一、购销业务债务的内容

1. 应付账款。应付账款是指企业因购买材料、商品或接受劳务供应等经营活动应支付的款项。这是一种最常见、最普遍的负债，主要是由于企业取得物资与支付货款在时间上的不一致而产生的负债。应付账款与应付票据不同，虽然两者都是由于交易而引起的负债，都属于流动负债，但应付账款属于尚未结清的债务，而应付票据是一种延期付款的证明，以承诺付款的票据为依据。

2. 应付票据。应付票据是指企业购买材料、商品和接受劳务供应等而开出、承兑的商业汇票，包括商业承兑汇票和银行承兑汇票。商业汇票按是否带息，分为不带息商业汇票和带息商业汇票两种。带息商业汇票有确定的票面利率，票据到期时，除应支付票据金额外，还应按票面利率计算支付利息。

3. 预收账款。预收账款是指企业按照合同规定向购货单位预收的款项。与应付账款不同，预收账款所形成的负债不是以货币偿付，而是以货物偿付。

二、购销业务债务的确认和计量

1. 应付账款的确认和计量。

（1）应付账款的确认。从理论上讲，应付账款入账时间的确定，应以与所购买物资所有权有关的风险和报酬已经转移或劳务已经接受为标志。但在实际工作中，应区别情况处理：

①在货物与发票账单同时到达的情况下，应付账款一般应待货物验收入库后，才按发票账单等登记入账。这主要是为了确认所购货物的品种、数量及质量是否与合同条款相符，以免因先入账而在验收入库时发现购入物资错、漏、破损等问题再进行调账的情况。

②在货物与发票账单非同时到达，且两者间隔较长时间的情况下，应付账款的入账时间以收到发票账单为准。但对于货物已到，发票账单在月末仍未到达的情况，为了在资产负债表上客观反映企业所拥有的资产和承担的债务，月末编制资产负债表时，企业应将所购货物和应付账款估价入账。

（2）应付账款的计量。应付账款一般按未来应付金额入账，在购货存在现金折扣的情况下，应付账款入账金额的确定分为总价法和净价法两种，我国会计实务一般采用总价法，即按发票上记载的应付金额的总值（不扣除折扣）记账，获得的现金折扣，冲减财务费用。

2. 应付票据的确认和计量。

（1）应付票据的确认。购货企业应当在办妥采购业务并开出承兑的商业汇票时确认应付票据。

（2）应付票据的计量。无论是不带息票据还是带息票据，均应按业务发生时的金额即票面价值入账。

3. 预收账款。预收账款应当按实际发生额入账。

典型案例

一、开具商业汇票、支付票据款

案例2-8：长江工业制造公司2013年3月1日，从重庆新世纪公司购入原材料一批，价款3 000 000元，增值税进项税额为510 000元，当日开具一张面值为3 510 000元、期限为6个月的带息商业承兑汇票，年利率为7.8%，材料已验收入库。

(1) 2013年3月1日购入原材料时：

借：原材料	3 000 000	
应交税费——应交增值税（进项税额）	510 000	
贷：应付票据		3 510 000

(2) 6月30日，计提3~6月的应付利息91 260元：

借：财务费用	91 260	
贷：应付利息		91 260

(3) 9月1日票据到期付款：

借：应付票据	3 510 000	
应付利息	91 260	
财务费用	45 630	
贷：银行存款		3 646 890

二、购买货物确认应付账款、支付应付账款业务

案例2-9：长江工业制造公司2013年4月8日从重庆顺达公司购入原材料一批，价款430 000元，增值税额73 100元，材料于当日验收入库；合同约定的付款条件为1/10、0.5/30、n/60。假定计算现金折扣时不涉及增值税。

(1) 4月8日购入材料时：

借：原材料	430 000	
应交税费——应交增值税（进项税额）	73 100	
贷：应付账款——重庆顺达公司		503 100

(2) 假定长江公司4月16日支付货款：

借：应付账款——重庆顺达公司	503 100	
贷：银行存款		498 800
财务费用		4 300

(3) 假定长江公司5月6日付款：

借：应付账款——重庆顺达公司	503 100	
贷：银行存款		500 950
财务费用		2 150

(4) 假定长江公司6月6日付款：

借：应付账款——重庆顺达公司　　503 100
　　贷：银行存款　　503 100

三、向购货方预收货款、发出货物确认销售收入以及补收余款业务

案例2-10：长江工业制造公司2013年5月16日与都江堰永兴贸易公司签订产品销售合同，根据合同约定，长江公司向永兴公司销售产品一批，都江堰永兴公司应向长江公司预付购货款150 000元，长江公司在收到预付款后发货；2013年5月24日，长江公司收到永兴公司的预付款150 000元；2013年5月28日，长江公司向永兴公司发出商品并开具增值税专用发票，注明价款600 000元，增值税额102 000元。2013年6月13日，长江公司收到永兴公司补付的货款552 000元。

(1) 2013年5月16日签订合同时：不进行账务处理。

(2) 长江公司5月24日收到预付款时：

借：银行存款　　150 000
　　贷：预收账款——都江堰永兴公司　　150 000

(3) 2013年5月28日发出产品时：

借：预收账款——都江堰永兴公司　　702 000
　　贷：主营业务收入　　600 000
　　　　应交税费——应交增值税（销项税额）　　102 000

(4) 6月13日收到永兴公司补付的货款：

借：银行存款　　552 000
　　贷：预收账款——都江堰永兴公司　　552 000

情境演练2-2

2013年，成都盛天露有限责任公司发生如下经济业务：

业务1：2月3日，成都盛天露有限公司从阿坝建新林业公司购入原材料一批，专用发票上注明的价款800 000元，增值税为136 000元，购销合同规定采用商业汇票结算。成都盛天露有限公司开出并承兑一张面值为936 000元、期限为4个月的商业承兑汇票给建新公司，材料已验收入库。

(1) 成都盛天露有限公司承兑商业汇票时。

(2) 票据到期付款时。

(3) 若票据到期企业无力支付。

业务2：3月31日，从甘孜天逸林业公司购入价值1 000 000元的原材料（圆木），增值税进项税额为170 000元，同时出具一张面值为1 170 000元、期限为6个月的带息商业承兑汇票，年利率为8%，材料已验收入库。

（1）购入材料时。

（2）6 月 30 日，计提 3 个月的应付利息 23 400 元时。

（3）9 月 30 日票据到期付款时。

（4）9 月 30 日票据到期，若企业无力支付票款。

业务 3：成都盛天露有限公司 7 月 12 日从甘孜天逸林业公司购入原材料一批，价款 600 000 元，增值税税率为 17%，商品当日验收入库；付款条件为 2/10、1/30、n/60。假定计算现金折扣时不涉及增值税。

（1）7 月 12 日购入材料时。

（2）7 月 20 日付款时。

业务 4：7 月 15 日，成都盛天露有限公司接受龙泉长城贸易公司一批订货，按合同规定，货款金额为 500 000 元，预计 3 个月完成。订货方预付货款 40%，另 60% 待完工发货后再支付。该货物的增值税税率为 17%。

（1）收到预付的货款时。

（2）3 个月后产品完工并发出时。

（3）收到订货单位补付的货款时。

要求：（1）查找资料，了解上述业务完成的过程以及涉及的部门；

（2）确认上述业务发生或完成时应取得的单据；

（3）编制上述业务的会计分录。

学习子情境三
其他债权债务的核算

☞ 科目设置

一、“其他应收款”科目

此科目属于流动资产科目，核算企业除应收票据、应收账款、预付账款、应收股利、应收利息、长期应收款等以外的其他各种应收及暂付款项。本科目可按对方单位（或个人）设置明细账，进行明细分类核算。本科目期末借方余额，反映企业尚未收回的其他应收款项。

二、“其他应付款”科目

此科目属于流动负债科目，核算企业除应付票据、应付账款、预收账款、应付职工薪酬、应付股利、应付利息、应缴税费、长期应付款等以外的其他各种应收及暂付款项。本科目可按其他应付款的项目和对方单位（或个人）设置明细账，进行明细分类核算。本科目期末贷方余额，反映企业应付未付的其他应付款项。

核算内容

一、其他债权债务的主要内容

1. 其他应收款。其他应收款是指企业除应收账款、应收票据、预付账款及长期应收款等以外的其他各种应收暂付款项。

2. 其他应付款。其他应付款是指企业除应付票据、应付账款、预收账款、应付职工薪酬、应交税费、应付利息、应付股利等经营活动以外的其他各项应付、暂收的款项。

二、其他债权债务的确认和计量

1. 其他应收款的核算内容。其他应收款的核算内容：其他应收款包括不设置“备用金”账户的企业拨出的备用金、应收的各种赔款与罚款、应向职工收取的各种垫付款项，以及已不符合预付账款性质而按规定转入的预付账款等。具体包括：

（1）应收的各种赔款、罚款；

（2）应收出租包装物、出租固定资产的租金；

（3）应向职工收取的各种垫付款项；

（4）备用金；

（5）存出保证金，如租入包装物支付的押金；

（6）其他各种应收、暂付款项。

2. 其他应付款的核算内容。其他应付款的核算内容，主要包括：

（1）应付租入包装物租金；

（2）应付经营租入固定资产租金；

（3）存入保证金；

（4）收取的各种押金；

（5）应付各种赔款、罚款；

（6）其他各项应付、暂收的款项。

典型案例

一、确认应收取的固定资产出租的租金、收到款项

案例 2-11：长江工业制造公司 2013 年 4 月 1 日，将企业的一台生产设备出租给成都佳佳食品公司，租赁期 9 个月，月租金 8 000 元，租金按月支付，每月中旬支付上个月的租金额。

（1）4 月末，确认应收取的租金额：

借：其他应收款——成都佳佳食品公司　　　　8 000

贷：其他业务收入 8 000

（2）5月12日，收到租金额8 000元：

借：银行存款 8 000

贷：其他应收款——成都佳佳食品公司 8 000

二、确认应支付的赔款、支付款项

案例2-12：2013年5月13日，长江工业制造公司因一项对外销售产品合同未能按期发货，给购货方成都启明星贸易公司造成一定经济损失，经双方协商，长江公司同意按合同约定向对方支付违约金100 000元，6月底前支付。

（1）5月13日，确认应支付的赔款：

借：营业外支出 100 000

贷：其他应付款——成都启明星贸易公司 100 000

（2）6月30日，用银行存款支付赔款：

借：其他应付款——成都启明星贸易公司 100 000

贷：银行存款 100 000

情境演练2-3

2013年11月，成都盛天露有限责任公司发生如下经济业务：

业务1：3日，公司以现金900元支付借入包装物的押金。

业务2：6日，公司盘亏的材料8 500元，经公司办公会讨论确定，由责任人材料库房管理人员刘勇承担赔偿责任2 000元，其余作为企业的一般损失处理。尚未收到赔款。

业务3：12日，经公司办公会议决定，应收乐山泰华公司的赔款30 000元因确实无法收回，现批准作为坏账损失处理。

业务4：30日，公司本月末确认经营租入生产设备本月应支付的租金6 400元。

业务5：30日，用基本户存款支付天天公司违约金50 000元。该违约金上月末已确认。

要求：（1）查找资料，了解上述业务完成的过程以及涉及的部门；

（2）确认上述业务发生或完成时应取得的单据；

（3）编制上述业务的会计分录。

知识拓展

一、往来业务核算流程

应收账款业务流程（如图2－1所示）：

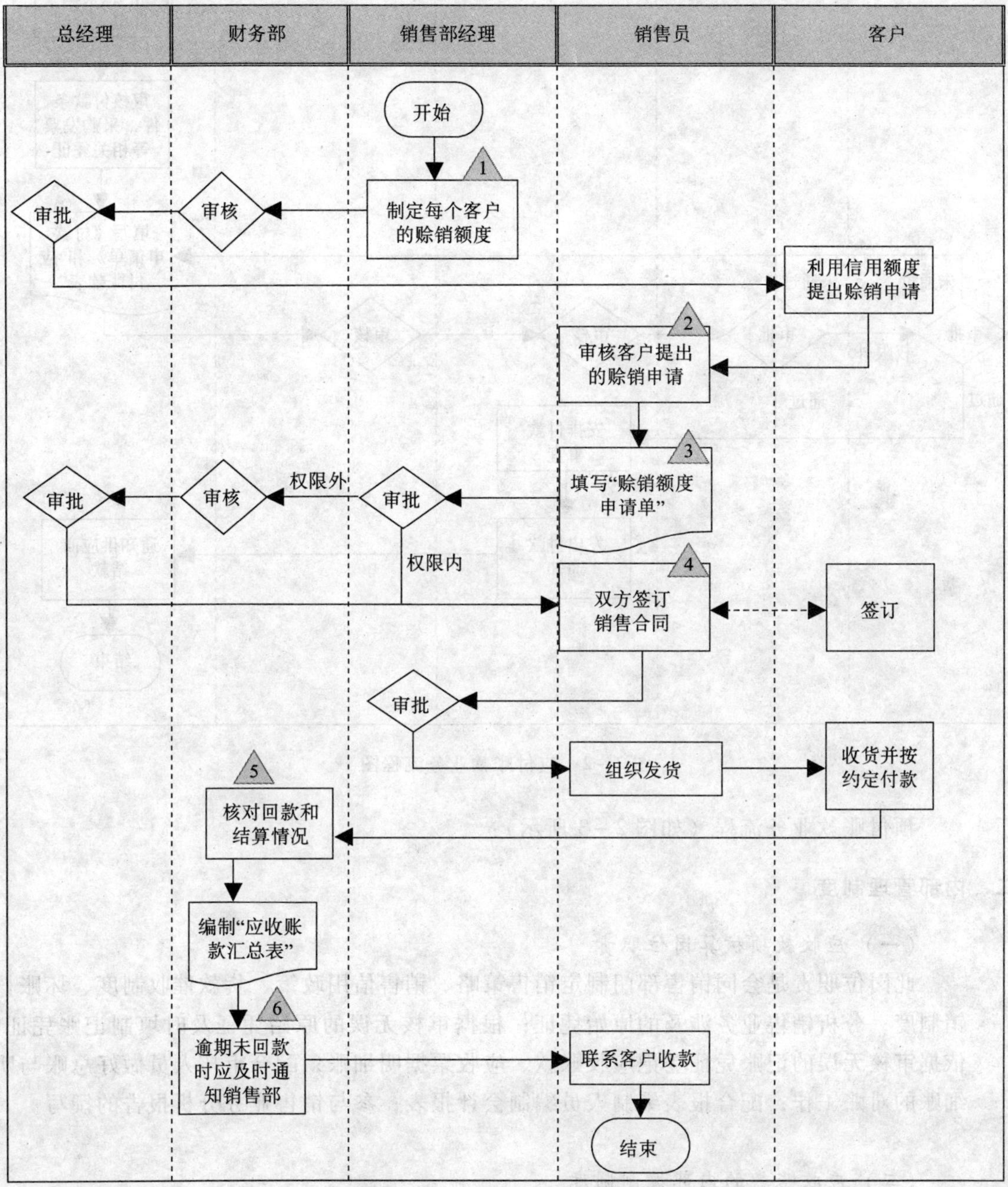

图2－1　应收账款业务流程图

应付账款业务流程（如图 2－2 所示）：

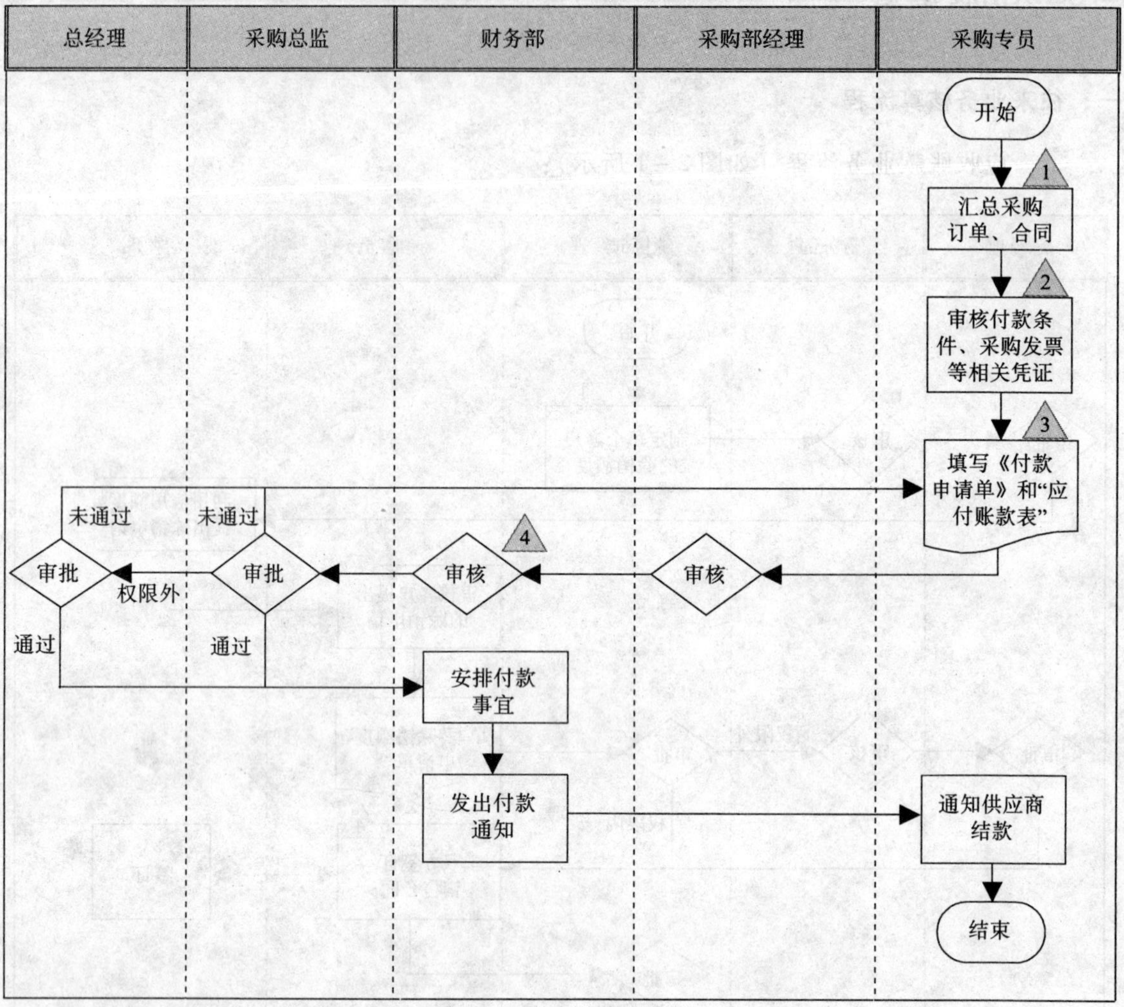

图 2－2　应付账款业务流程图

预付账款业务流程（如图 2－3 所示）：

二、内部管理制度

（一）应收款项核算岗位职责

此岗位职责是会同销售部门制定销售策略、销售信用政策、货款催收制度、坏账核销制度；分析销售业务涉及的原始凭证；根据审核无误的原始凭证及时填制记账凭证；依据审核无误的记账凭证登记应收账款、应收票据明细账；配合审核人员做好总账与明细账的对账工作；配合报表编制人员编制会计报表；参与销售业务分析报告的撰写。

（二）应收账款的内部控制制度

企业应当对应收账款进行有效管理，及时催收；往来款项应当定期核对，如有差

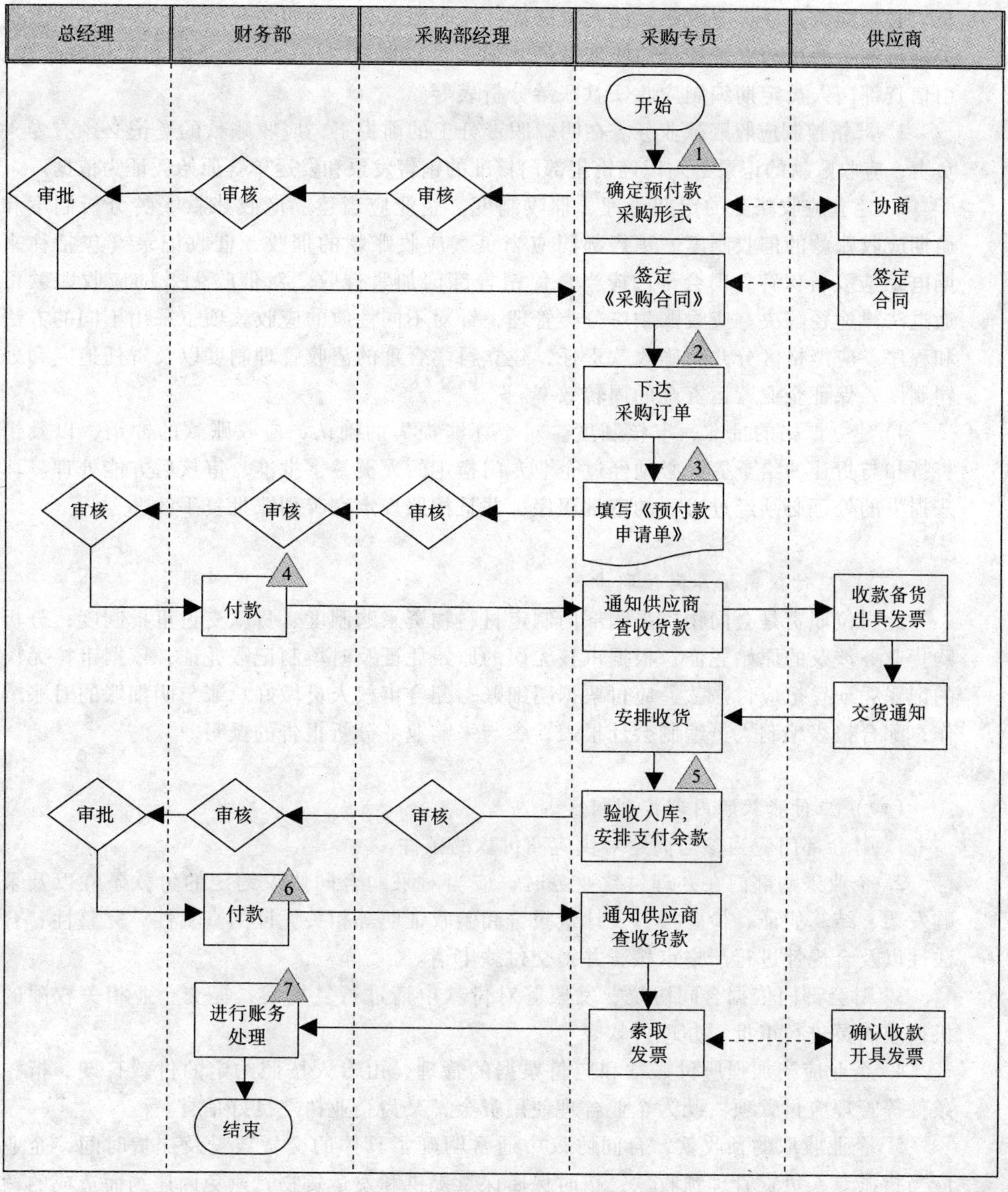

图 2－3　预付账款业务流程图

错，及时改正。建立完善而有效的应收账款内部控制制度，是加强应收账款管理的具体措施之一。

1. 建立明确的职责分工制度。为了确保企业应收账款业务的可靠性与合法性，企业应建立明确的职责分工制度，按各相关业务环节进行明确的分工，加强内部控制，防止各种舞弊行为的发生。比如，负责现金收款的人员、编制应收账款余额核对表的人员，必须同负责登记应收账款的人员分离；应收账款总账和明细账的登记应由不同人员分别负责。并由独立于记录应收账款的其他人员定期核对应收账款总账和明细账余额；由信贷部门人员定期编制应收账款账龄分析表等。

2. 严格控制应收账款业务。在明确职责分工的前提下，应收账款的登记必须有专人负责，应收账款的记录必须以经销售部门核准的销售发票和发运单等原始凭证为依据。

3. 建立应收账款的定期清理、催收制度。企业应当建立应收账款账龄分析制度和逾期应收账款的催收制度。销售部门应当负责应收账款的催收，催收记录（包括往来函电）应妥善保存，财会部门应当督促销售部门加紧催收。对催收无效的应收账款可通过法律途径解决。应收账款应分类管理，针对不同性质的应收款项，采用不同的方法和程序。应严格区分并明确收款责任，建立科学合理的清收管理制度以及责任追究和处罚制度，保证企业营运资金的周转效率。

4. 建立严格的批准、审核制度。对于坏账损失的确认，应收账款的冲销，以及销售折扣与折让的给予等，必须经过企业专门指定的人员签字批准、审核后方能处理。坏账损失的处理必须经过必要的审批程序，并且按照规定完善列账批复手续。

（三）应付款项核算岗位职责

此岗位职责是会同物资采购部门制定材料物资采购制度、货款支付审批制度；分析购货业务涉及的原始凭证；根据审核无误的原始凭证及时填制记账凭证；依据审核无误的记账凭证登记应付账款、应付票据明细账；配合审核人员做好总账与明细账的对账工作；配合报表编制人员编制会计报表；参与采购业务分析报告的撰写。

（四）应付账款的内部控制制度

1. 财会部门应当参与商定对供应商付款的条件。

2. 企业采购部门在办理付款业务时，应当对采购合同协议约定的付款条件以及采购发票、结算凭证、检验报告、计量报告和验收证明等相关凭证的真实性、完整性、合法性以及合规性进行严格审核，并提交付款申请。

3. 财会部门依据合同协议、发票等对付款申请进行复核后，提交企业相关权限的机构或人员进行审批，办理付款。

4. 企业应当加强应付账款和应付票据的管理，由专人按照约定的付款日期、折扣条件等管理应付款项，既为企业合理使用资金，又为企业树立良好信誉。

5. 企业收取的预收款，合同协议中通常明确了具体的交货数量及交货时间，企业应当指派专人负责管理预收款，按时保质保量提供和发运货物，避免因违约而造成的额外损失。

情境演练参考答案

情境演练 2－1：

业务 1：①借：应收账款—甲企业　　984 000

　　　　　贷：主营业务收入　　840 000

应交税费——应交增值税（销项税额）
142 800
银行存款 1 200
②借：银行存款 984 000
贷：应收账款——甲企业 984 000
业务2：借：应收账款——甲企业 2 106 000
贷：主营业务收入 1 800 000
应交税费——应交增值税（销项税额）
306 000
业务3：(1) 借：应收账款——乙企业 1 173 000
贷：主营业务收入 1 000 000
应交税费——应交增值税（销项税额）
170 000
银行存款 3 000
(2) 借：银行存款 1 163 000
财务费用 10 000
贷：应收账款——乙企业 1 173 000
(3) 借：银行存款 1 168 000
财务费用 5 000
贷：应收账款——乙企业 1 173 000
(4) 借：银行存款 1 173 000
贷：应收账款——乙企业 1 173 000
业务4：借：应收票据——天宝公司 468 000
贷：主营业务收入 400 000
应交税费——应交增值税（销项税额） 68 000
业务5：借：应收票据——名山公司 585 000
贷：应收账款——名山公司 585 000
业务6：借：银行存款 585 000
贷：应收票据——名山公司 585 000
业务7：借：应收账款 300 000
贷：应收票据 300 000
业务8：贴现天数 =28（天）
贴现息 =936 000×7.2%×28/360 =5 241.6（元）
贴现金额 =936 000 −5 241.6 =930 758.40（元）
借：银行存款 930 758.4
财务费用 5 241.6
贷：应收票据 936 000
业务9：①借：预付账款——东方公司 200 000
贷：银行存款 200 000

②借：原材料 500 000
应交税费——应交增值税（进项税额）
85 000
贷：预付账款——东方公司 585 000
③借：预付账款——东方公司 385 000
贷：银行存款 385 000

业务10：（1）借：资产减值损失 30 000
贷：坏账准备 30 000
（2）①借：坏账准备 86 000
贷：应收账款——龙泉光华公司 86 000
②借：资产减值损失 106 000
贷：坏账准备 106 000
（说明：2013 年年末应提坏账 11 000 000 - 10 830 000 - 150 000 + 86 000 = 106 000 元）
（3）①借：应收账款——天天商贸公司 95 000
贷：坏账准备 95 000
②借：银行存款 95 000
贷：应收账款——天天商贸公司 95 000
③借：坏账准备 80 000
贷：资产减值损失 80 000
（说明：2014 年年末应提坏账准备 11 840 000 - 11 655 000 - 170 000 - 95 000 = -80 000 元）

情境演练 2-2：

业务1：（1）借：原材料 800 000
应交税费——应交增值税（进项税额）
136 000
贷：应付票据——建新林业公司 936 000
（2）借：应付票据——建新林业公司 936 000
贷：银行存款 936 000
（3）借：应付票据——建新林业公司 936 000
贷：应付账款——建新林业公司 936 000

业务2：（1）借：原材料 1 000 000
应交税费——应交增值税（进项数额）
170 000
贷：应付票据——天逸林业公司 1 170 000
（2）借：财务费用 23 400
贷：应付利息 23 400
（3）借：应付票据——天逸林业公司 1 170 000

　　　　财务费用　　　　　　　　　　　　23 400
　　　　应付利息　　　　　　　　　　　　23 400
　　　　贷：银行存款　　　　　　　　　　　1 216 800
（4）借：应付票据——天逸林业公司　　1 170 000
　　　　应付利息　　　　　　　　　　　　23 400
　　　　贷：应付账款——天逸林业公司　　　1 193 400
业务3：（1）借：原材料　　　　　　　　600 000
　　　　应交税费——应交增值税（进项税额）
　　　　　　　　　　　　　　　　　　　　102 000
　　　　贷：应付账款——天逸林业公司　　　702 000
（2）借：应付账款——天逸林业公司　　702 000
　　　　贷：银行存款　　　　　　　　　　　690 000
　　　　　　财务费用　　　　　　　　　　　12 000
业务4：（1）借：银行存款　　　　　　　200 000
　　　　贷：预收账款——龙泉长城贸易公司　200 000
（2）借：预收账款——龙泉长城贸易公司　585 000
　　　　贷：主营业务收入　　　　　　　　　500 000
　　　　　　应交税费——应交增值税（销项税额）
　　　　　　　　　　　　　　　　　　　　　85 000
（3）借：银行存款　　　　　　　　　　385 000
　　　　贷：预收账款——龙泉长城贸易公司　385 000

情境演练2-3：
业务1：借：其他应收款　　　　　　　　　　900
　　　　贷：库存现金　　　　　　　　　　　　900
业务2：①借：待处理财产损溢　　　　　　8 500
　　　　贷：原材料　　　　　　　　　　　　8 500
　　　②借：其他应收款——刘勇　　　　　2 000
　　　　管理费用　　　　　　　　　　　6 500
　　　　贷：待处理财产损溢　　　　　　　　8 500
业务3：借：坏账准备　　　　　　　　　　30 000
　　　　贷：其他应收款——泰华公司　　　　30 000
业务4：借：制造费用　　　　　　　　　　6 400
　　　　贷：其他应付款　　　　　　　　　　6 400
业务5：借：其他应付款——天天公司　　　50 000
　　　　贷：银行存款　　　　　　　　　　　50 000

3 学习情境三 存货的核算

情境学习目标

- 掌握存货的定义及内容；
- 掌握存货初始计量、后续计量的计算；
- 能对存货的盘亏、盘盈进行会计处理；
- 能对存货进行期末计量；
- 掌握原材料计划成本的核算；
- 掌握委托加工物资的核算；
- 掌握周转材料和库存商品的核算；
- 能完成存货总账、明细账的建立；
- 能完成存货账簿的登记；
- 了解存货账务处理结果提供的会计信息。

情境关键术语

存货、原材料、委托加工物资、周转材料、库存商品、计划成本、材料成本差异、存货跌价准备

情境有关参考资料

- 《企业会计准则第1号——存货》
- 《初级会计实务——2014年度全国会计专业技术资格考试辅导教材》

学习子情境一
原材料的核算

知识准备

一、存货的确认

（一）存货的定义

存货是指企业在日常活动中持有以备出售的产成品或商品、处在生产过程中的在产品、在生产过程或提供劳务过程中耗用的材料和物料等。存货区别于固定资产等非流动资产的最基本的特征是，企业持有存货的最终目的是为了出售，不论是可供直接销售，如企业的产成品、商品等；还是需经过进一步加工后才能出售，如原材料等。

（二）存货的确认

存货同时满足下列条件的，才能予以确认：

1. 符合存货的定义；
2. 与该存货有关的经济利益很可能流入企业；
3. 该存货的成本能够可靠地计量。

二、存货的内容

（一）原材料

原材料，是指企业在生产过程中经加工改变其形态或性质并构成产品主要实体的各种原料及主要材料、辅助材料、燃料、修理备用件（备品备件）、包装材料、外购半成品（外购件）等。

（二）在产品

在产品，是指企业正在制造尚未完工的生产物，包括正在各个生产工序加工的产品和已加工完毕但尚未检验或已检验但尚未办理入库手续的产品。

（三）半成品

半成品，是指经过一定生产过程并已检验合格交付半成品仓库保管，但尚未制造完工成为产成品，仍需进一步加工的中间产品。

（四）产成品

产成品，是指工业企业已经完成全部生产过程并已验收入库，可以按照合同规定的条件送交订货单位，或者可以作为商品对外销售的产品。企业接受来料加工制造的代制品和为外单位加工修理的代修品，制造和修理完成验收入库后，应视同企业的产成品。

（五）商品

商品，是指商品流通企业外购或委托加工完成验收入库用于销售的各种商品。

（六）包装物

包装物，是指为了包装本企业的商品而储备的各种包装容器，如桶、箱、瓶、坛、袋等。其主要作用是盛装、装潢产品或商品。

（七）低值易耗品

低值易耗品，是指不能作为固定资产核算的各种用具物品，如工具、管理用具、玻璃器皿、劳动保护用品，以及在经营过程中周转使用的容器等。其特点是单位价值较低，或使用期限相对于固定资产较短，在使用过程中保持其原有实物形态基本不变。

（八）委托代销商品

委托代销商品，是指企业委托其他单位代销的商品。

三、存货的计量

（一）存货的初始计量

存货应当以其实际成本入账。对于采购存货，存货成本包括采购成本、加工成本和其他成本。

1. 存货的采购成本。存货的采购成本一般包括采购价格、进口关税和其他税金、运输费、装卸费、保险费以及其他可归属于存货采购成本的费用。其中：

（1）采购价格，是指企业购入的材料或商品的发票账单上列明的价款，但不包括按规定可以抵扣的增值税进项税额。

（2）其他税金，是指企业购买、自制或委托加工存货发生的消费税、资源税和不能从销项税额中抵扣的增值税进项税额等。

（3）其他可归属于存货采购成本的费用，是指采购成本中除上述各项以外的可直接归属于存货采购成本的费用，如在存货采购过程中发生的仓储费、包装费、运输途中的合理损耗、入库前的挑选整理费用等。这些费用能分清负担对象的，应直接计入存货的采购成本；不能分清负担对象的，应选择合理的分配方法，分配计入有关存货的采购成本。分配方法通常包括按所购存货的数量或采购价格比例进行分配。

（4）商品流通企业采购商品过程中发生的运输费、装卸费、保险费以及其他可归属于存货采购成本的费用等进货费用，应当计入存货采购成本，也可以先进行归集，期末再进行分摊，对于已售商品的进货费用计入当期主营业务成本，对于未售商品的进货费用计入期末存货成本，如果金额较小也可以直接计入当期的销售费用。

2. 存货的加工成本。存货的加工成本，是指在存货的加工过程中发生的追加费用，包括直接人工以及按照一定方法分配的制造费用。由于加工成本实质是企业在进一步加工存货的过程中追加发生的生产成本，因此，不包括直接由材料存货转移来的价值。

加工成本 = 直接人工 + 制造费用

3. 存货的其他成本。存货的其他成本，是指除采购成本、加工成本以外的，使存货达到目前场所和状态所发生的其他支出。企业设计产品发生的设计费用通常应计入当期损益，但是为特定客户设计产品所发生的、可直接确定的设计费用应计入存货的成本。

但是，下列项目不能计入存货的成本：

（1）非正常消耗的直接材料、直接人工及制造费用应计入当期损益，不得计入存货成本。例如，企业超定额的废品损失以及因自然灾害而发生的直接材料、直接人工及制造费用，由于这些费用的发生无助于使该存货达到目前场所和状态，不应计入存货成本，而应计入当期损益。

（2）仓储费用指企业在采购入库后发生的储存费用，应计入当期损益。但是，在生产过程中为达到下一个生产阶段所必需的仓储费用则应计入存货成本。例如，某种酒类产品生产企业为使生产的酒达到规定的产品质量标准，而必须发生的仓储费用，就应计入酒的成本，而不是计入当期损益。

（3）不能归属于使存货达到目前场所和状态的其他支出不符合存货的定义和确认条件，应在发生时计入当期损益，不得计入存货成本。

4. 投资者投入存货的成本。投资者投入存货的成本应当按照投资合同或协议约定的价值确定，但合同或协议约定价值不公允的除外。若约定价值不公允，则应按照该项存货的公允价值作为其入账价值。

5. 盘盈存货的成本。盘盈的存货应按其重置成本作为入账价值。

（二）存货的后续计量

企业应当根据各类存货的实物流转方式、企业管理的要求、存货的性质等实际情况，合理地选择发出存货成本的计算方法，以合理确定当期发出存货的实际成本。企业在确定发出存货的成本时，可以采用先进先出法、月末一次加权平均法、移动加权平均法和个别计价法四种方法。

1. 先进先出法。先进先出法是指以先购入的存货应先发出（销售或耗用）这样一种存货实物流动假设为前提，对发出存货进行计价的方法。采用这种方法，先购入的存货成本在后购入存货成本之前转出，据此确定发出存货和期末存货的成本。

2. 全月一次加权平均法。全月一次加权平均法是指以本月全部进货数量加上月初存货数量作为权数，去除本月全部进货成本加上月初存货成本，计算出存货的加权平均单位成本，以此为基础计算发出存货的成本和期末存货成本的一种方法。

3. 移动加权平均法。移动加权平均法是指每次收到存货以后，以当次进货的成本加上原有库存存货的成本，除以当次进货数量与原有库存存货的数量之和，计算出新的平均单位成本，作为下次进货前计算各次发出存货成本依据的一种方法。

移动加权平均单位成本 = （原有存货成本 + 本次收入存货实际成本）/（原有存货

数量 + 本次收入存货数量)

本批发出存货成本 = 本批发出存货数量 × 移动加权平均单位成本

移动加权平均法计算出来的商品成本比较均衡和准确，但计算起来的工作量大，一般适用于经营品种不多、或者前后购进商品的单价相差幅度较大的商品流通类企业。

4. 个别计价法。个别计价法是指假设存货的成本流转与实物流转相一致，按照各种存货，逐一辨认各批发出存货和期末存货所属的购进批别或生产批别，分别按其购入或生产时所确定的单位成本作为计算各批发出存货和期末存货成本的方法。又称“个别认定法”、“具体辨认法”。

个别计价法的优点：计算发出存货的成本和期末存货的成本比较合理、准确。缺点：实务操作的工作量繁重，困难较大。该方法适用于容易识别、存货品种数量不多、单位成本较高的存货计价。

对于性质和用途相似的存货，应当采用相同的成本计算方法确定发出存货的成本。对于不能替代使用的存货、为特定项目专门购入或制造的存货以及提供的劳务，通常采用个别计价法确定发出存货的成本。

案例 3-1：南海公司外购甲料一批，增值税专用发票注明买价为 20 000 元，增值税为 3 400 元，重量为 1 000kg。对方代垫运输费(增值税专用发票) 500 元，其他杂费 300 元。验收入库时发现途中合理损耗 10kg，计 200 元。要求：确定该批甲料的采购成本。

采购成本 = 1 000 × 20 + 500 × 89% + 300 = 20 745 (元)

注：一般纳税人购进货物取得运输费增值税专用发票，允许按 11% 计算进项税额。

案例 3-2：南海公司 2013 年 7 月 1 日结存 A 材料 100kg，实际成本 10 元/kg；7 月 10 日和 18 日分别购入该材料 300kg 和 200kg，实际成本分别为 12 元/kg 和 13 元/kg，7 月 13 日厂部领用材料 180kg，7 月 27 日车间领用材料 270kg。按照先进先出法计算发出和结存材料的成本 (见表 3-1)。

表 3-1

2013 年		摘要	收入			发出			结存		
月	日		数量	单价	金额	数量	单价	金额	数量	单价	金额
7	1	结存							100	10	1 000
	10	购入	300	12	3 600				100 300	10 12	4 600
	13	发出				100 80	10 12	1 960	220	12	2 640
	18	购入	200	13	2 600				220 200	12 13	5 240
	27	发出				220 50	12 13	3 290	150	13	1 950
	31	合计	500		6 200	450		5 250	150	13	1 950

案例3-3：采用案例3-2的资料：采用全月一次加权平均法计算发出和结存材料的成本（见表3-2）。

A材料平均单位成本 =（月初结存金额 + 本月入库金额）÷（月初结存数量 + 本月入库数量）=（1 000 + 3 600 + 2 600）÷（100 + 300 + 200）= 12（元/kg）

表3-2

2013		摘要	收入			发出			结存		
月	日		数量	单价	金额	数量	单价	金额	数量	单价	金额
7	1	结存							100	10	1 000
	10	购入	300	12	3 600						
	13	发出				180					
	18	购入	200	13	2 600						
	27	发出				270					
	31	合计	500		6 200	450	12	5 400	150	12	1 800

案例3-4：采用案例3-2的资料：采用移动加权平均法计算发出和结存材料的成本（见表3-3）。

表3-3

2013年		摘要	收入			发出			结存		
月	日		数量	单价	金额	数量	单价	金额	数量	单价	金额
7	1	结存							100	10.00	1 000
	10	购入	300	12	3 600				400	11.50	4 600
	13	发出				180	11.50	2 070	220	11.50	2 530
	18	购入	200	13	2 600				420	12.21	5 130
	27	发出				270	12.21	3 297	150	12.21	1 833
	31	合计	500		6 200	450		5 367	150	12.21	1 833

2013年7月10日：

A材料平均单位成本 =（月初结存金额 + 本次入库金额）÷（月初结存数量 + 本次入库数量）=（1 000 + 3 600）÷（100 + 300）= 11.5（元/kg）

2013年7月18日：

A材料平均单位成本 =（上次结存金额 + 本次入库金额）÷（上次结存数量 + 本次入库数量）=（2 530 + 2 600）÷（220 + 200）= 12.21（元/kg）

☞ 科目设置

为完成有关存货业务的核算工作，企业应设置“在途物资”科目，该科目属于资产类科目，核算企业购入尚未入库的存货，借方登记增加，贷方登记减少，余额在借方，可按照材料种类设置明细账。

“应交税费——应交增值税（进项税额）”科目：该科目属于负债类科目，核算企业购入存货按照税法规定能够抵扣的增值税额，记入借方。

“材料采购”科目：该科目属于资产类科目，借方登记采购材料的实际成本，贷方登记入库材料的计划成本。借方大于贷方表示超支，从本科目贷方转入“材料成本差异”科目的借方；贷方大于借方表示节约，从本科目借方转入“材料成本差异”科目的贷方；期末若为借方余额，反映企业（在途）材料的实际成本，可依据材料的类别、品种设置明细账。

“原材料”科目：该科目属于资产类科目，用于核算库存原材料的收发与结存情况。在材料采用计划成本核算时，本科目的借方登记入库材料的计划成本，贷方登记发出材料的计划成本，期末余额在借方，反映企业库存原材料的计划成本，可依据原材料的类别、品种设置明细账。

“材料成本差异”科目：该科目属于资产类科目，反映企业已入库各种材料的实际成本与计划成本的差异。借方登记超支差异及发出材料应负担的节约差异，贷方登记节约差异及发出材料应负担的超支差异。期末如为借方余额，反映企业库存材料的实际成本大于计划成本；如为贷方余额，反映企业库存材料的实际成本小于计划成本。

“资产减值损失”科目：该科目属于损益类科目，是指企业在资产负债表日，经过对资产的测试，判断资产的可收回金额低于其账面价值而计提资产减值损失准备所确认的相应损失。本科目的借方登记资产可收回金额低于其账面价值的差额，贷方登记期末时转入“本年利润”的金额或转回的流动资产减值损失，结转后本科目无余额。

“存货跌价准备”科目：该科目属于资产备抵类科目，反映核算企业提取的存货跌价准备。在中期期末或年度终了，由于存货遭受毁损、全部或部分陈旧过时或销售价格低于成本等原因，存货成本不可以收回的部分，应按单个存货项目的成本高于其可变现净值的差额提取，并计入存货跌价损失。该科目借方登记转销的存货减值准备，贷方登记计提的存货减值准备，余额在贷方。

“待处理财产损溢”科目：借方登记存货的盘亏、毁损金额及盘盈的转销金额，贷方登记存货的盘盈金额及盘亏的转销金额。

■ 核算内容

一、存货按实际成本计价核算

存货按实际成本进行核算，是指从存货（原材料）的收发凭证到明细分类账和总账，均以实际成本来反映存货（原材料）的收、发和结存的情况。在实务中，在核算所有存货类型时都可以采用实际成本。

（一）购入材料

1. 货款已经支付，同时原材料已验收入库。这种情况下，应通过“原材料”科目进行核算；材料入库后，根据“收料单”和“增值税专用发票”等单据，借记“原材料”和“应交税费”科目，贷记“银行存款”科目。

2. 货款已经支付或开出商业汇票，外购原材料（存货）尚未到达或尚未验收入库。首先，应当通过“在途物资”进行核算。待材料到达、入库后，再根据收料单，由“在途物资”科目转入“原材料”科目核算。

3. 货款尚未支付，外购存货已经验收入库。若收到银行转来的结算凭证，或者发票账单，款项尚未支付，则确认“应付账款”；若在月末没有收到发票账单等相关单据，无法确认入库材料的实际成本，则期末应当按照暂估价值先入账，但在下月初作相反的会计分录予以冲回，收到发票账单后再按照实际金额记账。即在月末根据暂估价值，借记“原材料”科目，贷记“应付账款——暂估应付账款”，下月初作相反的会计分录予以冲回。

（二）发出材料

企业各生产单位和部门领用的材料具有种类多、业务频繁等特点。实务中，企业通常于月末根据领料单等编制“发料凭证汇总表”，结转发出材料的实际成本。企业应当根据所发出材料的用途，按实际成本分别记入“生产成本”、“制造费用”、“销售费用”、“管理费用”等科目。

典型案例

案例 3-5：12 月 3 日，南海公司（一般纳税人）从武陵公司购入低碳钢 2 000kg，增值税专用发票注明：买价 20 000 元，增值税 3 400 元，武陵公司代垫运输费 500 元（增值税专用发票），装卸费 100 元。同日，该批低碳钢验收入库，实收 990kg，途中合理损耗 10kg。上述款项均通过银行支付。

借：原材料——低碳钢　　20 545
　　应交税费——应交增值税（进项税额）　　3 455
　　贷：银行存款　　24 000

采购成本 = 20 000 + 500 × 89% + 100 = 20 545（元）

案例3-6：12月13日，南海公司（一般纳税人）从黄河公司购入高碳钢12 000kg，专用发票注明买价200 000元，增值税34 000元。16日，该批高碳钢验收入库。上述款项已通过银行支付。

借：在途物资——高碳钢　　200 000
　　应交税费——应交增值税（进项税额）　　34 000
　　贷：银行存款　　234 000

12月16日，上述材料验收入库：

借：原材料——高碳钢　　200 000
　　贷：在途物资——高碳钢　　200 000

案例3-7：12月17日，南海公司采用托收承付结算方式购入合金钢一批，增值税专用发票上注明的货款为50 000元，增值税额8 500元，对方代垫包装费1 000元，款项尚未支付，合金钢已验收入库。

借：原材料——合金钢　　51 000
　　应交税费——应交增值税（进项税额）　　8 500
　　贷：应付账款　　59 500

12月31日，南海公司采用委托收款结算方式购入高速钢一批，材料已验收入库，发票账单尚未收到也无法确定其实际成本，暂估价值为30 000元。

借：原材料——高速钢　　300 000
　　贷：应付账款——暂估应付账款　　300 000

下月初做相反的会计分录予以冲回。

借：应付账款——暂估应付账款　　300 000
　　贷：原材料——高速钢　　300 000

案例3-8：11月25日，根据与南江钢厂的购销合同规定，南海公司为购买圆钢向南江钢厂预付100 000元货款的80%，计80 000元，已通过汇兑方式汇出。

借：预付账款——南江钢厂　　80 000
　　贷：银行存款　　80 000

12月25日，南海公司收到南江钢厂发运来的圆钢，已验收入库。有关发票账单记载，该批货物的货款100 000元，增值税额17 000元，对方代垫包装费3 000元，所欠款项以银行存款付讫。

材料入库时：

借：原材料　　103 000
　　应交税费——应交增值税（进项税额）　　17 000
　　贷：预付账款——南江钢厂　　120 000

补付货款时：

借：预付账款——南江钢厂　　40 000
　　贷：银行存款　　40 000

案例3-9：12月31日，南海公司根据“发料凭证汇总表”的记录，圆钢的消耗为：基本生产车间领用2 000 000元，辅助生产车间领用600 000元，车间管理部门领用250 000元，企业基建部门领用50 000元（假定该部分材料所对应的增值税按照税法规定可以抵扣）。

借：生产成本——基本生产成本　　2 000 000
　　　　　　——辅助生产成本　　600 000
　　制造费用　　250 000
　　在建工程　　50 000
　　贷：原材料——圆钢　　2 900 000

二、存货按计划成本计价核算

（一）购入材料

1. 货款已支付，同时材料验收入库。在计划成本法下，取得的材料先要通过“材料采购”科目（实际成本）进行核算，企业支付材料价款和运杂费等构成存货实际成本的，计入“材料采购”科目。待材料入库后，借记“原材料”科目（计划成本）金额，贷记“材料采购”科目（实际成本），两者差额计入“材料成本差异”。

2. 货款已经支付，材料尚未验收入库。其处理方法与上述1相同。

3. 货款尚未支付，材料已经验收入库。当月内，应暂缓入账，待有关发票账单到达时按单货同到的方法入账。若月末发票账单仍未到达应按计划成本估价入账，下月初用红字冲销。

注意：不能估计增值税，不能估计材料成本差异。

（二）发出材料

月末，企业根据领料单等编制的“发料凭证汇总表”，结转发出材料的计划成本。企业应当根据所发出材料的用途，按计划成本分别计入“生成成本”、“制造费用”、“管理费用”等科目。

根据企业会计准则规定，企业日常采用计划成本核算的，发出材料应由计划成本调整为实际成本，通过“材料成本差异”科目进行结转，按照所发出材料的用途，分别计入“生产成本”、“制造费用”、“管理费用”等账户。

发出材料应负担的成本差异应当按月分摊，不得在季末或者年末一次计算。

典型案例

案例3-10：4月10日，西沙公司（一般纳税人）购入合成树脂一批，专用发票上记载的货款为3 000 000元，增值税额510 000元，发票账单已收到，计划成本为3 100 000元，已验收入库，全部款项以银行存款支付。

借：材料采购——合成树脂　　3 000 000
　　应交税费——应交增值税（进项税额）　　510 000
　　贷：银行存款　　3 510 000

在按计划成本核算情况下，取得的材料先要通过“材料采购”科目进行核算，企业支付材料价款和运杂费等构成存货实际成本的，计入“材料采购”科目。

借：原材料——合成树脂　　3 100 000

　　贷：材料采购——合成树脂　　3 000 000

　　　　材料成本差异　　100 000

案例3-11：4月18日，西沙公司从淮河公司购入稳定剂800kg验收入库。至4月30日，发票账单仍未到达，该批稳定剂计划成本20 000元。

4月18日，不作账务处理。

4月30日，按计划成本暂估入账。

借：原材料——稳定剂　　20 000

　　贷：应付账款——暂估应付款　　20 000

5月1日，用红字冲销前述分录。

借：原材料——稳定剂　　[20 000]

　　贷：应付账款——暂估应付款　　[20 000]

案例3-12：4月30日，西沙公司根据“发料凭证汇总表”的记录，4月消耗合成树脂（计划成本）为：基本生产车间领用2 000 000元，辅助生产车间领用600 000元，车间管理部门领用250 000元。

借：生产成本——基本生产成本　　2 000 000

　　　　　　——辅助生产成本　　600 000

　　制造费用　　250 000

　　贷：原材料——合成树脂　　2 850 000

案例3-13：接案例3-12，西沙公司4月初结存合成树脂的计划成本为1 000 000元，成本差异为超支30 740元；当月入库合成树脂的计划成本3 200 000元，成本差异为节约200 000元。

(1) 材料成本差异率＝〔30 740＋(－200 000)〕/(1 000 000＋3 200 000)×100%＝－4.03%

(2)“基本生产成本”应负担的成本差异＝2 000 000×(－4.03%)＝－80 600（元）

(3)“辅助生产成本”应负担的成本差异＝600 000×(－4.03%)＝－24 180（元）

(4)“制造费用”应负担的成本差异＝250 000×(－4.03%)＝－10 075（元）

结转发出材料的成本差异的分录为：

借：材料成本差异——合成树脂　　114 855

　　贷：生产成本——基本生产成本　　80 600

　　　　　　　　——辅助生产成本　　24 180

　　　　制造费用　　10 075

三、存货清查核算

存货清查是指为保证存货的安全、完整，做到账实相符，企业定期或不定期对存货账存数与实存数进行核对。一般采用实地盘点法。对于存货的盘盈与盘亏，应填写存货盘点报告（账存实存对比表）并及时查明原因，按照规定程序报批处理。

（一）盘盈存货

批准处理前，应将盘盈存货估计的成本计入“待处理财产损溢”账户的贷方；批准处理后或期末，应将盘盈存货的成本冲减“管理费用”。

（二）盘亏存货

批准处理前，应将盘亏存货的实际成本计入“待处理财产损溢”账户的借方，批准处理后或期末，应分别盘亏的不同原因做出处理。如属合理损耗（定额内损耗），计入“管理费用”；如属超定额损耗，能确定过失人的，由过失人赔偿，赔偿前，先计入“其他应收款”，不能确定过失人的仍计入“管理费用”；如属非正常损失，则扣除保险赔款和残值后计入“营业外支出”。

典型案例

案例 3－14：2013 年 12 月 2 日，A 公司在财产清查时，发现甲材料实存数比账存数多出 300kg，估计价值 2 000 元。至年末，有关授权部门尚未批准转销。

2013 年 12 月 2 日，甲材料盘盈时：

借：原材料——甲材料　　2 000

　　贷：待处理财产损溢——待处理流动资产损溢　　2 000

2013 年 12 月 31 日，有关部门尚未批准：

借：待处理财产损溢——待处理流动资产损溢　　2 000

　　贷：管理费用　　2 000

注：企业清查的各种存货损溢，应在期末结账前处理完毕，期末处理后，“待处理财产损溢”账户不能出现期末余额。

案例 3－15：2013 年 12 月 8 日，B 公司因一场火灾导致乙材料毁损 800kg，实际成本 5 000 元，相应的增值税为 850 元。2013 年 12 月 25 日有关部门做出责任认定：仓库管理员王某应承担 20% 的赔偿责任，保险公司承担 50% 的赔偿责任，剩余部分作为非正常损失处理。

2013 年 12 月 8 日：

借：待处理财产损溢——待处理流动资产损溢　　5 000

　　贷：原材料——乙材料　　5 000

　　　　应交税费——应交增值税（进项税额转出）　　850

2013 年 12 月 25 日：

借：其他应收款——王某	1 170
——保险公司	2 925
营业外支出	1 755
贷：待处理财产损溢——待处理流动资产损溢	5 850

四、存货减值核算

资产负债表日，存货应采用成本与可变现净值两者之中的较低者计价的方法，即成本与可变现净值孰低法。当期末存货的成本比可变现净值低时，按成本计价；当存货的可变现净值比成本低时，按可变现净值计价，这充分体现了谨慎性原则。

（一）可变现净值的含义

可变现净值，是指在日常活动中，存货的估计售价减去至完工时估计将要发生的成本、估计的销售费用以及相关税费后的金额。

在理解可变现净值时应注意：一是确定可变现净值的前提是企业的正常活动；二是可变现净值表现为存货的预计未来净现金流量，而不是存货的售价或合同价；三是区别存货类别确认可变现价值，对于产成品、商品和用于出售的材料等直接用于出售的商品存货，应当以该存货的估计售价减去估计的销售费用和相关税费后的金额确定其可变现净值，需要经过加工的材料存货，在正常生产经营过程中，应当以所生产的产成品的估计售价减去至完工时估计将要发生的成本、估计的销售费用和相关税费后的金额确定其可变现净值。

（二）成本与可变现净值孰低法的具体做法

1. 单项比较，按每一种存货的成本与可变现净值逐项进行比较，每项存货都按较低的数确定存货的期末价值；企业通常应当按照单个存货项目计提存货跌价准备。

2. 分类比较，按存货类别的成本与相同类别的可变现净值进行比较，每类存货按其较低数确定存货的期末价值。如果某一类存货的数量繁多并且单价较低则采用此法。

3. 总额比较，按全部存货的总成本与全部存货的可变现净值总额进行比较，按较低数作为全部存货的期末成本，如果在同一地区生产和销售的产品系列相关、具有相同或类似最终用途或目的且难以与其他项目分开计量的存货则采用此法。

（三）存货采用成本与可变现净值孰低法计价时的账务处理

当期应计提的存货跌价准备 =（存货成本 - 可变现净值）-“存货跌价准备”已有贷方余额，结果大于零为当期补提；小于零应在已计提的存货跌价准备范围内转回。

（四）存货的信息披露

企业应当在附注中披露与存货有关的下列信息：

1. 各类存货的期初和期末账面价值。

2. 确定发出存货成本所采用的方法。

3. 存货可变现净值的确定依据，存货跌价准备的计提方法，当期计提的存货跌价准备的金额，当期转回的存货跌价准备的金额，以及计提和转回的有关情况。

4. 用于担保的存货账面价值。

典型案例

案例3-16：2012年年末，某公司甲商品的账面成本为100 000元，由于市场价格持续下跌，并在可预计的未来无回升的希望，根据资产负债表日状况，确定甲商品的可变现净值为80 000元，“存货跌价准备”账户余额为零，故应计提存货跌价准备20 000元。

借：资产减值损失——计提的存货跌价准备　　20 000
　　贷：存货跌价准备　　20 000

案例3-17：接案例3-16，假定2012年年末，甲商品的账面成本和已计提的存货跌价准备均未发生变化，但是，2010年以来甲商品市场价格有所上升，根据资产负债表日状况确定甲商品的可变现净值为95 000元。从资料可以判断以前造成减记存货价值的影响因素已经消失，应转回的存货跌价准备为15 000元。

借：存货跌价准备　　15 000
　　贷：资产减值损失——计提的存货跌价准备　　15 000

若2012年年末，甲商品的可变现净值为105 000元，应转回的存货跌价准备为20 000元。

借：存货跌价准备　　20 000
　　贷：资产减值损失——计提的存货跌价准备　　20 000

情境演练3-1

业务1：某企业为增值税小规模纳税企业。该企业购入甲材料600千克，每千克含税单价为50元，发生运杂费2 000元，运输途中发生合理损耗10千克，入库前发生挑选整理费用200元。确定该批甲材料的采购成本。

业务2：某企业采用先进先出法计算发出原材料的成本。2012年9月1日，甲材料结存200千克，每千克实际成本为300元；9月7日购入甲材料350千克，每千克实际成本为310元；9月21日购入甲材料400千克，每千克实际成本为290元；9月28日发出甲材料500千克。计算9月份甲材料的发出成本。

业务3：某企业采用月末一次加权平均法计算发出原材料的成本。2012年10月1日，甲材料结存200千克，每千克实际成本为100元；10月10日购入甲材料300千克，每千克实际成本为110元；10月25日发出甲材料400千克。10月末，计算甲材料的库存余额。

业务4：A公司2013年7月1日结存甲材料100千克，每千克实际成本1 000元。本月发生如下有关业务：

（1）3日，购入甲材料50千克，每千克实际成本1 050元，材料已验收入库。

（2）5日，发出甲材料80千克。

（3）7日，购入甲材料70千克，每千克实际成本980元，材料已验收入库。

（4）12日，发出甲材料130千克。

（5）20日，购入甲材料80千克，每千克实际成本1 100元，材料已验收入库。

（6）25日，发出甲材料30千克。

要求：

（1）假定A公司原材料采用实际成本核算，发出材料采用先进先出法计价，请根据上述资料计算甲材料5日、25日发出材料的成本以及期末结存的成本。

（2）假定A公司原材料采用实际成本核算，发出材料采用加权平均法计价，请根据上述资料计算A公司当月结存材料的实际成本和发出材料的实际成本。（小数点后保留两位）

业务5：某企业对材料采用计划成本核算。2013年12月1日，结存材料的计划成本为400万元，材料成本差异贷方余额为6万元；本月入库材料的计划成本为2 000万元，材料成本差异借方发生额为12万元；本月发出材料的计划成本为1 600万元。计算该企业2013年12月31日领用材料的实际成本和库存材料的实际成本。

业务6：某企业采用成本与可变现净值孰低法对存货进行期末计价，成本与可变现净值按单项存货进行比较，2013年12月31日，甲、乙、丙三种存货的成本与可变现净值分别为：甲存货成本20万元，可变现净值16万元；乙存货成本24万元，可变现净值30万元；丙存货成本36万元，可变现净值30万元。甲、乙、丙三种存货此前未计提存货跌价准备。假定该企业只有这三种存货，计算2013年12月31日应补提的存货跌价准备。

学习子情境二
周转材料的核算

☞ 科目设置

企业应该设置“周转材料——包装物”科目，用于核算包装物，该科目为资产类科目，借方登记包装物增加（购入等），贷方登记包装物减少（生产领用等），余额在借方，反映库存包装物的成本，可以按照包装物的类别设置明细账。

“周转材料——低值易耗品”科目，用于核算低值易耗品，该科目为资产类科目，借方登记低值易耗品增加（购入等），贷方登记低值易耗品减少（生产领用等），余额在借方，反映库存低值易耗品的成本，可以按照其类别设置明细账。

■ 核算内容

周转材料，是指企业能够多次使用、逐渐转移其价值但仍保持原有形态，不确认为固定资产的材料，主要包括包装物和低值易耗品。

一、包装物

包装物是指企业为了包装本企业商品而储备的各种包装容器，如桶、箱、瓶、坛、袋等。企业的包装物包括：

1. 生产过程中用于包装产品作为产品组成部分的包装物：包装物的成本在领用时计入“生产成本”账户。

2. 随同商品、产品出售而不单独计价的包装物：包装物的成本在出售时计入“销售费用”账户。

3. 随同商品出售而单独计价的包装物：包装物的成本在出售时计入“其他业务成本”账户。

4. 出租或出借给购买单位使用的包装物（可以周转使用）：出租的包装物成本摊销时计入“其他业务成本”账户，出借的包装物成本摊销时计入“销售费用”账户。出租或出借的包装物因不能使用而报废时回收的残料，应作为当月包装物摊销额的减少，冲减有关资产成本或当期损益。

（一）外购包装物的核算

企业外购包装物如果采用实际成本核算，则按照包装物的实际成本借记“周转材料——包装物”，按照可以抵扣的增值税，借记“应交税费——应交增值税（进项税额）”，贷记“银行存款”等科目。

如果企业外购包装物采用计划成本核算，则先按照包装物的实际成本借记“材料采购”科目，按照可以抵扣的增值税，借记“应交税费——应交增值税（进项税额）”科目，贷记“银行存款”等科目；然后再按照计划成本借记“周转材料——包装物”科目，按照实际成本贷记“材料采购”科目，成本差异借记或贷记“材料成本差异”科目。

（二）发出包装物的核算

发出包装物，如果采用实际成本核算，则按照包装物的实际成本，借记“生产成本”等科目，贷记“周转材料——包装物”科目。

1. 生产领用包装物。发出包装物，如果采用计划成本核算，则按其实际成本借记“生产成本”科目，按其计划成本，贷记“周转材料——包装物”科目，按其差额，借记或贷记“材料成本差异”科目。

2. 随同商品出售而不单独计价的包装物。应按其实际成本计入销售费用，借记“销售费用”科目，贷记“周转材料——包装物”科目，如果采用计划成本核算，则要考虑材料成本差异。

3. 随同商品出售且单独计价的包装物。随同商品出售且单独计价的包装物，一方面应反映其销售收入，计入“其他业务收入”；另一方面应反映其实际销售成本，计入“其他业务成本”。

二、低值易耗品

低值易耗品是指单位价值较低、使用年限较短，不能作为固定资产的各种用具物品。主要包括：

1. 经营用具，指经营中使用的各种用具如清洁器械、消防器械等。

2. 管理用具，指企业管理中的各种家具用具，如保险柜、沙发、椅子、桌子等。

3. 包装容器，指物业管理企业在经营过程中使用的周转箱、包装袋等。

4. 劳保用品等。

低值易耗品在生产过程中可以多次使用不改变其实物形态，在使用时也需维修，报废时可能也有残值。由于其价值低，使用期限短，所以采用简便的方法，将其价值摊入产品成本。在实务中，通常采用实际成本核算低值易耗品。其核算原理和原材料是一样的。

1. 外购低值易耗的核算：取得低值易耗品的核算同包装物。

2. 发出低值易耗品的核算：企业应当采用一次转销法或者分次（五五）摊销法对其进行摊销，计入相关资产的成本或者当期损益。如果对相关包装物或低值易耗品计提了存货跌价准备，还应结转已计提的存货跌价准备，冲减相关资产的成本或当期损益。

（1）一次转销法。采用一次转销法摊销低值易耗品，在领用低值易耗品时，将其价值一次性全部计入有关资产成本或者当期损益，主要适用于价值较低或极易损坏的低值易耗品的摊销。比如：价值较低或极易损坏的管理用具和小型工具、卡具以及在单件小批生产方式下为制造某批订货所用的专用工具等低值易耗品以及生产领用的包装物和随同商品出售的包装物；数量不多、金额较小，且业务不频繁的出租或出借包装物，也可以采用一次转销法结转包装物的成本，但在以后收回使用过的出租和出借包装物时，应加强实物管理，并在备查簿上进行登记。

（2）五五摊销法。五五摊销法，是指低值易耗品在领用时或出租、出借包装物时先摊销其成本的一半，在报废时再摊销其成本的另一半。即低值易耗品或包装物分两次各按50%进行摊销。适用于价值较低、使用期限较短的低值易耗品，也适用于每期领用数量和报废数量大致相等的低值易耗品。

（3）分次摊销法。分次摊销法，是从领用包装物开始，根据包装物的成本和预计使用年限，将其成本分次摊入相关资产成本或当期损益的方法。

典型案例

案例3－18：8月5日，南海公司购进包装箱一批，增值税专用发票注明价款21 000元，增值税3 570元，该批包装物已验收入库，款项已通过银行支付。

借：周转材料——包装物——包装箱　　21 000
　　应交税费——应交增值税（进项税额）　　3 570
　　贷：银行存款　　24 570

案例3－19：南海公司对包装物采用实际成本核算，8月21日生产产品领用包装物的实际成本为100 000元。

借：生产成本　　100 000
　　贷：周转材料——包装物　　100 000

案例3－20：南海公司某月销售商品领用不单独计价包装物的实际成本为50 000元。

借：销售费用　　50 000
　　贷：周转材料——包装物　　50 000

案例3－21：南海公司某月销售商品领用单独计价包装物的成本为80 000元，销售收入为100 000元，增值税额为17 000元，款项已存入银行。

（1）出售单独计价包装物：

借：银行存款　　117 000
　　贷：其他业务收入　　100 000
　　　　应交税费——应交增值税（销项税额）　　17 000

（2）结转所售单独计价包装物的成本：

借：其他业务成本　　80 000

贷：周转材料——包装物　　80 000

案例3－22：南海公司基本生产车间领用一般工具一批，实际成本为8 000元，全部计入当期制造费用。应作如下会计处理：

借：制造费用　　8 000

　　贷：周转材料——低值易耗品　　8 000

案例3－23：南海公司的基本生产车间领用专用工具一批，实际成本为200 000元，不符合固定资产定义，采用分次摊销法进行摊销。该专用工具的估计使用次数为2次。会计处理如下：

（1）领用专用工具时：

借：周转材料——低值易耗品——在用　　200 000

　　贷：周转材料——低值易耗品——在库　　200 000

（2）第一次领用时摊销其价值的一半：

借：制造费用　　100 000

　　贷：周转材料——低值易耗品——摊销　　100 000

（3）第二次领用时再摊销其价值的一半：

借：制造费用　　100 000

　　贷：周转材料——低值易耗品——摊销　　100 000

同时：

借：周转材料——低值易耗品——摊销　　200 000

　　贷：周转材料——低值易耗品——在用　　200 000

情境演练3－2

某企业为一般纳税人，低值易耗品和包装物采用实际成本计价，2014年3月份发生下列经济业务：

业务1：3月5日，行政部门领用清洁用具一批，成本125元。

业务2：3月8日，生产车间领用劳保用品一批，成本3 600元。

业务3：3月9日，生产车间生产A产品领用包装物一批，成本为650元。

业务4：3月10日，销售产品领用包装物一批成本74元，该包装物不单独计价。

业务5：3月14日，出售B产品领用包装物5个，每个成本10元，每个包装物向买方收取18元（含增值税），款项已收存银行。

业务6：3月20日，企业出租包装产品用的塑料桶20个给天和公司，每个收取押金50元，共计1 000元，存入银行。该包装物采用五五摊销法，塑料桶每个成本40元。

业务7：3月20日，收到天和公司的三个月塑料桶租金，每个30元，不含税租金共计600元，款存银行。

业务8：6月20日，天和公司退回塑料桶20个，其中有2个报废。

业务9：6月20日，用银行存款退还天和公司的押金1 000元。

要求：（1）查找资料，了解上述业务完成的过程以及涉及的企业部门；

（2）确认上述业务发生或完成时应取得的单据；

（3）编制上述业务的会计分录。

学习子情境三 委托加工物资的核算

科目设置

企业应设置“委托加工物资”科目，该科目为资产类科目，借方登记增加（归集委托加工物资的成本），贷方登记减少（反映委托加工物资的入库），余额在借方（反映尚未入库的委托加工物资），按照物资类别设置明细账。

核算内容

一、委托加工物资的概念

委托加工是指一方委托另一方将一种材料加工成另外一种材料、物品的过程。委托加工的物资称为委托加工物资。

二、委托加工物资的成本

委托外单位加工完成的存货，以实际耗用的原材料或者半成品成本以及加工费、运输费、装卸费和保险费等费用，加上按规定应计入成本的税金，作为实际成本。

如果加工物资用于应交增值税项目并取得了增值税专用发票的一般纳税企业，其加工物资所应负担的增值税可作为进项税额予以抵扣，不计入加工物资的成本；如果加工物资用于非应纳增值税项目或免征增值税项目，以及未取得增值税专用发票的一般纳税人企业和小规模纳税企业的加工物资，应将这部分增值税计入加工物资的成本。

如果委托加工物资收回后直接用于销售，其所负担的消费税应计入加工物资成本；如果收回的加工物资用于连续生产的，应将所负担的消费税先记入“应交税费——应交消费税”科目的借方，按规定用以抵扣加工的消费品销售后所负担的消费税。

典型案例

案例 3-24：南海公司委托甲公司加工一批商品，发出材料一批，实际成本 70 000 元，发出材料时以银行存款支付运杂费 2 200 元，后以银行存款支付加工费用 20 000 元，收回委托加工物资时以银行存款支付运杂费 2 500 元。

(1) 发出材料时：

借：委托加工物资——甲公司　　70 000

　　贷：原材料——××材料　　70 000

(2) 发出材料时，支付运杂费 2 200 元时：

借：委托加工物资——甲公司　　2 200

　　贷：银行存款　　2 200

(3) 以银行存款支付加工费用 20 000 元：

借：委托加工物资——甲公司　　20 000

　　贷：银行存款　　20 000

(4) 收回委托加工物资时以银行存款支付运杂费 2 500 元：

借：委托加工物资——甲公司　　2 500

　　贷：银行存款　　2 500

(5) 委托加工的商品入库时：

借：库存商品　　94 700

　　贷：委托加工物资——甲公司　　94 700

案例 3-25：南海公司发出 A 材料，委托三江公司加工成 B 产品直接用于销售。A 材料计划成本 300 000 元，材料成本差异率为 -2%。南海公司发生往返运杂费 4 200 元，向三江公司支付加工费 20 000 元。南海公司和三江公司均为一般纳税人，B 商品适用的增值税税率为 17%，消费税税率为 10%。所有款项均以银行存款结算完毕。

(1) 南海公司发出 A 材料时：

借：委托加工物资——三江公司　　294 000

　　材料成本差异　　6 000

　　贷：原材料——A 材料　　300 000

(2) 南海公司支付运杂费、加工费和税金等款项的分录：

借：委托加工物资——三江公司

　　59 088.89 (4 200 + 20 000 + 34 888.89)

　　应交税费——应交增值税（进项税额）　　3 400

　　贷：银行存款　　62 488.89

(3) 南海公司 B 产品成本 = 59 088.89 + 294 000 = 353 088.89（元）

借：库存商品——B 产品　　353 088.89

　　贷：委托加工物资——三江公司　　353 088.89

三江公司在收取加工费时代收代缴的消费税额 =（294 000 + 20 000）÷（1 − 10%）× 10% = 34 888.89（元）

应纳增值税 = 20 000 × 17% = 3 400（元）

所收款项 = 20 000 + 3 400 + 34 888.89 = 58 288.89（元）

三江公司应做如下会计处理：

借：银行存款　　58 288.89
　　贷：主营业务收入　　20 000
　　　　应交税费——应交增值税（销项税额）　　3 400
　　　　应交税费——应交消费税　　34 888.89

若南海公司收回B产品继续加工应税消费品，则其支付的由三江公司代收代缴的消费税应计入“应交税费——应交消费税”科目的借方。则：

（4）南海公司支付运杂费、加工费和税金等款项的分录：

借：委托加工物资——三江公司　　24 200（4 200 + 20 000）
　　应交税费——应交消费税　　34 888.89
　　应交税费——应交增值税（进项税额）　　3 400
　　贷：银行存款　　62 488.89

（5）南海公司B产品成本 = 24 200 + 294000 = 318 200（元）

借：库存商品——B产品　　318 200
　　贷：委托加工物资——三江公司　　318 200

情境演练3－3

某企业为增值税一般纳税人，适用的增值税税率为17%，消费税税率为10%。2013年5月发生如下经济业务：

业务1：发出A材料10 000千克，委托某加工企业加工成B材料，A材料单位成本为每千克10元。

业务2：以银行存款支付A材料运费100元，增值税17元。

业务3：以银行存款支付加工费80 000元，增值税1 360元，消费税12 000元。

业务4：以银行存款支付B材料的运费100元，增值税17元。B材料运回验收入库，用于继续加工应税消费品。

要求：（1）查找资料，了解上述业务完成的过程以及涉及的企业部门；

（2）确认上述业务发生或完成时应取得的单据；

（3）编制上述业务的会计分录。

学习子情境四
库存商品的核算

☞ 科目设置

企业应设置"库存商品"账户，该账户为资产类账户，借方登记验收入库的库存商品成本，贷方登记发出的库存商品成本，期末余额在借方，反映各种库存商品的实际成本或计划成本。

核算内容

一、概述

库存商品是指企业已完成全部生产过程并已验收入库，合乎标准规格和技术条件，可以按照合同规定的条件送交订货单位，或可以作为商品对外销售的产品以及外购或委托加工完成验收入库用于销售的各种商品。

对于工业企业而言，库存商品是企业完工入库的产成品；对于商业企业而言，库存商品是企业以销售为目的而购入的商品。

（一）工业企业库存商品的核算

工业企业的库存商品主要指产成品，采用实际成本或计划成本进行核算。平日，产成品的收入、发出和销售只登记数量不登记金额，月度终了，计算入库产品的实际成本。其中，在采用实际成本核算库存商品时，对发出和销售的产成品，可以采用前述的先进先出法、加权平均法或个别计价法等方法确定其成本。

（二）商业企业库存商品的核算

商品流通企业发出存货，通常采用毛利率法和售价金额核算法进行核算。

二、业务核算

库存商品可以采用实际成本核算，也可以采用计划成本核算，其方法与原材料相似。采用计划成本核算时，库存商品实际成本与计划成本的差异，可单独设置"产品成本差异"科目核算。

（一）工业企业库存商品的核算

1. 产成品入库的会计处理。产成品完工经验收合格之后，由生产车间按照交库品种和数量填写“产成品入库单”，会计人员根据“产成品入库单”和“成本计算单”，据以登记库存商品明细账。

商品验收入库时，按实际成本由“生产成本”科目贷方转入“库存商品”科目借方。

2. 产成品销售的会计处理。企业销售产品时，应填制“产成品发货单”，交仓库办理产品出库手续并据以登记库存商品明细账，月度终了，结转销售和发出的商品成本。

对外销售库存商品时，应按其实际成本从“库存商品”科目贷方转入“主营业务成本”科目借方，若所售出的库存商品已计提存货跌价准备，应按照相应比例结转。

（二）商业企业库存商品的核算

1. 毛利率法。毛利率法是指根据本期实际销售额乘以上期（或本期计划）毛利率匡算本期销售毛利，据以计算发出存货成本和期末结存存货成本的一种方法。其计算公式为：

销售净额 = 商品销售收入 − 折扣与折让

销售毛利 = 销售净额 × 销售毛利率

销售成本 = 销售净额 − 销售毛利

期末存货成本 = 期初存货成本 + 本期购货成本 − 本期销售成本

用毛利率法计算本期销售成本和期末库存商品成本，在商品流通企业是常用的一种方法。商品流通企业由于经营商品的品种繁多，如果分品种计算商品成本，工作量较大，而且，一般来说，商品流通企业同类商品的毛利率大致相同，采用这种存货计价方法既能减轻工作量，也能满足对存货管理的需要。

2. 售价金额核算法。售价金额核算法，是指平时商品的购入、加工收回、销售均按售价记账，售价与进价的差额通过“商品进销差价”科目核算，期末计算进销差价率和本期已销商品应分摊的进销差价，并据以调整本期销售成本的一种方法。计算公式如下：

$$商品进销差价率 = \frac{期初库存商品进销差价 + 本期购进商品进销差价}{期初库存商品售价 + 本期购入商品售价} \times 100\%$$

本期销售商品应分摊的商品进销差价 = 本期商品销售收入 × 商品进销差价率

本期销售商品的成本 = 本期商品销售收入 − 本期销售商品应分摊的商品进销差价

期末结存商品的成本 = 期初库存商品的进价成本 + 本期购进商品的进价成本 − 本期销售商品的成本

企业的商品进销差价率各期之间是比较均衡的，因此，也可采用上期商品进销差价率计算分摊本期的商品销售差价。年度终了，应对商品进销差价进行核实调整。

对于从事商业零售业务的企业（如百货公司、超市等），由于经营的商品种类、品种、规格等繁多，而且要求按商品零售价格标价，采用其他成本计算结转方法均较困难，因此广泛采用这一方法。

典型案例

案例3-26：甲公司“商品入库汇总表”记载，某月已验收入库A产品1 000台，实际单位成本5 000元，计5 000 000元；B产品2 000台，实际单位成本1 000元，计2 000 000元。甲公司应作如下会计处理：

借：库存商品——A产品　　5 000 000
　　　　　　——B产品　　2 000 000
　贷：生产成本——基本生产成本（A产品）　　5 000 000
　　　　　　　——基本生产成本（B产品）　　2 000 000

案例3-27：甲公司月末汇总的发出商品中，当月已实现销售的A产品有500台，Z产品有1 500台。该月A产品实际单位成本5 000元，Z产品实际单位成本1 000元。在结转其销售成本时，应作如下会计处理：

借：主营业务成本　　4 000 000
　贷：库存商品——A产品　　2 500 000
　　　　　　　——Z产品　　1 500 000

案例3-28：甲商场2013年7月1日甲类商品库存230 000元，本期购进270 000元，本月销售收入260 000元，发生的销售折让为8 000元，上月该类商品的毛利率为18%。计算本月已销售商品和期末库存商品成本。

本月销售净额＝260 000－8 000＝252 000（元）
销售毛利＝252 000×18%＝45 360（元）
本月销售成本＝252 000－43 360＝206 640（元）
期末库存销售成本＝230 000＋270 000－206 640＝293 360（元）

案例3-29：乙商场2013年7月期初库存商品的进价成本为100万元，售价总额为110万元，本月购进该商品的进价成本为75万元，售价总额为90万元，本月销售收入为120万元。计算本月期末库存商品成本。有关计算如下：

商品进销差价率＝〔（10＋15）÷（110＋90）〕×100 %＝12.5%
已销售商品应分摊的商品进销差价＝120×12.5%＝15（万元）
本期销售商品的实际成本＝120－15＝105（万元）
期末结存商品的实际成本＝100＋75－105＝70（万元）

情境演练3-4

天弘商场为零售商场，2013年6月初服装柜组“库存商品”余额500 000元，“商品进销差价”余额100 000元。6月发生如下经济业务：

业务1：2日，购进服装一批，取得的增值税发票上注明买价400 000元，增值税68 000元，售价500 000元，服装已交服装柜组验收。

业务2：30日，汇总销售小票，本月销售服装700 000元。

要求：(1) 查找资料，了解上述业务完成的过程以及涉及的企业部门；

(2) 确认上述业务发生或完成时应取得的单据；

(3) 编制上述业务的会计分录。

知识拓展

一、原材料核算流程

(一) 材料购入(取得)流程(见图3-1)

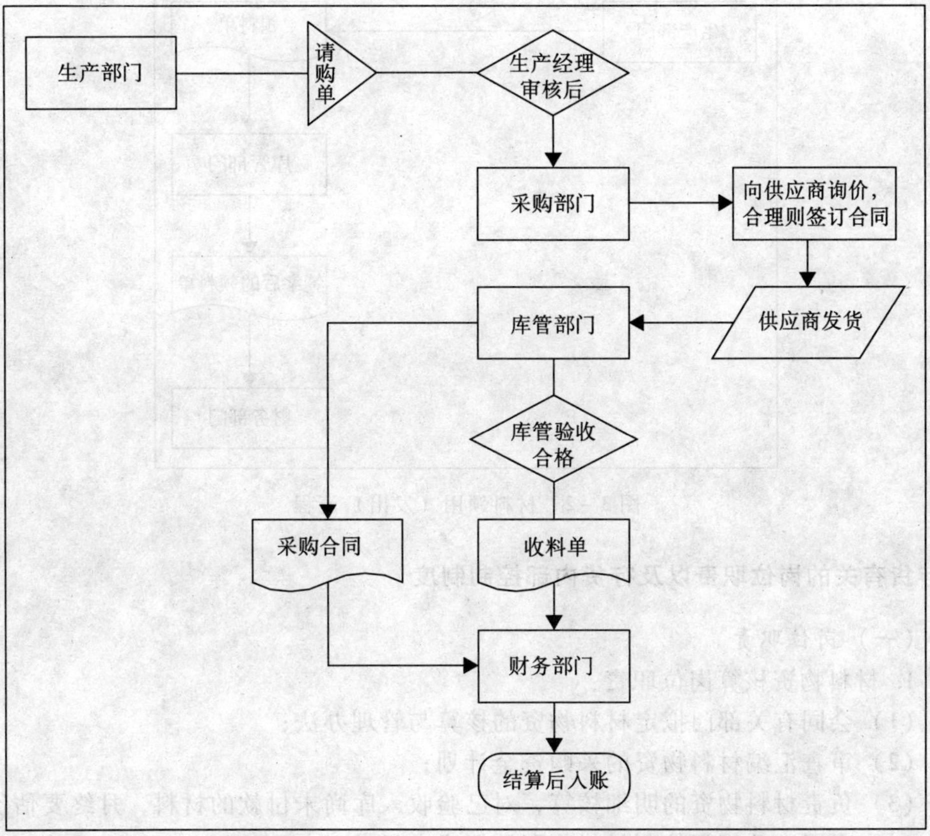

图3-1　材料购入(取得)流程

1. 生产部门根据企业生产计划提出采购要求并填制请购单，经生产经理签字后传递给采购部门。

2. 采购部门根据前述请购单进行询价，若合理则由采购经理协同法律顾问与供应商签订购买合同。

3. 库管部门在收到供应商发来的货物后进行质量检验，若验收合格则办理入库手续，填制一式数联的收料单，并登记收料台账。

4. 财务部门在收到库管部门传来的收料单后结合采购合同，按照公司制度规定的授权范围，经有关人员授权后，办理银行结算手续，支付款项。待采购业务办理完毕之后，由会计人员进行账务处理。

(二) 材料领用（发出）流程（见图3-2）

1. 生产（领料）部门根据生产计划填制一式几联（最少三联）的领料单，由领料部门经理签字后，派有关人员到仓库办理领料手续。

2. 库管部门核对领料单后发放材料，由库管员在领料单上签字并登记领料台账。

3. 财务部门在收到库管部门传来的领料单后，月末编制领料凭证汇总表，进行成本分配，并据以进行账务处理。

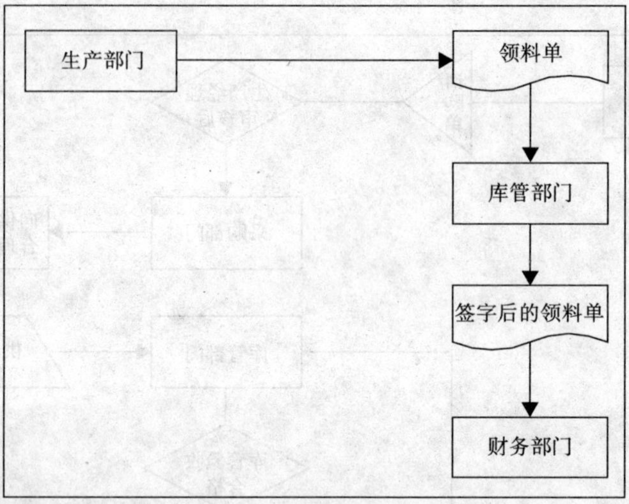

图3-2 材料领用（发出）流程

二、与存货有关的岗位职责以及存货内部控制制度

(一) 岗位职责

1. 材料物资核算岗位职责：

(1) 会同有关部门拟定材料物资的核算与管理办法；

(2) 审查汇编材料物资的采购资金计划；

(3) 负责材料物资的明细核算，对已验收入库尚未付款的材料，月终要估价入账；

(4) 会同有关部门编制材料物资计划成本目录；

(5) 配合有关部门制定材料物资消耗定额；

(6) 参与材料物资的清查盘点，处理清查账务。

2. 库存商品核算岗位职责：

(1) 负责库存商品的明细分类核算；

(2) 会同有关部门编制库存商品计划成本目录；

(3) 配合有关部门制定库存商品的最低、最高限额；

(4) 参与库存商品的清查盘点。

3. 库存管理岗位职责：

(1) 负责公司所有物资的入库、保管、发放工作。做到熟悉自己所管物资品种、规格、存放位置、领用及库存情况；

(2) 做好物资验收入库工作。认真核对质量、数量、规格，如与发票不符或质量不合格的，应拒绝入库，并及时报告主管领导以便及时处理；

(3) 做好物资出库领用工作。做到准确无误，当面点清，不得私自将物品外借；

(4) 建立明细账，每日（月）盘点，务必账实相符，账账相符，月末将所有单据装订成册，妥善保管；

(5) 对长期积压物品，提出处理建议，以免造成浪费或经济损失。

（二）存货内部控制制度

企业为了加强对存货的管理和控制，保证存货的安全完整，提高存货运营效率，保证合理确认存货价值，应当建立存货内部控制制度。

1. 企业在建立并实施存货内部控制制度中，至少应当强化对以下关键方面或者关键环节的风险控制，并采取相应的控制措施：

(1) 权责分配和职责分工应当明确，机构设置和人员配备应当科学合理；

(2) 存货请购依据应当充分适当，请购事项和审批程序应当明确；

(3) 存货采购、验收、领用、盘点、处置的控制流程应当清晰，对存货预算、供应商的选择、存货验收、存货保管及重要存货的接触条件、内部调剂、盘点和处置的原则及程序应当有明确的规定；

(4) 存货成本核算方法、跌价准备计提等会计处理方法应当符合国家统一的会计制度的规定。

2. 企业应当建立存货业务的情境责任制，明确内部相关部门和情境的职责、权限，确保办理存货业务的不相容情境相互分离、制约和监督。存货业务的不相容情境至少包括：

(1) 存货的请购与审批、审批与执行；

(2) 存货的采购与验收、付款；

(3) 存货的保管与相关会计记录；

(4) 存货发出的申请与审批、申请与会计记录；

(5) 存货处置的申请与审批、申请与会计记录。

3. 企业应当建立采购与付款业务的情境责任制，明确相关部门和情境的职责、权限，确保办理采购与付款业务的不相容情境相互分离、制约和监督。企业采购与付款业务的不相容情境至少包括：

(1) 请购与审批；

(2) 询价与确定供应商；

(3) 采购合同的订立与审核；

(4) 采购、验收与相关会计记录；

（5）付款的申请、审批与执行。

4. 外购存货入库前一般应经过以下验收程序：

（1）检查订货合同、入库通知单、供货企业提供的材质证明、合格证、运单、提货通知单等原始单据与待检验货物之间是否相符；

（2）对拟入库存货的交货期进行检验，确定外购货物的实际交货期与订购单中的交货期是否一致；

（3）对待验货物进行数量复核和质量检验，必要时可聘请外部专家协助进行；

（4）对验收后数量相符、质量合格的货物办理相关入库手续，对经验收不符合要求的货物，应及时办理退货或索赔；

（5）对不经仓储直接投入生产或使用的存货，应当采取适当的方法进行检验。

5. 企业应当建立存货保管制度，加强存货的日常保管工作。

（1）因业务需要分设仓库的，应当对不同仓库之间的存货流动办理出入库手续；

（2）应当按仓储物资所要求的储存条件贮存，并建立和健全防火、防潮、防鼠、防盗和防变质等措施；

（3）贵重物品、生产用关键备件、精密仪器和危险品的仓储，应当实行严格的审批制度；

（4）存货管理部门对入库的存货应当建立存货明细账，详细登记存货的类别、编号、名称、规格型号、数量、计量单位等内容，并定期与财会部门就存货品种、数量、金额等进行核对。入库记录不得随意修改。如确需修改入库记录，应当经有效授权批准；

（5）企业应当加强存货的日常保管工作。仓储部门应当定期对存货进行检查，确保及时发现存货损坏、变质等情况。企业应当重视生产现场的材料、低值易耗品、半成品等物资的管理控制，防止浪费、被盗和流失。

6. 企业应当建立严格的存货领用和发出制度。

（1）企业生产部门、基建部门领用材料，应当持有生产管理部门及其他相关部门核准的领料单。超出存货领料限额的，应当经过特别授权；

（2）库存商品的发出需要经过相关部门批准，大批商品、贵重商品或危险品的发出应当得到特别授权。仓库应当根据经审批的销售通知单发出货物，并定期将发货记录同销售部门和财会部门核对；

（3）企业应当明确发出存货的流程，落实责任人，及时核对有关票据凭证，确保其与存货品名、规格、型号、数量、价格一致；

（4）企业财会部门应当针对存货种类繁多、存放地点复杂、出入库发生频率高等特点，加强与仓储部门经常性账实核对工作，避免出现将已入库存货不入账或已发出存货不销账的情形。

7. 企业应当制定并选择适当的存货盘点制度，明确盘点范围、方法、人员、频率、时间等。

（1）企业应当制定详细的盘点计划，合理安排人员、有序摆放存货、保持盘点记录的完整，及时处理盘盈、盘亏。对于特殊存货，可以聘请专家采用特定方法进行盘点。

（2）存货的盘盈、盘亏应当及时编制盘点表，分析原因，提出处理意见，经相关部门批准后，在期末结账前处理完毕。

（3）仓储部门应通过盘点、清查、检查等方式全面掌握存货的状况，及时发现存货的残、次、冷、背等情况。仓储部门对残、次、冷、背存货的处置，应当选择有效的处理方式，并经相关部门审批后作出相应的处置。

情境演练参考答案

情境演练 3－1：

业务1：600×50＋2 000＋200＝32 200（元）

业务2：发出材料成本＝200×300＋300×310＝153 000（元）

业务3：全月一次加权平均单价＝（200×100＋300×110）÷（200＋300）＝106（元/千克）

月末库存材料的数量＝200＋300－400＝100（千克）

甲材料的库存余额＝100×106＝10 600（元）

业务4：

（1）先进先出法：

甲材料5日发出的成本＝80×1 000＝80 000（元）

甲材料25日发出的成本＝10×980＋20×1 100＝31 800（元）

期末结存的成本＝60×1 100＝66 000（元）

（2）加权平均法：

甲材料的加权平均单价＝（100×1 000＋50×1 050＋70×980＋80×1 100）÷（100＋50＋70＋80）＝1 030.33（元/千克）

月末结存材料的实际成本＝（100＋50＋70＋80－80－130－30）×1 030.33＝61 819.8（元）

当月发出材料的实际成本＝（100×1 000＋50×1 050＋70×980＋80×1 100）－61 819.8＝247 280.2（元）。

业务5：材料成本差异率＝（－6＋12）/（400＋2 000）×100%＝0.25%，

领用材料的实际成本＝1 600×0.25%＋1 600＝1 604（万元）

2013年12月31日结存材料的实际成本＝（400＋2 000－1 600）×（1＋0.25%）＝802（万元）

业务6：应计提的存货跌价准备总额＝（20－16）＋（36－30）＝10（万元）

情境演练 3－2：

业务1：借：管理费用　　125

　　　　贷：周转材料——低值易耗品　　125

业务2：借：制造费用　　3 600

贷：周转材料——低值易耗品 3 600

业务3：借：制造费用 650

贷：周转材料——包装物 650

业务4：借：销售费用 74

贷：周转材料——包装物 74

业务5：借：其他业务成本 50

贷：周转材料——包装物 50

借：银行存款 90

贷：其他业务收入 76.92

应交税费——应交增值税（销项税额） 13.08

业务6：借：银行存款 1 000

贷：其他应付款 1 000

借：周转材料——包装物——出租包装物 800

贷：周转材料——包装物——在库包装物 800

借：其他业务成本 400

贷：周转材料——包装物——包装物摊销 400

业务7：借：银行存款 702

贷：其他业务收入 600

应交税费——应交增值税（销项税额） 102

业务8：借：周转材料——包装物——在用包装物 800

贷：周转材料——包装物——出租包装物 800

借：其他业务成本 400

贷：周转材料——包装物——包装物摊销 400

借：周转材料——包装物——包装物摊销 80

贷：周转材料——包装物——在用包装物 80

业务9：借：其他应付款 1 000

贷：银行存款 1 000

情境演练3-3：

业务1：借：委托加工物资——B材料 100 000

贷：原材料——A材料 100 000

业务2：借：委托加工物资——B材料 100

应交税费——应交增值税（进项税额） 17

贷：银行存款 117

业务3：借：委托加工物资——B材料 80 000

应交税费——应交增值税（进项税额） 1 360

——应交消费税 12 000

贷：银行存款 93 360

业务4：借：委托加工物资——B材料 100

应交税费——应交增值税（进项税额）　17
贷：银行存款　117
借：原材料——B 材料　180 200
贷：委托加工物资——B 材料　180200

情境演练 3－4

业务 1：借：材料采购　400 000
应交税费——应交增值税（进项税额）　68 000
贷：银行存款　468 000
借：库存商品　500 000
贷：材料采购　400 000
商品进销差价　100 000

业务 2：借：银行存款　700 000
贷：主营业务收入　700 000
借：主营业务收入　101 709.4
贷：应交税费——应交增值税（销项税额）
101 709.4
借：主营业务成本　700 000
贷：库存商品　700 000
借：商品进销差价　140 000
贷：主营业务成本　140 000

（1）商品进销差价率＝【（10＋10）／（50＋50）】×100%＝20%

（2）销售商品应结转的进销差价＝700 000×20%＝140 000（元）

4 学习情境四 固定资产的核算

情境学习目标

- 能正确判断固定资产的范畴；
- 能熟练掌握固定资产的确认、初始计量原则、固定资产计提折旧的范围及方法、后续计量等；
- 能正确编制和审核固定资产业务会计凭证；
- 能完成固定资产（及相关账户）总账、明细账的建立；
- 能完成固定资产（及相关账户）账簿的登记；
- 能了解固定资产账务处理结果提供的会计信息。

情境关键术语

固定资产、在建工程、累计折旧、固定资产减值准备、固定资产清理

情境有关参考资料

- 《企业会计准则第 4 号——固定资产》
- 《企业会计准则讲解》
- 《初级会计实务——2014 年度全国会计专业技术资格考试辅导教材》

学习子情境一 固定资产取得的核算

☞ 科目设置

为完成有关取得固定资产的核算工作，应设置“固定资产”、“在建工程”等科目。

“固定资产”科目属于资产类科目，核算企业持有固定资产的原价。借方登记增加的固定资产原价，贷方登记转出的固定资产原价，期末借方余额，反映企业固定资产的原值。该科目通常按固定资产项目进行明细核算。

“在建工程”科目属于资产类科目，核算企业基建、更新改造等在建工程发生的支出。借方登记在建工程发生的各项成本，贷方登记达到预定可使用状态的固定资产，该科目的期末借方余额，反映企业尚未达到预定可使用状态的在建工程的成本。该科目通常按资产项目进行明细核算。

■ 知识准备

一、固定资产的概念

固定资产是指同时具有以下特征的有形资产：第一，为生产商品、提供劳务、出租或经营管理而持有的；第二，使用寿命超过一个会计年度。

从这一定义可以看出，作为企业的固定资产应具备以下两个特征：

第一，企业持有固定资产的目的，是为了生产商品、提供劳务、出租或经营管理的需要，而不像商品一样为了对外出售。这一特征是固定资产区别于商品等流动资产的重要标志。

第二，企业使用固定资产的期限较长，使用寿命一般超过一个会计年度。这一特征表明企业固定资产的收益期超过一年，能在一年以上的时间为企业创造利益。

二、固定资产的分类

企业的固定资产种类繁多、规格不一，为加强管理，便于组织会计核算，有必要对其进行科学、合理的分类。通常使用的分类方法有以下几种：

(1) 按固定资产经济用途分类，可分为生产经营用固定资产和非生产经营用固定资产。

（2）按固定资产使用情况分类，可分为使用中的固定资产、未使用的固定资产和不需用的固定资产。

（3）按固定资产的所有权分类，可分为自有固定资产和租入固定资产。

（4）按固定资产的经济用途和使用情况综合分类，一般分为大类：生产经营用固定资产，非生产经营用固定资产，租出固定资产，不需用固定资产，融资租入固定资产和土地。其中，土地是指过去已经估价单独入账的土地。因征地而支付的补偿费，应计入与土地有关的房屋建筑物的价值内，不单独作为土地价值入账。企业取得的土地使用权不能作为固定资产管理。

三、固定资产的确认

固定资产在同时满足以下两个条件时，才能予以确认。

（一）与该固定资产有关的经济利益很可能流入企业

资产最基本的特征是预期能给企业带来经济利益，固定资产也应该满足。在实务工作中，首先，需要判断该项固定资产所包含的经济利益是否很可能流入企业。如果该项固定资产相关的经济利益不是很可能流入企业，那么，即使其满足固定资产的其他确认条件，企业也不能将其确认为固定资产；如果该固定资产的相关经济利益很可能流入企业，并同时满足固定资产确认的其他条件，那么，企业应将其确认为固定资产。

在实务中，判断固定资产包含的经济利益是否很可能流入企业，主要依据与该固定资产所有权相关的风险和报酬是否转移给了企业。其中，与固定资产所有权相关的风险，是指由于经营情况变化造成的相关收益的变动，以及由于资产闲置、技术陈旧等原因造成的损失；与固定资产所有权相关的报酬，是指在固定资产使用寿命内直接使用该资产而获得的收入以及处置该资产所实现的利得等。通常，取得固定资产的所有权是判断与固定资产所有权相关的风险和报酬转移给企业的一个重要标志。凡是所有权已属于企业，无论企业是否收到或持有该固定资产，均可作为企业的固定资产；反之，即使存放在企业，也不能作为企业的固定资产。有时某项固定资产的所有权虽然不属于企业，但是，企业能够控制该项固定资产所包含的经济利益流入企业，在这种情况下，可以认为与固定资产所有权相关的风险和报酬实质上已经转移给企业，也可以作为企业的固定资产加以确认。例如，融资租入固定资产，企业（承租人）虽然不拥有该固定资产的所有权，但企业能够控制该固定资产所包含的经济利益，与固定资产所有权相关的风险和报酬实质上已转移到了企业，因此，符合固定资产确认的第一个条件。

（二）该固定资产的成本能够可靠计量

成本能够可靠计量，是资产确认的一项基本条件。固定资产作为企业资产的重要组成部分要予以确认，其成本也必须能够可靠计量。如果固定资产的成本能够可靠计量，并同时满足其他确认条件，就可以加以确认；否则，企业不应加以确认。

企业在确定固定资产成本时，有时需要根据所获得的最新资料，对固定资产的成本进行合理估计。例如，企业对于已达到预定可使用状态的固定资产，在尚未办理竣工决算前，需要根据工程预算、工程造价或者工程实际发生的成本等资料，按估计价值确定固定资产的成本，待办理竣工决算后，再按照实际成本调整原来的暂估价值。

在实务中，对于固定资产进行确认时，还需要注意以下两个问题：

第一，固定资产各组成部分具有不同使用寿命或以不同方式为企业提供经济利益，适用不同折旧率或折旧方法的，应当分别将各组成部分确认为单项固定资产。

第二，与固定资产有关的后续支出，满足固定资产确认条件的，应当计入固定资产成本；不满足固定资产确认条件的，应当在发生时计入当期损益。

核算内容

一、外购的固定资产

外购固定资产，其成本包括购买价款，相关税费，使固定资产达到预定可使用状态前所发生的可归属于该项资产的运输费、装卸费、安装费以及专业人员的服务费等。

（一）购置的不需要经过建造过程即可使用的固定资产

购置的不需要经过建造过程即可使用的固定资产，按照实际支付的购买价款、相关税费、使固定资产达到预定可使用状态前所发生的可归属于该项资产的运输费、装卸费、专业人员的服务费等，作为固定资产的成本，计入“固定资产”科目的借方。

若企业为增值税一般纳税人，则企业购进生产用机器设备等固定资产（生产经营用动产）的进项税额不纳入固定资产成本核算，可以在销项税金中抵扣①。

注意：企业以一笔款项购入多项没有单独标价的固定资产。按各固定资产公允价值的比例对总成本进行分配，分别确定各项固定资产的成本。

（二）购入需要安装的固定资产

购入需要安装的固定资产。应在购入不需要安装的固定资产取得成本的基础上加上安装调试成本等，作为购入固定资产的成本，先通过“在建工程”科目归集其成本，待达到预定可使用状态时，再由“在建工程”科目转入“固定资产”科目。

如果安装的固定资产符合增值税抵扣条件，即生产经营用动产，在安装过程中领用材料时，借记“在建工程”科目，贷记“原材料”；领用企业产品时，借记“在建工程”科目，贷记“库存商品”。

---

① 《国家税务总局关于全国实施增值税转型改革若干问题的通知》中规定（以下选择部分内容）：

一、自2009年1月1日起，增值税一般纳税人（以下简称纳税人）购进（包括接受捐赠、实物投资，下同）或者自制（包括改扩建、安装，下同）固定资产发生的进项税额（以下简称固定资产进项税额），可根据《中华人民共和国增值税暂行条例》（国务院令538号，以下简称条例）和《中华人民共和国增值税暂行条例实施细则》（财政部国家税务总局令第50号，以下简称细则）的有关规定，凭增值税专用发票、海关进口增值税专用缴款书和运输费用结算单据（以下简称增值税扣税凭证）从销项税额中抵扣，其进项税额应当记入“应交税费——应交增值税（进项税额）”科目。

二、纳税人允许抵扣的固定资产进项税额，是指纳税人2009年1月1日以后（含1月1日，下同）实际发生，并取得2009年1月1日以后开具的增值税扣税凭证上注明的或者依据增值税扣税凭证计算的增值税税额。

典型案例

（一）购入不需要安装的设备

案例4-1：2014年1月8日，甲公司购入一台不需要安装即可投入使用的生产设备，取得的增值税专用发票上注明的设备价款为30 000元，增值税额为5 100元，取得运输行业开具的增值税专用发票上注明的运费300元，增值税33元，款项均以银行存款支付。

(1) 计算固定资产的成本：固定资产成本 = 30 000 + 300 = 30 300（元）

(2) 编制购入固定资产的会计分录

借：固定资产　　30 300

　　应交税费——应交增值税（进项税额）　　5 133

　　贷：银行存款　　35 433

2. 购入需要安装的设备。

案例4-2：2014年2月1日，甲公司用银行存款购入一台需要安装的设备，增值税专用发票上注明的设备买价为500 000元，增值税进项税额为85 000元，取得运输行业开具的增值税专用发票上注明的运费2 500元，增值税275元，款项已经通过银行支付。

借：在建工程　　502 500

　　应交税费——应交增值税（进项税额）　　85 275

　　贷：银行存款　　587 775

（三）购入需要安装的设备后，安装时领用材料、产品，或支付安装工人工资等

案例4-3：续例4-2，安装设备时，领用本公司原材料一批，价值30 000元，购进该批材料时支付的增值税进项税额为5 100元。

借：在建工程　　30 000

　　贷：原材料　　30 000

案例4-4：续例4-3，安装设备时，领用本公司库存商品一批，价值10 000元，成本5 000元。增值税率17%。

借：在建工程　　5 000

　　贷：库存商品　　5 000

案例4-5：续例4-4，安装设备时，支付安装工人工资为4 900元。

借：在建工程　　4 900

　　贷：应付职工薪酬　　4 900

（四）安装的设备达到预定可使用状态

案例4-6：续例4-5，设备安装完毕达到预定可使用状态。

借：固定资产　　542 400

　　贷：在建工程　　542 400

二、自行建造的固定资产

自行建造的固定资产，按建造该项固定资产达到预定可使用状态前所发生的全部支出，作为入账价值。在核算时，应先通过“在建工程”科目，待达到预定可使用状态时再转入“固定资产”。

（一）自营工程

自营工程是指企业自行组织工程物资采购、组织施工人员施工的建筑工程和安装工程。

购入工程物资时，借记“工程物资”科目，贷记“银行存款”等科目。

领用工程物资时，借记“在建工程”科目，贷记“工程物资”科目。

在建工程（假设不属于生产用动产）领用本企业原材料时，借记“在建工程”科目，贷记“原材料”、“应交税费——应交增值税（进项税额转出）”等科目。

在建工程（假设不属于生产用动产）领用本企业商品时，借记“在建工程”科目，贷记“库存商品”、“应交税费——应交增值税（销项税额）”等科目。

自营工程发生的其他费用（如分配工程人员工资等），借记“在建工程”科目，贷记“银行存款”、“应付职工薪酬”等科目。

自营工程达到预定可使用状态时，按其成本，借记“固定资产”科目，贷记“在建工程”科目。

（二）出包工程

如果企业建造固定资产采用了出包方式，企业支付给建造商的工程价款通过“在建工程”科目核算，工程达到预定可使用状态时，按实际发生的全部支出，由“在建工程”科目转入“固定资产”科目。

典型案例

（一）自营修建固定资产，购入工程物资

案例4-7：某企业自建办公楼一幢，购入为工程准备的各种物资500 000元，支付的增值税税额为85 000元，全部用于工程建设。

（1）购买工程物资：

借：工程物资	585 000	
贷：银行存款		585 000

（2）领用工程物资：

借：在建工程	585 000	
贷：工程物资		585 000

（二）自营修建固定资产，领用产品、产生工程人员工资及其他费用等

案例4-8：续例4-7，领用本企业生产的水泥一批，实际成本为80 000元，税务部门确定的计税价格为100 000元，增值税税率17%。

借：在建工程　　97 000
　贷：库存商品　　80 000
　　应交税费——应交增值税（销项税额）　　17 000

案例4-9：续例4-8，工程人员应计工资100 000元。

借：在建工程　　100 000
　贷：应付职工薪酬　　100 000

案例4-10：续例4-9，支付的其他费用30 000元。

借：在建工程　　30 000
　贷：银行存款等　　30 000

（三）自营修建固定资产，达到预定可使用状态

案例4-11：续例4-10，工程完工并达到预定可使用状态。

工程完工转入固定资产的成本为：585 000+97 000+100 000+30 000=812 000（元）

借：固定资产　　812 000
　贷：在建工程　　812 000

（四）出包工程，支付工程款

案例4-12：某企业将一幢厂房的建造工程出包给丙公司承建，按合理估计的发包工程进度和合同规定向丙公司结算进度款600 000元，工程完工后，收到丙公司有关工程结算单据，补付工程款400 000元。

（1）按合理估计的发包工程进度和合同规定向丙公司结算进度款：

借：在建工程　　600 000
　贷：银行存款　　600 000

（2）补付工程款时：

借：在建工程　　400 000
　贷：银行存款　　400 000

（五）出包工程，工程完工并达到预定可使用状态。

案例4-13：续例4-12，工程完工并达到预定可使用状态：

借：固定资产　　1 000 000
　贷：在建工程　　1 000 000

情境演练4-1

凯源公司为增值税一般纳税人，增值税税率为17%。2014年1月，该公司因生产需要，决定自营建造一间材料仓库，发生如下经济业务：

业务1：2010年1月5日，购入工程用专项物资一批，增值税专用发票上注明价款200 000元，增值税税额34 000元，该批专项物资验收入库，款项以银行存款支付。

业务2：2010年1月8日，领用上述专项物资用于仓库建设，取得领料单。

业务3：2010年1月20日，领用本单位生产的水泥一批用于工程建设，开出增值税专用发票。该批水泥成本为20 000元，税务部门核定的计税价格为30 000元。

业务4：2010年1月21日，领用本单位外购原材料一批用于工程建设，取得领料单，该批材料实际成本为10 000元，应负担的增值税额为1 700元。

业务5：2010年1月至3月，根据工资分配表计算，应付工程人员工资20 000元；另外，用银行存款支付其他费用9 200元。

业务6：2010年3月31日，该仓库达到预定可使用状态，预计可使用20年，预计净残值为12 000元，采用年限平均法计提折旧。

业务7：2010年4月30日，根据固定资产折旧计算表，计提本月仓库折旧（以后每月账务处理相同，略）。

业务8：2014年12月31日，该仓库遭遇火灾，残料估计价值50 000元，验收入库，用银行存款支付清理费20 000元。经保险公司核定的应赔偿损失为70 000元，尚未收到赔偿。

要求：（1）查找资料，了解上述业务完成的过程以及涉及的部门；
（2）确认上述业务发生或完成时应取得的单据；
（3）编制上述业务的会计分录。

学习子情境二
固定资产的后续核算

☞ 科目设置

为完成固定资产后续的核算工作，应设置“累计折旧”、“待处理财产损溢”、“以前年度损益调整”、“固定资产减值准备”、“固定资产清理”等科目。

“累计折旧”科目属于资产类科目，用以核算固定资产提取的折旧。“累计折旧”科目属于“固定资产”的备抵科目即调整科目，贷方登记企业计提的固定资产折旧，借方登记处置固定资产转出的累计折旧。

“待处理财产损溢”科目属于资产类科目，核算企业在清查过程中查明的各种财产物资盘盈（固定资产盘盈除外）、盘亏和毁损的价值。本科目借方登记盘亏的资产价值以及结转的盘盈资产价值，贷方登记盘盈资产价值以及结转的盘亏资产价值。本科目可按盘盈、盘亏的资产种类和项目进行明细核算。企业的财产损溢，应查明原因，在期末结账前处理完毕，处理后本科目应无余额。

“以前年度损益调整”科目属于损益类科目，核算企业本年度发生的调整以前年度损益的事项以及本年度发现的重要前期差错更正涉及调整以前年度损益的事项。本科目结转后应无余额。

“固定资产减值准备”科目属于资产类科目，核算固定资产的减值准备。贷方登记固定资产发生的减值，借方登记结转的减值准备。期末贷方余额反映企业已计提但尚未转销的固定资产价值准备。

“固定资产清理”科目属于资产类科目，核算出售、报废、毁损、对外投资、非货币性资产交换、债务重组等原因转出的固定资产价值以及在清理过程中发生的费用等。该科目借方登记待转出的固定资产的账面价值、处置过程中发生的各项费用，贷方登记处置过程中取得的各项收入以及应向保险公司或过失人索赔的款项。固定资产清理完成后，应将该科目余额结转至营业外收入或营业外支出。该科目的期末借方余额反映企业尚未清理完毕的固定资产清理净损失。

核算内容

一、固定资产的后续支出

固定资产的后续支出是指固定资产在使用过程中发生的更新改造支出、修理费用等，企业的固定资产投入使用后，由于各个组成部分耐用程度不同或者使用的条件不同，因而往往发生固定资产的局部破坏。为了保持固定资产的正常运转和使用，充分发挥其使用效能，就必须对其进行必要的后续支出。

固定资产的更新改造等后续支出，满足固定资产确认条件的，应当计入固定资产成本。如有被替换的部分，应同时将被替换部分的账面价值从该固定资产原账面价值中扣除。不满足固定资产确认条件的固定资产修理费用等，应当在发生时计入“管理费用”等科目。

在对固定资产发生可资本化的后续支出后，企业应将该固定资产的原价、已计提的累积折旧和减值准备转销，将固定资产的账面价值转入“在建工程”，并停止计提折旧。固定资产发生的可资本化的后续支出，通过“在建工程”科目核算。在固定资产发生的后续支出完工并达到预定可使用状态时，从“在建工程”科目转入“固定资产”科目，并按重新确定的使用寿命、预计净残值和折旧方法计提折旧。

企业生产车间（部门）和行政管理部门等发生的固定资产修理费用等后续支出，

借记“管理费用”等科目，贷记“银行存款”等科目；企业发生的与专设销售机构相关的固定资产修理费用等后续支出，借记“销售费用”科目，贷记“银行存款”等科目。

在具体实务中，对于固定资产发生的下列各项后续支出，通常的处理方法为：

（1）固定资产修理费用，应当直接计入当期费用。

（2）固定资产改良支出，应当计入固定资产账面价值。

（3）如果不能区分是固定资产修理还是固定资产改良，或固定资产修理和固定资产改良结合在一起，则企业应当判断，与固定资产有关的后续支出，是否满足固定资产的确认条件。如果该后续支出满足了固定资产的确认条件，后续支出应当计入固定资产账面价值；否则，后续支出应当确认为当期费用。

（4）固定资产装修费用，如果满足固定资产的确认条件，装修费用应当计入固定资产的账面价值，并在“固定资产”科目下单设“固定资产装修”明细科目进行核算，在两次装修间隔期间与固定资产尚可使用年限两者中较短的期间内，采用合理的方法单独计提折旧。如果在下次装修时，与该项固定资产相关的“固定资产装修”明细科目仍有账面价值，应将该账面价值一次全部计入当期营业外支出。

典型案例

（一）修理固定资产

案例4－14：2014年6月1日，甲公司对现有的一台生产用设备（消费型）进行日常修理，修理过程中发生的材料费为100 000元，增值税税率为17%，应支付的维修人员工资为20 000元。

借：管理费用　　120 000
　贷：原材料　　100 000
　　　应付职工薪酬　　20 000

（二）将固定资产进行改良

案例4－15：企业对一条生产线进行更新改造。该生产线的原值为1 200 000元，已提折旧600 000元。

借：在建工程　　600 000
　　累计折旧　　600 000
　贷：固定资产　　1 200 000

（三）固定资产改良过程中，领用材料，耗费人工等

案例4－16：续例4－15，生产线改造过程中领用材料300 000元，发生改造工人工资20 000元。

借：在建工程　　320 000
　贷：原材料　　300 000
　　　应付职工薪酬　　20 000

（四）固定资产改良工程中，替换部分零部件

案例4－17：续例4－16，该生产线改造工程中被替换部分的账面价

值50 000元，假设被替换部分已无使用价值和转让价值。

借：营业外支出　　50 000

　贷：在建工程　　50 000

（五）固定资产改良完成

案例4-18：续上例，上述生产线改造完成，达到预定可使用状态。

借：固定资产　　870 000

　贷：在建工程　　870 000

二、固定资产的折旧

（一）固定资产计提折旧的范围

企业应当对所有固定资产计提折旧（除以下情况外：已提足折旧继续使用的固定资产），单独估价作为固定资产入账的土地。

（二）影响折旧的因素

影响折旧的因素主要有以下几个方面：

(1) 固定资产原价，即固定资产取得时确认的成本。计提折旧时，应以月初应计折旧的固定资产账面原值为依据。

(2) 预计净残值，是指假定固定资产预计使用寿命已满并处于使用寿命终了时的预期状态，企业目前从该项资产获得的扣除预计处置费用后的金额。

(3) 固定资产减值准备，是指固定资产已计提的固定资产减值准备的累计金额。

(4) 固定资产的折旧年限，是指企业使用固定资产的预计期间，或者该固定资产所能生产产品或提供劳务的数量。在我国，企业确定固定资产折旧年限时，一般与使用寿命混用，在确认折旧年限时，应当考虑下列因素：该项资产预计生产能力或实物产量；该项资产预计有形损耗，如设备使用中发生磨损、房屋建筑物受到自然侵蚀等；该项资产预计无形损耗，如因新技术的出现而使现有的资产技术水平相对陈旧、市场需求变化使产品过时等；法律或者类似规定对该项资产使用的限制。

总之，企业应当根据固定资产的性质和使用情况，合理确定固定资产的使用寿命和预计净残值。固定资产的使用寿命和预计净残值一经确定，不得随意变更，但是符合《企业会计准则第4号——固定资产》第十九条规定的除外。

注意：

第一，固定资产按月计提折旧，当月增加的固定资产当月不计提折旧，从下月起计提折旧；当月减少的固定资产当月照提折旧，从下月起不提折旧。

第二，固定资产提足折旧后，不论能否继续使用，均不再计提折旧；提前报废的固定资产，不再补提折旧。

第三，已达到预定可使用状态但尚未办理竣工决算的固定资产，应当按照估计价值确定其成本，并计提折旧；待办理竣工决算后，再按实际成本调整原来的暂估价，但不需调整原已计提的折旧额。

第四，企业至少应当于每年年度终了，对固定资产的使用寿命、预计净残值和折旧方法进行复核。如有改变，则作为会计估计变更。

（三）折旧方法

折旧方法可以采用年限平均法、工作量法、双倍余额递减法、年数总和法等。企业应当根据与固定资产有关的经济利益的预期实现方式，合理选择固定资产折旧方法，折旧方法的选择应当遵循可比性原则，如需变更，在会计报表附注中予以说明。

1. 年限平均法。

年折旧额 =（固定资产原价 - 预计净残值）/预计使用寿命（年）

月折旧额 = 年折旧额/12

2. 工作量法。

单位工作量折旧额 =（原值 - 净残值）/总工作量

月折旧额 = 当月工作量 × 单位工作量折旧额

3. 双倍余额递减法。

年折旧率 = 2/预计使用年限 × 100%（直线折旧率的两倍）

年折旧额 = 固定资产账面净值 × 年折旧率

注意：在固定资产折旧年限到期的前两年内，将固定资产的账面净值扣除预计净残值后的净值平均摊销。

4. 年数总和法。

折旧率 = 尚可使用年限/预计使用年限的年数总和 × 100%

折旧额 =（固定资产原值 - 预计残值）× 折旧率

典型案例

（一）四种折旧方法的应用

案例 4-19：甲公司有一幢厂房，原价为 5 000 000 元，预计可使用 20 年，预计报废时的净残值率为 2%。采用年限平均法计算该厂房的折旧率、折旧额。

本例采用年限平均法计提固定资产折旧，其特点是将固定资产的应计折旧额均衡地分摊到固定资产预计使用寿命内，采用这种方法计算的每期折旧额是相等的。

年折旧率 =（1 - 2%）/20 = 4.9%

月折旧率 = 4.9%/12 = 0.41%

月折旧额 = 5 000 000 × 0.41% = 20 500（元）

案例 4-20：某企业的一辆运货卡车的原价为 600 000 元，预计总行驶里程为 500 000 公里，预计报废时的净残值率为 5%，本月行驶 4 000 公里。

本例采用工作量法计提固定资产折旧，工作量法是指根据实际工作量计算每期应提折旧额的一种方法。

该辆汽车的月折旧额计算如下：

单位里程折旧额 = 600 000 ×（1 - 5%）/500 000 = 1.14（元/公里）

本月折旧额 =4 000×1.14 =4 560（元）

案例 4－21：某企业一项固定资产的原价为 1 000 000 元，预计使用年限为 5 年，预计净残值为 4 000 元。按双倍余额递减法计提折旧，每年的折旧额计算如下：

年折旧率 =2/5×100% =40%

第 1 年应提的折旧额 =1 000 000×40% =400 000（元）

第 2 年应提的折旧额 =（1 000 000 －400 000）×40% =240 000（元）

第 3 年应提的折旧额 =（600 000－240 000）×40% =144 000（元）

从第 4 年起改用年限平均法（直线法）计提折旧。

第 4 年、第 5 年的年折旧额 =［（360 000－144 000）－4 000］/2 =106 000（元）

每年各月折旧额根据年折旧额除以 12 来计算。

案例 4－22：承例 4－21，假如采用年数总和法，计算的各年折旧额如表 4－1 所示。

采用年数总和法计提固定资产折旧，年数总和法又称年限合计法，是指将固定资产的原价减去预计净残值后的余额，乘以一个逐年递减的分数计算每年的折旧额，这个分数的分子代表固定资产尚可使用寿命，分母代表预计使用寿命逐年数字总和。

表 4－1

年 份	尚可使用年限	原价－净残值	变动折旧率	年折旧额	累计折旧
1	5	996 000	5/15	332 000	332 000
2	4	996 000	4/15	265 600	597 600
3	3	996 000	3/15	199 200	796 800
4	2	996 000	2/15	132 800	929 600
5	1	996 000	1/15	66 400	996 000

（二）计提折旧

案例 4－23：月末，计提本月固定资产折旧共 500 000 元，其中车间设备计提 280 000 元，销售部门设备计提 50 000 元，管理部门设备计提 150 000 元，出租营业用房计提 20 000 元。

借：制造费用 280 000
　　销售费用 50 000
　　管理费用 150 000
　　其他业务成本 20 000
　贷：累计折旧 500 000

三、固定资产的盘盈与盘亏

企业应定期或者至少于每年年末对固定资产进行清查盘点，以保证固定资产核算的真实性，充分挖掘企业现有固定资产的潜力。在固定资产清查过程中，如果发现盘盈、盘亏的固定资产，应填制固定资产盘盈盘亏报告表。清查固定资产的损溢，应及时查明原因，并按照规定程序报批处理。

企业在财产清查中盘盈的固定资产，作为前期差错处理。企业在财产清查中盘盈的固定资产，在按管理权限报经批准处理前应先通过"以前年度损益调整"科目核算，不通过"待处理财产损溢"科目核算。盘盈的固定资产，应按重置成本确定其入账价值，借记"固定资产"科目，贷记"以前年度损益调整"科目。

盘亏的固定资产通过"待处理财产损溢"科目核算。盘亏或毁损的固定资产，在扣除过失人或者保险公司等赔款和残料价值之后的金额，计入当期"营业外支出"。

如盘亏或毁损的固定资产在期末结账前尚未经批准的，在对外提供财务会计报告时应按上述规定进行处理，并在会计报表附注中作出说明；如果其后批准处理的金额与已处理的金额不一致，应按其差额调整会计报表相关项目的年初数。

典型案例

（一）固定资产盘亏、报经批准转销

案例 4-24：乙公司进行财产清查时发现短缺一台笔记本电脑，原价为10 000元，已计提折旧7 000元。该短缺电脑或获得保险公司赔款2 000元，乙公司应作如下会计处理：

（1）盘亏固定资产时：

借：待处理财产损溢　　3 000
　　累计折旧　　7 000
　　贷：固定资产　　10 000

（2）报经批准转销时：

借：营业外支出——盘亏损失　　1 000
　　其他应收款——保险公司　　2 000
　　贷：待处理财产损溢　　3 000

（二）固定资产盘盈

案例 4-25：丁公司在财产清查过程中，发现一台未入账的设备，重置成本为30 000元（假定与其计税基础不存在差异）。根据《企业会计准则第28号——会计政策、会计估计变更和差错更正》规定，该盘盈固定资产作为前期差错进行处理。假设丁公司适用的所得税税率为25%，按净利润的10%计提法定盈余公积。丁公司应作如下会计处理：

（1）盘盈固定资产时：

借：固定资产　　30 000
　　贷：以前年度损益调整　　30 000

（2）确定应交的所得税时：

借：以前年度损益调整　　7 500
　　贷：应交税费——应交所得税　　7 500

(3) 结转为留存收益时:

借: 以前年度损益调整 22 500

贷: 盈余公积——法定盈余公积 2 250

利润分配——未分配利润 20 250

四、固定资产的减值

固定资产在资产负债表日的可收回金额低于其账面价值的，企业应将该固定资产的账面价值减记至可收回金额，同时确认为资产减值损失，计提固定资产减值准备。

固定资产减值损失一经确认，在以后会计期间不得转回。

计提固定资产减值准备的会计分录:

借: 资产减值损失

贷: 固定资产减值准备

典型案例

案例4-26: 2013年12月31日，丁公司的某生产线存在可能发生减值的迹象。经计算，该生产线的可收回金额合计为1 230 000元，账面价值为1 400 000元，以前年度未对该生产线计提过减值准备。

由于该生产线的可收回金额1 230 000元低于账面价值1 400 000元，应按两者之间的差额170 000 (1 400 000-1 230 000) 元计提固定资产减值准备。丁公司应作如下会计处理:

借: 资产减值损失——计提的固定资产减值准备 170 000

贷: 固定资产减值准备 170 000

五、固定资产的处置

企业在生产经营过程中，可能将未使用或不需用的固定资产对外出售转让，或因磨损、技术进步等原因对固定资产进行报废，或因遭受自然灾害而对毁损的固定资产进行处理。对于上述事项在进行会计核算时，应按规定程序办理有关手续，结转固定资产的账面价值，计算有关的清理收入、清理费用及残料价值等。

固定资产处置包括固定资产的出售、报废、毁损、对外投资、非货币性资产交换、债务重组等。企业出售、报废或者毁损的固定资产通过“固定资产清理”科目核算，具体包括以下几个环节:

(1) 固定资产转入清理。企业因出售、报废、毁损、对外投资、非货币性资产交换、债务重组等转出的固定资产，按该项固定资产的账面价值，借记“固定资产清理”科目，按已计提的累计折旧，借记“累计折旧”，按已计提的减值准备，借记“固定资产减值准备”，按其账面原值，贷记“固定资产”科目。

(2) 发生的清理费用等。固定资产清理过程中应支付的相关税费及其他费用，借记“固定资产清理”科目，贷记“银行存款”、“应交税费——应交营业税”等科目。

(3) 收回出售固定资产的价款、残料价值和变价收入等，借记“银行存款”、“原材料”等科目，贷记“固定资产清理”科目。

（4）保险赔偿等的处理。应由保险公司或过失人赔偿的损失，借记“其他应收款”等科目，贷记“固定资产清理”科目。

（5）清理净损益的处理。固定资产清理完成后，属于生产经营期间正常的处理损失，借记“营业外支出——处置非流动资产损失”科目，贷记“固定资产清理”科目；属于自然灾害等正常原因造成的损失，借记“营业外支出——非常损失”科目，贷记“固定资产清理”科目，如为贷方余额，借记“固定资产清理”科目，贷记“营业外收入”科目。

典型案例

（一）将固定资产转入清理

案例4－27：乙公司现有一台设备由于性能等原因决定提前报废，原价为500 000元，已计提折旧450 000元，未计提减值准备。

借：固定资产清理　　50 000
　　累计折旧　　450 000
　　贷：固定资产　　500 000

（二）固定资产清理过程中，收回残值变价收入

案例4－28：承例4－27，报废时的残值变价收入为20 000元。

借：银行存款　　20 000
　　贷：固定资产清理　　20 000

（三）固定资产清理过程中，发生清理费用

案例4－29：承例4－28，报废清理过程中发生清理费用3 500元。

借：固定资产清理　　3 500
　　贷：银行存款　　3 500

（四）结转报废固定资产发生的净损失

案例4－30：承例4－29，结转上述固定资产处置净损益。

借：营业外支出——非流动资产处置损失　　33 500
　　贷：固定资产清理　　33 500

情境演练4－2

东方公司为增值税一般纳税人，增值税税率17%。2014年，东方公司发生与固定资产相关的如下经济业务：

业务1：2014年1月5日，购入一台不需要安装的生产用设备，取得的增值税专用发票上注明价款200 000元，增值税进项税额34 000元，款项已用银行存款支付。设备直接交付车间使用。

业务2：2014年2月28日，根据本月固定资产折旧计算表，计提该项设备折旧（该设备预计可使用年限为5年，预计净残值10 000元，采用双倍余额递减法计提折旧）。

业务3：2014 年7月5日，公司停止对该设备的使用，对其进行改良，将其转入在建工程。

业务4：2014 年7月10日，在对该设备进行改良的过程中，替换了某个部件。新部件价值20 000 元，被替换的旧部件账面价值为8 000元（假设该旧部件已不具有使用价值和转让价值）。

业务5：2014 年8月31日，该设备改良完成，达到预定可使用状态，交付车间使用。预计可使用年限5年，预计净残值22 000 元，采用年限平均法计提折旧。

业务6：2014 年9月30日，根据固定资产折旧计算表，计提该设备折旧费。

业务7：2014 年11月5日，对该设备进行修理，以银行存款支付修理费1 000 元。

业务8：2014 年12月31日，公司转让该设备，取得转让收入150 000元，转让过程中支付清理费用1 000 元，相关款项已用银行存款收付。

要求：（1）查找资料，了解上述业务完成的过程以及涉及的部门；

（2）确认上述业务发生或完成时应取得的单据；

（3）编制上述业务的会计分录。

知识拓展

一、业务流程

固定资产的采购流程、计提折旧流程分别如图4－1、图4－2所示。

二、内部管理制度

（一）固定资产会计岗位职责

固定资产会计岗位职责简述如下：

1. 按制度规定，结合企业固定资产的配置情况，会同有关职能部门，制定固定资产目录。

2. 依照制度规定，设置固定资产登记簿，组织填制固定资产卡片，按固定资产类别、使用部门和每项固定资产进行明细核算。

3. 根据国家统一规定，按取得固定资产的不同来源，正确计算和确定固定资产的原始价值，及时计价入账。

4. 会同有关职能部门完善固定资产管理的基础工作，建立严格的固定资产明细核算凭证传递手续，加强固定资产增减的日常核算与监督。

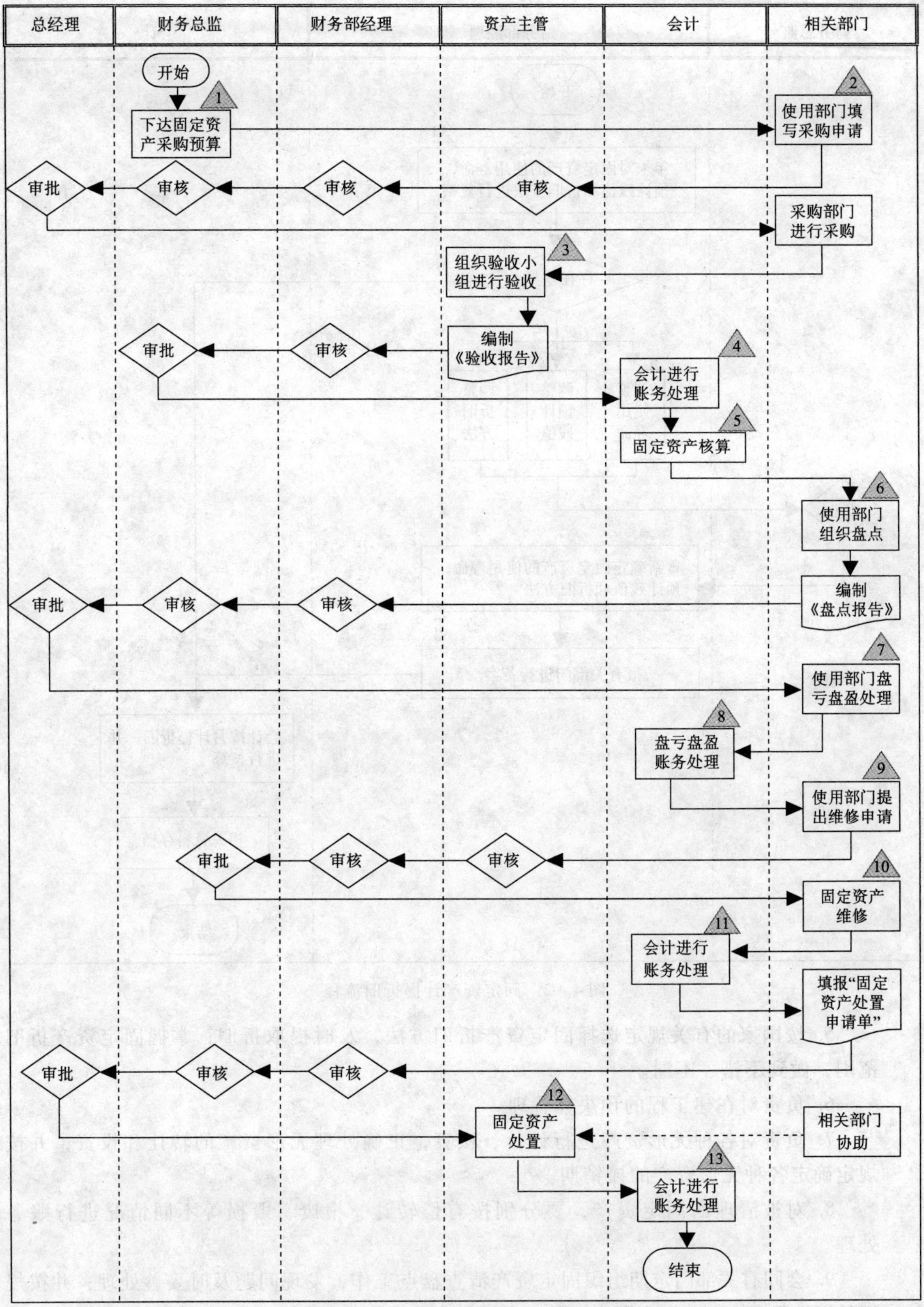

图 4－1　固定资产采购及后续相关流程

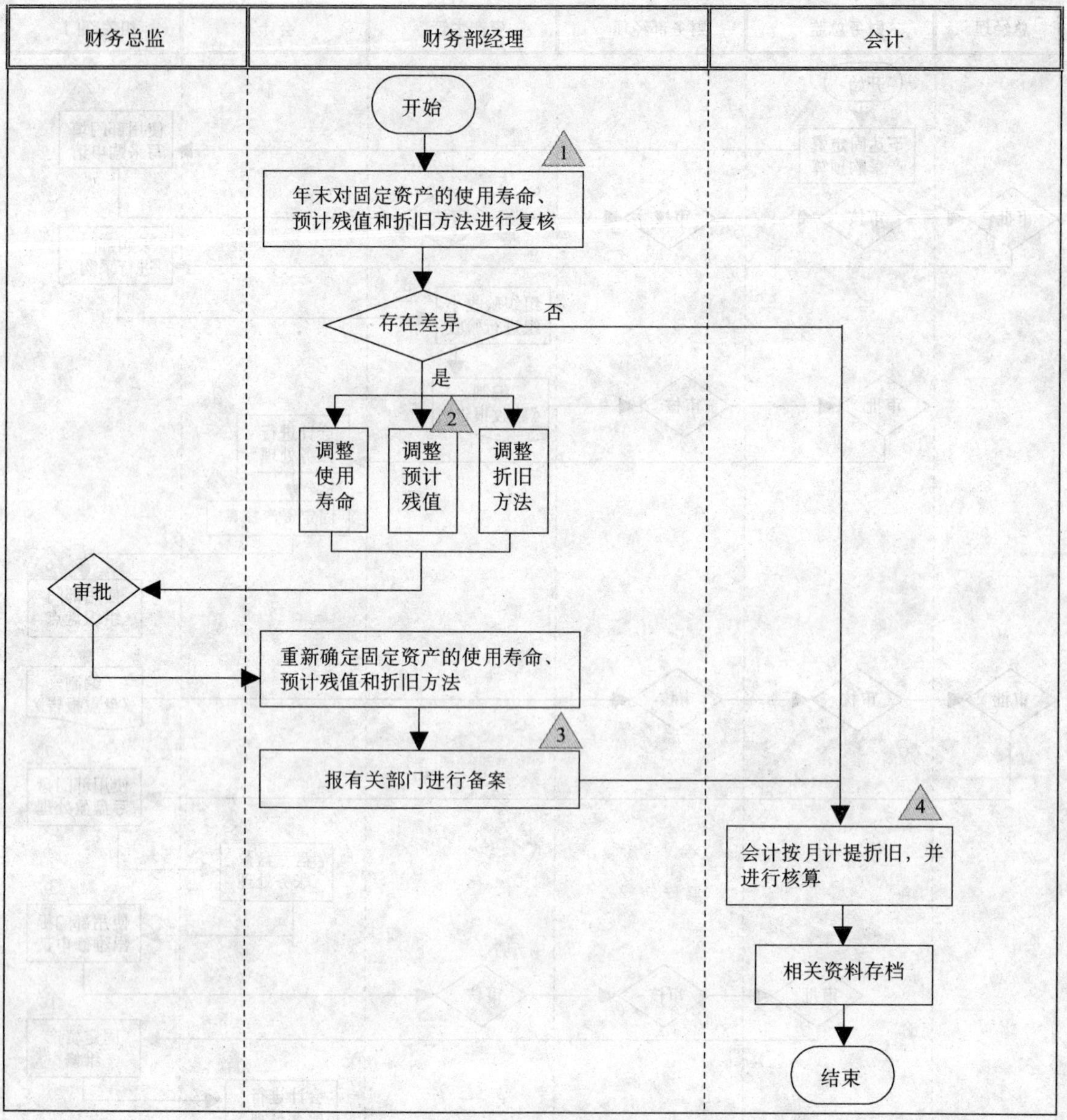

图 4－2 固定资产计提折旧流程

5. 按国家的有关规定选择固定资产折旧方法，及时提取折旧；掌握固定资产折旧范围，做到不错、不漏。

6. 负责对在建工程的预决算管理。

7. 负责对各种无形资产进行计价、核算，正确处理无形资产的转让和投资，并按规定确定各种无形资产的摊销期。

8. 对被清理的固定资产，要分别按有偿转让、报废、毁损等不同情况进行账务处理。

9. 会同有关部门定期组织固定资产清查盘点工作，发现问题及时妥善处理；并按规定的报批程序，办理固定资产盘盈、盘亏的审批手续，经批准后办理转销的账务处理。

10. 经常了解主要固定资产的使用情况，运用有关核算资料分析固定资产的利用效果，改善固定资产的管理工作，并向企业提供有价值的会计信息或建议。

（二）固定资产会计岗位的内部控制制度

1. 职务分离控制。企业应当建立固定资产业务的岗位责任制，明确相关部门和岗位的职责、权限，确保办理固定资产业务的不相容岗位相互分离、制约和监督。同一部门或个人不得办理固定资产业务的全过程。

固定资产业务需要加以分离的不相容职务主要有：

（1）固定资产使用与资产采购、单位内部建筑或建设部门人员的职务相分离；

（2）固定资产请购或建造审批与请购或建造提出人员的职务相分离；

（3）固定资产预算的复核审批与资本预算编制人员的职务相分离；

（4）固定资产验收与采购或承建、款项支付人员的职务相分离；

（5）固定资产使用或保管与资产记录人员的职务相分离；

（6）固定资产盘查应保证有独立于使用、保管及进行账务记录的人员来进行；

（7）固定资产报废审批与资产报废通知单编制人员的职务相分离。

2. 固定资产的预算制度。企业根据固定资产的使用情况、生产经营发展目标等因素拟定固定资产投资项目，对项目可行性进行研究、分析，编制固定资产投资预算，并按规定程序审批，确保固定资产投资决策科学合理。

对于重大的固定资产投资项目，可组织独立的第三方进行可行性研究与评价，并由企业实行集体决策和审批，防止出现决策失误而造成严重损失。

3. 授权批准制度。企业应当对固定资产业务建立严格的授权批准制度，明确授权批准的方式、权限、程序、责任和相关控制措施，规定经办人的职责范围和工作要求。严禁未经授权的机构或人员办理固定资产业务。

审批人应当根据固定资产业务授权批准制度的规定，在授权范围内进行审批，不得超越审批权限。

经办人在职责范围内，按照审批人的批准意见办理固定资产业务。对于审批人超越授权范围审批的固定资产业务，经办人员有权拒绝办理，并及时向上级部门报告。

4. 固定资产使用制度。企业应加强固定资产的日常管理工作，授权具体部门或人员负责固定资产的日常使用与维修管理，保证固定资产的安全与完整。

固定资产的移动应当得到授权。

企业应依据国家有关规定，结合企业实际，确定计提折旧的固定资产范围、折旧方法、折旧年限、净残值率等折旧政策，并制定和实施固定资产目录制度。

折旧政策一经确定，除符合国家统一的会计制度规定的情况以外，未经批准，不得随意变更。

5. 职责分工制度。对固定资产的取得、记录、保管、使用、维修、处置等，均应明确划分责任，由专门部门和专人负责。明确的职责分工制度，有利于防止舞弊。

6. 固定资产的处置制度。企业应当建立固定资产处置的相关制度，确定固定资产处置的范围、标准、程序和审批权限等相关内容，确保固定资产的合理利用。固定资产的处置，包括投资转出、报废、出售等，均要有一定的申请报批程序。

7. 固定资产的定期盘点制度。单位应建立并严格执行固定资产盘点制度，注意查询盘盈、盘亏固定资产的处理情况。

8. 固定资产的维护保养制度。固定资产应有严密的维护保养制度，以防止其因各种自然和人为的因素而遭受损失，并应建立日常维护和定期检修制度，以延长其使用寿命。

9. 固定资产的保险制度。固定资产在单位的生产和经营中占有重要的地位，一般具有数量少、价值高的特点，固定资产的失窃、意外毁损等原因必然会给单位带来重大的损失，由于自然灾害和意外事故的偶然性因素的不可控性，单位应建立固定资产的保险制度。由专门的部门和人员负责固定资产的投保事项，以避免不必要的损失。

情境演练参考答案

情境演练4－1：

业务1：2010年1月5日：

借：工程物资	234 000
贷：银行存款	234 000

业务2：2010年1月8日：

借：在建工程	234 000
贷：工程物资	234 000

业务3：2010年1月20日：

借：在建工程	25 100	
贷：库存商品		20 000
应交税费——应交增值税（销项税额）		5 100

业务4：2010年1月21日：

借：在建工程	11 700	
贷：原材料		10 000
应交税费——应交增值税（进项税额转出）		1 700

业务5：2010年3月31日：

借：在建工程	29 200	
贷：应付职工薪酬		20 000
银行存款		9 200

业务6：2010年3月31日：

借：固定资产	300 000
贷：在建工程	300 000

业务7：2010年4月30日，计提本月仓库折旧［(300 000－12 000)÷20÷12］：

借：管理费用	1 200
贷：累计折旧	1 200

业务8：2014年12月31日：

借：固定资产清理	231 600

累计折旧 68 400

贷：固定资产 300 000

借：原材料 50 000

贷：固定资产清理 50 000

借：固定资产清理 20 000

贷：银行存款 20 000

借：其他应收款 70 000

贷：固定资产清理 70 000

借：营业外支出 131 600

贷：固定资产清理 131 600

情境演练4－2：

业务1：2014年1月5日：

借：固定资产 200 000

应交税费——应交增值税（进项税额） 34 000

贷：银行存款 234 000

业务2：2014年2月28日（以后各月计提折旧账务处理同样，暂略）。

借：制造费用 6 666.7

贷：累计折旧 6 666.7

业务3：2014年7月5日：

借：在建工程 160 000

累计折旧 40 000

贷：固定资产 200 000

业务4：2014年7月10日：

借：在建工程 20 000

贷：工程物资 20 000

借：营业外支出 8 000

贷：在建工程 8 000

业务5：2014年8月31日：

借：固定资产 172 000

贷：在建工程 172 000

业务6：2014年9月30日（以后各月计提折旧账务处理同样，暂略）。

借：制造费用 2 500

贷：累计折旧 2 500

业务7：2014年11月5日：

借：管理费用 1 000

贷：银行存款 1 000

业务8：2014年12月31日：

借：固定资产清理 162 000

累计折旧　　10 000
　　贷：固定资产　　172 000
借：银行存款　　150 000
　　贷：固定资产清理　　150 000
借：固定资产清理　　1 000
　　贷：银行存款　　1 000
借：营业外支出　　13 000
　　贷：固定资产清理　　13 000

5 学习情境五 无形资产与其他资产的核算

情境学习目标

- 能正确掌握无形资产的特征；
- 能充分了解无形资产和其他资产核算的内容；
- 能正确编制和审核无形资产和其他资产业务的会计凭证；
- 能完成无形资产和其他资产总账、明细账的建立；
- 能完成无形资产和其他资产账簿的登记；
- 能了解无形资产和其他资产账务处理结果提供的会计信息。

情境关键术语

无形资产、其他资产、无形资产和其他资产主要包括的内容

情境有关参考资料

- 《企业会计准则第6号——无形资产》
- 《企业会计准则讲解》
- 《初级会计实务——2014年度全国会计专业技术资格考试辅导教材》

学习子情境一 无形资产的核算

☞ 科目设置

为了核算无形资产的取得、摊销和处置等情况，企业应当设置“无形资产”、“累计摊销”等科目。此外，企业无形资产发生减值的，还应当设置“无形资产减值准备”科目进行核算。

“无形资产”账户属于资产类科目，核算企业持有的无形资产成本，借方登记取得无形资产的成本，贷方登记出售无形资产转出的无形资产账面余额，期末借方余额，反映企业无形资产的成本。本账户应按无形资产项目设置明细账，进行明细核算。

“累计摊销”账户属于资产类科目，是“无形资产”的备抵调整账户，核算企业对使用寿命有限的无形资产计提的累计摊销额，贷方登记企业计提的无形资产摊销额，借方登记处置无形资产转出的累计摊销额，期末贷方余额，反映企业无形资产的累计摊销额。本账户应按无形资产项目设置明细账，进行明细核算。

“无形资产减值准备”账户属于资产类科目，是“无形资产”的调整账户，核算无形资产的减值准备，贷方登记计提的无形资产减值准备，借方登记结转的减值准备，期末贷方余额，反映企业已计提但尚未转销的无形资产减值准备。本账户应按无形资产项目设置明细账，进行明细核算。

核算内容

一、无形资产的概念和特征

（一）无形资产的概念

无形资产是指企业拥有或控制的没有实物形态的可辨认非货币性资产。

（二）无形资产的特征

相对于其他资产，无形资产具有以下特征：

1. 无形资产不具有实物形态。无形资产通常表现为某种权利、某项技术或是某种获取超额利润的综合能力，它们不具有实物形态，例如土地使用权、非专利技术等。

某些无形资产的存在有赖于实物载体。例如，计算机软件需要存储在磁盘中。但这并不改变无形资产本身不具实物形态的特性。

在确定一项包含无形和有形要素的资产是属于固定资产还是属于无形资产时，需要通过判断来加以确定，通常以哪个要素更重要作为判断的依据。

2. 无形资产具有可辨认性。符合以下条件之一的，则认为其具有可辨认性：

（1）能够从企业中分离或者划分出来，并能单独用于出售或转让等，而不需要同时处置在同一获利活动中的其他资产，表明无形资产可以辨认。

（2）产生于合同性权利或其他法定权利，无论这些权利是否可以从企业或其他权利和义务中转移或者分离。如一方通过与另一方签订特许权合同而获得的特许使用权，通过法律程序申请获得的商标权、专利权等。

3. 无形资产属于非货币性资产。非货币性资产是指企业持有的货币资金和将以固定或可确定的金额收取的资产以外的其他资产。无形资产由于没有发达的交易市场，一般不容易转化成现金，在持有过程中为企业带来未来经济利益的情况不确定，不属于以固定或可确定的金额收取的资产，属于非货币性资产。

二、无形资产主要包括的内容

1. 专利权。专利权，是指国家专利主管机关依法授予发明创造专利申请人，对其发明创造在法定期限内所享有的专有权利，包括发明专利权、实用新型专利权和外观设计专利权。

2. 非专利技术。非专利技术，也称专有技术，是指不为外界所知、在生产经营活动中已采用了的、不享有法律保护的、可以带来经济效益的各种技术和诀窍。非专利技术一般包括工业专有技术、商业贸易专有技术、管理专有技术等。

3. 商标权。商标是指用来辨认特定的商品或劳务的标记。商标权是指专门在某类指定的商品或产品上使用特定的名称或图案的权利。

4. 著作权。著作权，又称版权，指作者对其创作的文学、科学和艺术作品依法享有的某些特殊权利。著作权包括作品署名权、发表权、修改权和保护作品完整权，还包括复制权、发行权、出租权、展览权、表演权、放映权、广播权、信息网络传播权、摄制权、改编权、翻译权、汇编权以及应当由著作权人享有的其他权利。

5. 特许权。特许权，又称经营特许权、专营权，指企业在某一地区经营或销售某种特定商品的权利或是一家企业接受另一家企业使用其商标、商号、技术秘密等的权利。通常有两种形式，一种是由政府机构授权，准许企业使用或在一定地区享有经营某种业务的特权，如水、电、邮电通信等专营权、烟草专卖权等；另一种指企业间依照签订的合同，有限期或无限期使用另一家企业的某些权利，如连锁店分店使用总店的名称等。

6. 土地使用权。土地使用权，指国家准许某企业在一定期间内对国有土地享有开发、利用、经营的权利。根据我国《土地管理法》的规定，我国土地实行公有制，任何单位和个人不得侵占、买卖或者以其他形式非法转让。企业取得土地使用权的方式大致有以下几种：行政划拨取得、外购取得及投资者投资取得。

三、无形资产的确认和计量

无形资产需同时满足以下条件时才能予以确认：

1. 与该无形资产有关的经济利益很可能流入企业。如果该无形资产的相关经济利益很可能流入企业，并同时满足无形资产确认的其他条件，那么，企业应将其确认为无形资产。例如，企业外购一项专利权，从而拥有法定所有权，使得企业的相关权利受到法律的保护，此时，表明企业能够控制该项无形资产所产生的经济利益。

2. 该无形资产的成本能够可靠地计量。成本能够可靠计量，是资产确认的一项基本条件。对于无形资产而言，这个条件显得十分重要。例如，一些高科技领域的高科技人才，假定其与企业签订了服务合同，且合同规定其在一定期间内不能为其他企业提供服务。在这种情况下，虽然这些高科技人才的知识在规定的期限内预期能够为企业创造经济利益，但由于这些高科技人才的知识难以准确或合理辨认，加之为形成这些知识所发生的支出难以计量，因此不能作为企业的无形资产加以确认。

在确定无形资产入账金额时，企业应当根据无形资产的取得方式作为计量的基础：

（1）外购的无形资产：其成本包括购买价款、相关税费以及直接归属于使该项资产达到预定用途前所发生的其他支出。外购无形资产的会计处理应为：借记“无形资产”，贷记“银行存款”等。

（2）企业自行研究开发的无形资产：其成本包括自满足资本化条件的时点起至无形资产达到预定用途前所发生的可直接归属于该无形资产的创造、生产并使该资产能够以管理层预定的方式运作的必要支出总和。

企业内部研究开发项目所发生的支出应区分研究阶段支出和开发阶段支出。企业自行开发无形资产发生的研发支出，不满足资本化条件的，借记“研发支出——费用化支出”科目，满足资本化条件的，借记“研发支出——资本化支出”科目，贷记“原材料”、“银行存款”、“应付无形资产和其他资产”等科目。研究阶段支出期（月）末由“研发支出——费用化支出”转入“管理费用”；开发阶段支出符合资本化条件的，先计入“研发支出——资本化支出”科目，达到预定用途形成无形资产时转入“无形资产”；不符合资本化条件的，应当由“研发支出——费用化支出”转入“管理费用”。

在确定无形资产的摊销金额时，企业应当于取得无形资产时分析判断其使用寿命。使用寿命有限的无形资产应进行摊销，使用寿命不确定的无形资产不应摊销而应在期末进行减值测试。使用寿命有限的无形资产，其残值应当视为零。企业应当按月对无形资产进行摊销。

对于使用寿命有限的无形资产应当自可供使用（即其达到预定用途）当月开始摊销，处置当月不再摊销。

无形资产的摊销方法包括直线法、生产总量法等。企业选择的无形资产的摊销方法，应当反映与该项无形资产有关的经济利益的预期实现方式。无法可靠确定预期实现方式的，应当采用直线法摊销。无形资产的摊销方法不同会导致摊销金额不同。

自用的无形资产摊销时，借记“管理费用”；出租的无形资产摊销时，借记“其他业务成本”，贷记“累计摊销”。无形资产的摊销一般应计入当期损益，但如果某项无形资产是专门用于生产某种产品的，其所包含的经济利益是通过转入到所生产的产品中体现的，无形资产的摊销费用应构成产品成本的一部分。

在确定无形资产的减值金额时，首先应判断无形资产在资产负债表日是否存在减值的迹象。存在可能发生减值的迹象时，其可收回金额低于账面价值的，企业应当将该无形资产的账面价值减记至可收回金额，减记的金额确认为减值损失，计入当期损益，借记“资产减值损失”，同时计提相应的资产减值准备，贷记“无形资产减值准备”。无形资产价值损失一经确认，在以后期间不得转回。

对于无形资产的处置，企业将无形资产出售，表明企业放弃无形资产的所有权。出售无形资产时，应按实际收到的金额，借记“银行存款”等科目；按已摊销的累计摊销额，借记“累计摊销”科目；原已计提减值准备的，借记“无形资产减值准备”科目；按应支付的相关税费，贷记“应交税费”等科目；按其账面余额，贷记“无形资产”科目，按其差额，贷记“营业外收入——处置非流动资产利得”科目或借记“营业外支出——处置非流动资产损失”科目。

如果无形资产预期不能为企业带来未来经济利益，不再符合无形资产的定义，应将其转销。例如：无形资产已被其他新技术所替代，不能为企业带来经济利益；或者无形资产不再受到法律保护，且不能给企业带来经济利益等。

无形资产预期不能为企业带来经济利益的，应按已摊销的累计摊销额，借记“累计摊销”科目；原已计提减值准备的，借记“无形资产减值准备”科目；按其账面余额，贷记“无形资产”科目；按其差额，借记“营业外支出”科目。

典型案例

（一）外购无形资产

案例5－1：甲公司购入一项非专利技术，支付的买价和有关费用合计900 000元，以银行存款支付。甲公司应作如下会计处理：

借：无形资产　　900 000

　　贷：银行存款　　900 000

（二）自行研究开发无形资产

案例5－2：甲公司自行研究、开发一项技术，截至2013年12月31日，发生研究支出合计2 000 000元，经测试该项研发活动完成了研究阶段，从2014年1月1日开始进入开发阶段。2014年发生开发支出300 000元，假定符合《企业会计准则第6号——无形资产》规定的开发支出资本化的条件。2014年6月30日，该项研发活动结束，最终开发出一项非专利技术。

甲公司应作如下会计处理：

（1）2013年发生的研发支出：

借：研发支出——费用化支出　　2 000 000

　　贷：银行存款等　　2 000 000

（2）2013年12月31日，发生的研发支出全部属于研究阶段的支出：

借：管理费用　　2 000 000

贷：研发支出——费用化支出 2 000 000

(3) 2014 年，发生开发支出并满足资本化确认条件：

借：研发支出——资本化支出 300 000

贷：银行存款等 300 000

(4) 2014 年 6 月 30 日，该技术研发完成并形成无形资产：

借：无形资产 300 000

贷：研发支出——资本化支出 300 000

（三）无形资产的摊销

案例 5-3：甲公司购买了一项特许权，成本为 4 800 000 元，合同规定受益年限为 10 年，净残值为零。每月摊销时，甲公司应作如下会计处理：

甲公司每月应摊销 40 000（4 800 000 ÷ 10 ÷ 12）元。

借：管理费用 40 000

贷：累计摊销 40 000

案例 5-4：2013 年 1 月 1 日，甲公司将其自行研发完成的非专利技术出租给丁公司，该非专利技术成本为 3 600 000 元，净残值为零。双方约定的租赁期限为 10 年，甲公司每月应摊销 30 000 元。每月摊销时，甲公司应作如下会计处理：

借：其他业务成本 30 000

贷：累计摊销 30 000

（四）无形资产的减值

案例 5-5：2013 年 12 月 31 日，市场上以某项技术生产的产品销售势头较好，已对甲公司的产品的销售产生重大不利影响。甲公司外购的类似专利技术的账面价值为 800 000 元，剩余摊销年限为 4 年，经减值测试，该专利技术的可收回金额为 750 000 元。

借：资产减值损失——计提的无形资产减值准备 50 000

贷：无形资产减值准备 50 000

（五）无形资产的出售

案例 5-6：甲公司将其购买的一项专利权转让给乙公司，该专利权的成本为 600 000 元，已摊销 220 000 元，应交税费 25 000 元，实际取得的转让价款为 500 000 元，款项已经存入银行，甲公司应作如下会计处理：

借：银行存款 500 000

累计摊销 220 000

贷：无形资产 600 000

应交税费——应交营业税 25 000

营业外收入——非流动资产处置利得 95 000

（六）无形资产的转销

案例 5-7：甲企业的某项专利技术，其账面余额为 6 000 000 元，摊销期限为10年，采用直线法进行摊销，已摊销了5年，假定该项专利权的残值为0，计提的减值准备为1 600 000元，今年用其生产的产品没有市场，应予转销。假定不考虑其他相关因素，其账务处理如下：

借：累计摊销	3 000 000	
无形资产减值准备	1 600 000	
营业外支出——处置无形资产损失	1 400 000	
贷：无形资产——专利权		6 000 000

情境演练5－1

长江公司2011年1月设立，主营机电产品的制造、销售。2013年4月~2014年1月有关无形资产的业务如下：

业务1：2013年1月1日，长江公司从甲公司购入一项非专利技术，买价95 000元，相关税费合计5 000元，预计可使用年限为5年，款项转账支付。

业务2：2013年1月至12月，按照直线法摊销该项专利技术。

业务3：2013年12月31日，该项专利技术同类市场的销售价格为65 000元，经测试，该项无形资产发生减值。

业务4：2014年1月出售该项无形资产，售价60 000元，按5%交纳营业税，款项收存银行。

要求：（1）查找资料，了解上述业务完成的过程以及涉及的部门；

（2）确认上述业务发生或完成时应取得的单据；

（3）编制上述业务的会计分录。

学习子情境二
其他资产的核算

☞ 科目设置

为核算以经营租赁方式租入的固定资产发生的改良支出需要设置“长期待摊费用”科目。“长期待摊费用”科目属于资产类科目，核算企业以经营租赁方式租入的固定资产发生的改良支出，借方登记发生的改良支出，贷方登记摊销的改良支出，期末借方余额，反映企业尚未摊销完毕的改良支出。本账户应按经营租赁固定资产具体改良项目设置明细账，进行明细核算。

核算内容

其他资产是指除货币资金、交易性金融资产、应收及预付款项、存货、长期股权投资、固定资产、无形资产等以外的资产，如长期待摊费用等。长期待摊费用是指企业已经发生但由本期和以后各期负担的分摊期限在一年以上的各项费用，如以经营租赁方式租入的固定资产发生的改良支出等。本教材将以经营租赁方式租入的固定资产发生的改良支出为例介绍长期待摊费用的核算。

典型案例

以经营租赁方式租入的固定资产发生的改良支出为例。

案例5-8：2013年4月1日，丙公司对其以经营方式新租入的办公楼进行装修，发生以下有关支出：领用生产用材料500 000元，购进该批原材料时支付的增值税进项税额为85 000元；辅助生产车间为该装修工程提供的劳务支出为180 000元；有关人员工资等职工薪酬435 000元。2013年12月1日，该办公楼装修完工，达到预定可使用状态并交付使用，并按租赁期10年采用直线法进行摊销。假定不考虑其他因素，丙公司应作如下会计处理：

(1) 装修领用原材料时：

借：长期待摊费用——经营租赁固定资产装修　585 000
　贷：原材料　500 000
　　应交税费——应交增值税（进项税额转出）　85 000

(2) 辅助生产车间为装修工程提供劳务时：

借：长期待摊费用——经营租赁固定资产装修　180 000
　贷：生产成本——辅助生产成本　180 000

(3) 确认工程人员无形资产和其他资产时：

借：长期待摊费用——经营租赁固定资产装修　435 000
　贷：应付职工薪酬　435 000

(4) 每月摊销装修支出时：

借：管理费用　10 000
　贷：长期待摊费用——经营租赁固定资产装修　10 000

情境演练5-2

黄河公司2013年1月设立，主营电饭煲和饮水机的制造、销售。2014年1月1日，公司对其以经营方式新租入的办公楼进行装修，发生以下有关支出：领用生产用材料300 000元，购进该批原材料时支付的增值税进项税额为 51 000 元；辅助生产车间为该装修工程提供的劳务支出为 150 000 元；有关人员工资等 96 000 元。2014 年 4 月 1 日，该办公楼装修完工，达到预定可使用状态并交付使用，并按租赁期 10 年采用直线法进行摊销。

要求：（1）查找资料，了解上述业务完成的过程以及涉及的部门；

（2）确认上述业务发生或完成时应取得的单据；

（3）编制上述业务的会计分录。

知识拓展

一、业务流程

以外购无形资产为例：企业购入无形资产业务流程一般如图 5－1 所示：

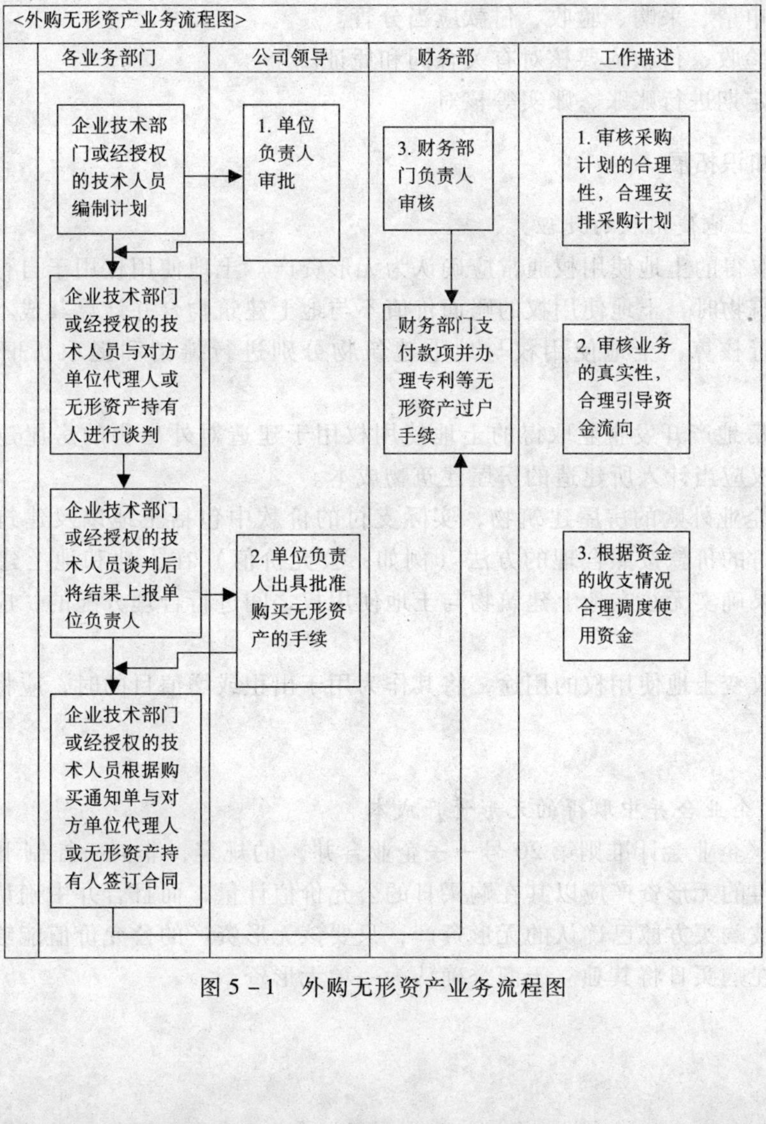

图 5－1　外购无形资产业务流程图

1. 企业技术部门或经授权的技术人员编制计划，交单位负责人审批。

2. 审批后，企业技术部门或经授权的技术人员与对方单位代理人或无形资产持有人进行谈判。

3. 谈判后，将结果上报单位负责人。

4. 单位负责人出具批准购买无形资产的手续，并编制购买通知单一式三份。

5. 企业技术部门或经授权的技术人员根据购买通知单与对方单位代理人或无形资产持有人签订合同。

6. 企业技术部门或经授权的技术人员部门将合同副本、购买通知单交财会部门留存，作为购入付款结算的依据，然后支付款项并办理专利等无形资产过户手续。

取得土地使用权时，企业应向土地管理部门提出申请，获批后办理土地使用权证书。

二、内部控制

企业应当充分预计无形资产的风险并加强对无形资产的控制。以无形资产购入业务流程控制为例，其内控要点为：

（1）申请、采购、验收、付款应当分管。

（2）验收、付款均要核对有关合同和凭证。

（3）定期进行账账、账实等核对。

三、其他有关知识拓展

（一）土地使用权的处理

企业取得的土地使用权通常应确认为无形资产。土地使用权用于自行开发建造厂房等地上建筑物时，土地使用权的账面价值不与地上建筑物合并计算其成本，而仍作为无形资产进行核算，土地使用权与地上建筑物分别进行摊销和提取折旧。但下列情况除外：

（1）房地产开发企业取得的土地使用权用于建造对外出售的房屋建筑物，相关的土地使用权应当计入所建造的房屋建筑物成本。

（2）企业外购的房屋建筑物，实际支付的价款中包括土地以及建筑物的价值，则应当对支付的价款按照合理的方法（例如：公允价值）在土地和地上建筑物之间进行分配；如果确实无法在地上建筑物与土地使用权之间进行合理分配的，应当全部作为固定资产核算。

企业改变土地使用权的用途，将其作为用于出租或增值目的时，应将其转为投资性房地产。

（二）企业合并中取得的无形资产成本

按照《企业会计准则第20号——企业合并》的规定，非同一控制下的企业合并中购买方取得的无形资产应以其在购买日的公允价值计量，而且合并中确认的无形资产并不仅限于被购买方原已确认的无形资产，只要该无形资产的公允价值能够可靠计量，购买方就应在购买日将其独立于商誉确认为一项无形资产。

1. 企业合并中取得的无形资产，其公允价值能够可靠计量的，应单独确认为无形资产。公允价值的取得一般有以下途径：

（1）活跃市场中的市场报价，该报价提供了无形资产公允价值的最可靠的估计。

恰当的市场价格一般是现行出价。无法获得现行出价的情况下，如果类似交易的最近交易日和资产公允价值估计日之间的经济情况没有发生重大变化，则可以类似交易的近似价格为基础来估计公允价值。

（2）如果无形资产不存在活跃市场，则其公允价值应按照购买日从购买方可获得信息为基础，在熟悉情况并自愿的当事人之间进行的公平交易中，为取得该资产所支付的金额，如对无形资产预计产生的未来现金流量进行折现等。

2. 企业合并中取得的无形资产本身可能是可以单独辨认的，但其计量或处置与有形的或无形的资产一并作价，如天然矿泉水的商标可能与特定的泉眼有关，所以不能独立于该泉眼出售。在这种情况下，如果该无形资产及与其相关的资产各自的公允价不能可靠计量，则应将该资产组合（即将无形资产与其相关的有形资产一并）独立于商誉确认为一项资产。

（三）估计无形资产使用寿命应考虑的因素

无形资产的后续计量是以其使用寿命为基础的。无形资产的使用寿命包括法定寿命和经济寿命两个方面，有些无形资产的使用寿命受法律、规章或合同的限制，称为法定寿命。如我国法律规定发明专利权的有效期为20年，商标权的有效期为10年。有些无形资产如永久性特许经营权、非专利技术等的寿命则不受法律或合同的限制。经济寿命是指无形资产可以为企业带来经济利益的年限。由于受技术进步、市场竞争等因素的影响，无形资产的经济寿命往往短于法定寿命，因此，在估计无形资产的使用寿命时，应当综合考虑各方面相关因素的影响，合理确定无形资产的使用寿命。

确定无形资产的经济使用寿命，通常应考虑以下因素：该资产通常的产品寿命周期，以及可获得的类似资产使用寿命的信息；技术、工艺等方面的现实情况及对未来发展的估计；以该资产生产的产品或服务的市场需求情况；现在或潜在的竞争者预期采取的行动；为维持该资产产生未来经济利益的能力预期的维护支出及企业预计支付有关支出的能力；对该资产的控制期限，对该资产使用的法律或类似限制，如特许使用期间、租赁期间等；与企业持有的其他资产使用寿命的关联性等。

（四）无形资产使用寿命的确定

源自合同性权利或其他法定权利取得的无形资产，其使用寿命不应超过合同性权利或其他法定权利的期限。例如，企业以支付土地出让金方式取得一块土地的使用权，如果企业准备持续持有，在50年期间内没有计划出售，该块土地使用权预期为企业带来未来经济利益的期间为50年。如果合同性权利或其他法定权利能够在到期时因续约等延续，当有证据表明企业续约不需要付出重大成本时，续约期才能够包括在使用寿命的估计中。下列情况一般说明企业无须付出重大成本即可延续合同性权利或其他法定权利：有证据表明合同性权利或法定权利将被重新延续，如果在延续之前需要第三方同意，则还需有第三方将会同意的证据；有证据表明为获得重新延续所必需的所有条件相对于企业的未来经济利益不具有重要性。如果企业在延续无形资产持有期间时付出的成本与预期流入企业的未来经济利益相比具有重要性，本质上来看是企业获得了一项新的无形资产。

没有明确的合同或法律规定的无形资产，企业应当综合各方面情况，如聘请相关专家进行论证或与同行业的情况进行比较以及结合企业的历史经验等，来确定无形资产为企业带来未来经济利益的期限，如果经过这些努力确实无法合理确定无形资产为企业带来经济利益的期限，再将其作为使用寿命不确定的无形资产。例如，企业通过公开拍卖取得一项出租车运营许可，按照所在地规定，以现有出租运营许可为限，不再授予新的运营许可，而且在旧的出租车报废以后，其运营许可可用于新的出租车。企业估计在有限的未来，其将持续经营出租车行业。对于该运营许可，其为企业带来未来经济利益的期限从目前情况看无法可靠估计，应视为使用寿命不确定的无形资产。

（五）无形资产使用寿命的复核

企业至少应当于每年年度终了，对无形资产的使用寿命进行复核，如果有证据表明无形资产的使用寿命不同于以前的估计，由于合同的续约或无形资产应用条件的改善，延长了无形资产的使用寿命，对于使用寿命有限的无形资产应改变其摊销年限，并按照《企业会计准则第 28 号——会计政策、会计估计变更和差错更正》进行处理。

对于使用寿命不确定的无形资产，如果有证据表明其使用寿命是有限的，应当按照《企业会计准则第 28 号——会计政策、会计估计变更和差错更正》进行处理，并按照无形资产准则中关于使用寿命有限的无形资产的处理原则进行处理。

情境演练参考答案

情境演练 5-1：

业务 1：2013 年 1 月 1 日：

借：无形资产	100 000	
贷：银行存款		100 000

业务 2：2013 年 1 月至 12 月，每月月末：

借：管理费用	1 666.7	
贷：累计摊销		1 666.7

业务 3：2013 年 12 月 31 日：

借：资产减值损失	15 000	
贷：无形资产减值准备		15 000

业务 4：2014 年 1 月：

借：银行存款	60 000	
无形资产减值准备	15 000	
累计摊销	20 000	
营业外支出	8 000	
贷：无形资产		100 000

　　　　应交税费——应交营业税　　　　　　　　　　3 000

情境演练5－2：

业务1：装修领用原材料时：

借：长期待摊费用——经营租赁固定资产装修　　　　351 000

　　贷：原材料　　　　　　　　　　　　　　　　　300 000

　　　　应交税费——应交增值税（进项税额转出）　　51 000

业务2：辅助生产车间为装修工程提供劳务时：

借：长期待摊费用——经营租赁固定资产装修　　　　150 000

　　贷：生产成本——辅助生产成本　　　　　　　　150 000

业务3：确认有关人员工资时：

借：长期待摊费用——经营租赁固定资产装修　　　　96 000

　　贷：应付职工薪酬　　　　　　　　　　　　　　96 000

业务4：每月摊销装修支出时：

借：管理费用　　　　　　　　　　　　　　　　　　4 975

　　贷：长期待摊费用——经营租赁固定资产装修　　　4 975

6 学习情境六 对外投资的核算

情境学习目标

- 能充分理解交易性金融资产、长期股权投资的概念；
- 能正确识别和区分各项金融资产；
- 能正确编制和审核对外投资业务的会计凭证；
- 能完成交易性金融资产、长期股权投资及相关科目总账、明细账的建立；
- 能完成交易性金融资产、长期股权投资及相关科目账簿的登记；
- 能充分了解对外投资账务处理结果提供的会计信息。

情境关键术语

对外投资、交易性金融资产、长期股权投资

情境有关参考资料

- 《企业会计准则第2号——长期股权投资》、《企业会计准则第22号——金融工具确认与计量》
- 《企业会计准则讲解》
- 《初级会计实务——2014年度全国会计专业技术资格考试辅导教材》

学习子情境一
交易性金融资产的核算

科目设置

为完成有关交易性金融资产业务的核算工作，应设置“交易性金融资产”科目，该科目属于资产类科目，核算企业为交易目的而持有的债券投资、股票投资、基金投资等交易性金融资产的公允价值。本科目按交易性金融资产的类别和品种，分别设置“成本”、“公允价值变动”两个明细账。“成本”明细账核算交易性金融资产取得时的成本，“公允价值变动”明细账核算资产负债表日交易性金融资产的变动额。

企业还应当设置“公允价值变动损益”科目，该科目属于损益类科目，核算企业交易性金融资产因公允价值变动而产生的应计入当期损益的利得或损失。本科目按交易性金融资产、交易性金融负债、投资性房地产等进行明细核算。

核算内容

一、交易性金融资产的概念

金融资产是指企业在交易中取得的库存现金、应收账款、应收票据、贷款、其他应收款、应收股利、应收利息、债券投资、股权投资、基金投资、衍生金融资产等。企业应当结合自身业务的特点和风险管理的要求，将取得的金融资产在初始确认时分为以下几类：以公允价值计量且其变动计入当期损益的金融资产；持有至到期投资；贷款和应收款项；可供出售的金融资产。以公允价值计量且其变动计入当期损益的金融资产，可以进一步分为交易性金融资产和直接指定为以公允价值计量且其变动计入当期损益的金融资产。

交易性金融资产主要是指企业为了近期出售而持有的金融资产，例如企业以赚取差价为目的从二级市场购入的股票、债券、基金等。

二、交易性金融资产的确认

满足下列条件之一的金融资产，应当划分为交易性金融资产：

1. 取得该金融资产的目的，主要是为了近期内出售；

2. 属于进行集中管理的可辨认金融工具组合的一部分，且有客观证据表明企业近期采用短期获利方式对该组合进行管理。

3. 属于衍生工具。但被指定为有效套期工具的衍生工具、属于财务担保合同的衍生工具、与在活跃市场中没有报价且公允价值不能可靠计量的权益工具投资挂钩并须通过交付该权益工具结算的衍生工具除外。

交易性金融资产业务的主要内容包括：交易性金融资产取得的核算，持有交易性金融资产期间取得现金股利或利息的核算，交易性金融资产的期末计价以及交易性金融资产处置的核算。

三、主要业务账务处理

（一）交易性金融资产的取得

企业取得交易性金融资产，按其公允价值，借记“交易性金融资产（成本）”，按发生的交易费用，借记“投资收益”科目，按已到付息期但尚未领取的利息或已宣告但尚未发放的现金股利，借记“应收利息”或“应收股利”科目，按实际支付的金额，贷记“其他货币资金”科目。

（二）资产负债表日，交易性金融资产的公允价值变动

资产负债表日，交易性金融资产的公允价值高于其账面余额的差额，借记“交易性金融资产（公允价值变动）”，贷记“公允价值变动损益”科目；如果公允价值低于其账面余额，做相反的会计分录。

思考：因公允价值变动而产生的利得或损失，为何不计入“投资收益”账户，而计入“公允价值变动损益”账户？

分析：因公允价值变动而产生的利得或损失，是一项未实现的投资损益，而“投资收益”账户核算的是已实现的投资损益，只有当该项交易性金融资产出售时，未实现的投资损益，才转化为已实现的投资损益。因此，因公允价值变动而产生的利得或损失，应计入“公允价值变动损益”账户。

（三）持有期间取得现金股利、利息

交易性金融资产持有期间被投资单位宣告发放的现金股利，或在资产负债表日按分期付息、一次还本债券投资的票面利率计算的利息，借记“应收股利”或“应收利息”科目，贷记“投资收益”科目。

（四）出售交易性金融资产

出售交易性金融资产，应按实际收到的金额，借记“其他货币资金”科目，按该金融资产的账面余额，贷记“交易性金融资产”科目，按其差额，贷记或借记“投资收益”科目。同时，将原计入该金融资产的公允价值变动转出，借记或贷记“公允价

值变动损益”科目，贷记或借记“投资收益”科目。

典型案例

（一）取得交易性金融资产

案例 6-1：2012 年 12 月 4 日，吉峰农机公司从证券市场购入三鑫股份公司股票 1 000 股，买价为每股 12 元（含已宣告而未发放的现金股利每股 0.2 元），另付交易费用 200 元。吉峰农机公司将该股票划分为交易性金融资产。

该项交易性金融资产初始确认的金额应为：1 000 × 12 - 1 000 × 0.2 = 11 800（元）

借：交易性金融资产——三鑫公司（成本） 11 800
　　应收股利 200
　　投资收益 200
　　贷：其他货币资金 12 200

取得现金股利时，

借：银行存款 200
　　贷：应收股利 200

案例 6-2：2012 年 12 月 21 日，吉峰农机公司从证券市场购入四川路桥股份公司 2011 年 2 月 20 日发行的三年期一次还本付息债券，面值 50 000 元，票面利率 5%。买价 50 800 元，另付交易费用 600 元。吉峰农机公司将该债券划分为交易性金融资产。

该项交易性金融资产初始确认的金额应为：50 800 元

借：交易性金融资产——四川路桥（成本） 50 800
　　投资收益 600
　　贷：其他货币资金 51 400

（二）资产负债表日，交易性金融资产公允价值变动

案例 6-3：承例 6-1、例 6-2，2012 年 12 月 31 日，三鑫股份公司股票的市价为每股 12.5 元，四川路桥股份公司债券的市价为 50 500 元。

借：交易性金融资产——公允价值变动（三鑫公司股票） 700
　　贷：交易性金融资产——公允价值变动（路桥公司债券） 300
　　　　公允价值变动损益 400

（三）持有期间取得现金股利、利息

案例 6-4：承例 6-3，2013 年 2 月 20 日，三鑫股份公司宣告发放 2012 年下半年现金股利，每股 0.5 元，实际派发日为 2013 年 3 月 2 日。吉峰农机公司拥有三鑫公司股票 1 000 股。

2013 年 2 月 20 日，

借：应收股利　　500

　　贷：投资收益　　500

2013 年 3 月 2 日，

借：银行存款　　500

　　贷：应收股利　　500

（四）出售交易性金融资产

案例 6－5：2012 年 12 月 20 日，吉峰农机公司将持有的 2 000 股康佳股份公司股票的一半售出（吉峰公司将该股票划分为交易性金融资产）。售出前该股票的账面余额为 8 400 元（成本 8 000 元，公允价值变动 400 元）。售价 4 600 元，另付交易费用 100 元。

借：其他货币资金　　4 500

　　贷：交易性金融资产——成本　　4 000

　　　　　　　　　　——公允价值变动　　200

　　　　投资收益　　300

借：公允价值变动损益　　200

　　贷：投资收益　　200

情境演练 6－1

宏达公司 2010 年 1 月设立，主营机电产品的制造、销售。公司的交易性金融资产按公允价值计量，每年 6 月 30 日和 12 月 31 日核算公允价值变动损益。2012 年 4 月 ~2013 年 2 月有关交易性金融资产的业务如下：

业务 1：2012 年 4 月 8 日，宏达公司从证券市场购入三佳公司股票 2 000 股，买价为每股 4 元，另付交易费用 50 元。三佳公司已于 2012 年 4 月 5 日宣告发放现金股利，每股为 0.2 元。公司将该股票划分为交易性金融资产。

业务 2：2012 年 4 月 20 日，收到三佳公司派发的现金股利。

业务 3：2012 年 6 月 30 日，三佳公司股票市价为每股 6 元。2012 年 12 月 31 日，三佳公司股票市价为每股 4.8 元。

业务 4：2013 年 2 月 10 日，宏达公司将持有的三佳公司股票 500 股售出，卖价为每股 6.2 元，另付交易费用 20 元。

要求：（1）查找资料，了解上述业务完成的过程以及涉及的企业部门；

（2）确认上述业务发生或完成时应取得的单据；

（3）根据上述业务，填制记账凭证，并登记交易性金融资产有关总账及其所属明细并结账。

学习子情境二
长期股权投资的核算

☞ 科目设置

为完成有关长期股权投资业务的核算工作，应设置“长期股权投资”科目，该科目属于资产类科目，核算企业持有的对其子公司、合营企业及联营企业的权益性投资。长期股权投资采用权益法核算的，应当分别设置“成本”、“损益调整”、“其他权益变动”明细账。“成本”明细账核算长期股权投资的初始投资成本；“损益调整”明细账核算因被投资单位实现净损益而调整的长期股权投资账面价值；“其他权益变动”核算因被投资单位除实现净损益外所有者权益其他变动而调整的长期股权投资的账面价值。

核算内容

一、长期股权投资的概念

长期股权投资是指企业持有的对其子公司、合营企业及联营企业的权益性投资。

二、长期股权投资的三种类型

一是投资企业能够对被投资单位实施控制的权益性投资，即对子公司投资。

控制，是指有权决定一个企业的财务和经营政策，并能据以从该企业的经营活动中获取利益。

二是投资企业与其他合营方一同对被投资单位实施共同控制的权益性投资，即对合营企业投资。

共同控制，是指合营各方在对合营企业的重要财务和生产经营政策制定过程中，必须由合营各方均同意才能通过。

三是投资企业对被投资单位具有重大影响的权益性投资，即对联营企业投资。

重大影响，是指对一个企业的财务和经营政策有参与决策的权力，但并不能够控制或者与其他方一起共同控制这些政策的制定。实务中，重大影响通常体现为在被投资单位的董事会或类似权力机构中派有代表，通过在被投资单位生产经营决策制定过程中的发言权实施重大影响。

表 6－1　长期股权投资的不同类型

类　型	一般判断标准	企业关系	后续计量方法
控制	持股比例在50%以上	母子公司关系	成本法
共同控制	以合同、章程为基础	合营企业关系	权益法
重大影响	持股比例在20%（含）~50%（含）	联营企业关系	权益法

思考：

1. A公司持有B公司40%的有表决权资本，根据持股比例是否就能判断A公司和B公司是一种联营企业关系？

2. X公司持有T公司2%的有表决权资本，T公司股票在活跃市场有报价且公允价值能够可靠确定，X公司对T公司的投资应划分为何种资产？

解析：

1. 仅凭持股比例无法正确判断A公司和B公司的企业关系是否属于联营企业关系。若合同中约定A公司因持股40%而对B公司的生产经营活动和财务政策有重大影响，应判断为联营企业关系；若合同中约定，A公司对B公司的生产经营活动和财务政策有决策权（控制权），则A公司与B公司是一种母子公司关系；若合同中约定，A公司对B公司的生产经营活动和财务政策有共同决策权（控制权），则双方的关系为合营企业关系。

2. 根据持有的目的、时间和风险管理要求，X公司对T公司的投资可划分为交易性金融资产或可供出售的金融资产。若为交易目的而持有，且持有时间较短（一般不超过一年），应划分为交易性金融资产，否则应划分为可供出售金融资产。

三、成本法下长期股权投资的核算

（一）成本法的概述

1. 成本法的含义。成本法是指长期股权投资的账面价值除初始投资或追加投资外，一般不会因被投资单位所有者权益的变动而发生变动。

2. 成本法的适用范围。长期股权投资准则规定，应当采用成本法核算的长期股权投资是企业持有的对子公司的投资。

（二）长期股权投资初始投资成本的确定

1. 企业以其他方式取得的长期股权投资。以支付现金取得的长期股权投资，应当按照实际支付的购买价款作为初始投资成本，包括购买过程中支付的手续费等必要支出，但所支付价款中包含的被投资单位已宣告但尚未发放的现金股利或利润应作为应收项目，不作为取得长期股权投资的成本。

除上述以支付现金资产方式取得长期股权投资外，企业还可以以发行权益性证券、投资者投入、债务重组、非货币性资产交换等方式取得长期股权投资，其初始投资成本的确定依据《长期股权投资》、《债务重组》、《非货币性资产交换》等准则的相关规定确定。

2. 企业以合并方式取得的长期股权投资：依据《长期股权投资》准则相关规定确定长期股权投资的初始投资成本。

表 6－2　　长期股权投资初始投资成本的确定

形成方式		长期股权投资的初始投资成本
企业合并以外的方式	支付现金资产方式	买价＋相关税费
	发行权益性证券方式	所发行权益性证券的公允价值
	投资者投入长期股权投资	合同或协议约定的价值
企业合并方式	同一控制下的企业合并	合并日取得被合并方所有者权益的账面价值份额
	非同一控制下的企业合并	合并成本（支付的资产、发生或承担的负债、发行的权益性证券的公允价值＋直接费用）

提示

企业合并是将两个或两个以上单独的企业合并形成一个报告主体的交易或事项。包括控股合并、吸收合并和新设合并。长期股权投资与企业控股合并有关，而与吸收合并、新设合并无关。

（三）取得长期股权投资

取得长期股权投资时，应按照初始投资成本计价。除企业合并形成的长期股权投资以外，以支付现金、非现金资产等其他方式取得的长期股权投资，应按照上述规定确定的长期股权投资初始投资成本，借记“长期股权投资”科目，如果实际支付的价款中包含有已宣告但尚未发放的现金股利或利润，借记“应收股利”科目，贷记“银行存款”等科目。

（四）被投资单位宣告发放现金股利或利润

长期股权投资持有期间被投资单位宣告分派利润或现金股利时，投资方按应享有的份额确认为当期投资收益。借记“应收股利”科目，贷记“投资收益”科目。

（五）长期股权投资的处置

处置长期股权投资时，按实际取得的价款与长期股权投资账面价值的差额确认为投资损益，并应同时结转已计提的长期股权投资减值准备。其会计处理是：企业处置长期股权投资时，应按实际收到的金额，借记“银行存款”等科目，按原已计提减值准备，借记“长期股权投资减值准备”科目，按该项长期股权投资的账面余额，贷记“长期股权投资”科目，按尚未领取的现金股利或利润，贷记“应收股利”科目，按其差额，贷记或借记“投资收益”科目。

四、权益法下长期股权投资的核算

（一）权益法的概述

1. 权益法的含义。权益法是指除初始投资或追加投资增加长期股权投资的账面价值外，长期股权投资的账面价值随被投资单位所有者权益的变动而变动。

2. 权益法的适用范围。长期股权投资准则规定，应当采用权益法核算的长期股权投资包括两类：一是对合营企业投资；二是对联营企业投资。

（二）取得长期股权投资

取得长期股权投资或追加投资时，初始投资成本大于投资时应享有被投资单位可辨认净资产公允价值份额的，不调整长期股权投资的初始投资成本；初始投资成本小于投资时应享有被投资单位可辨认净资产公允价值份额的，其差额计入当期损益（营业外收入），同时调整（增）长期股权投资的成本。

（三）资产负债表日，被投资单位实现净损益

资产负债表日（一般为年末），投资企业按照享有的被投资单位实现的净收益的份额（以资产、负债的公允价值为基础计算），确认投资收益并调整（增）长期股权投资的账面价值（损益调整）。若被投资单位发生的净亏损（以资产、负债的公允价值为基础计算），投资企业应确认投资损失并调整（减）长期股权投资的账面价值（损益调整），但以长期股权投资的账面价值以及其他实质上构成对被投资单位净投资的长期权益减记至零为限，投资企业负有承担额外损失义务的除外。

（四）资产负债表日，被投资单位除净损益以外所有者权益的其他变动

资产负债表日（一般为年末），被投资单位除实现净损益外所有者权益其他变动，投资方应按被投资单位接受投资后所有者权益其他变动额及持股比例计算应享有或应分担的份额，调整长期股权投资的账面价值（其他权益变动），并确认资本公积（其他资本公积）。

（五）被投资单位宣告发放现金股利或利润

被投资单位宣告发放现金股利时，投资方按持股比例计算应得的份额，冲减长期股权投资的账面价值（损益调整）。被投资单位分派的股票股利，投资企业不作账务处理，但应于除权日注明所增加的股数，以反映股份的变化情况。

（六）长期股权投资的处置

处置长期股权投资时，按实际取得的价款与长期股权投资账面价值的差额确认为投资损益，并应同时结转已计提的长期股权投资减值准备。其会计处理是：企业处置长期股权投资时，应按实际收到的金额，借记“银行存款”等科目，按原已计提的减值准备，借记“长期股权投资减值准备”科目，按该长期股权投资的账面余额，贷记“长期股权投资”科目，按尚未领取的现金股利或利润，贷记“应收股利”科目，按其差额，贷记或借记“投资收益”科目。同时，还应结转原记入资本公积的相关金额，借记或贷记“资本公积——其他资本公积”科目，贷记或借记“投资收益”科目。

五、长期股权投资减值的核算

（一）长期股权投资减值金额的确定

长期股权投资在按照规定进行核算确定其账面价值的基础上，如果存在减值迹象的，应当按照相关准则进行减值测试并计提减值准备。

企业对子公司、合营企业及联营企业的长期股权投资在资产负债表日的可收回金额低于其账面价值的，应将该股权投资的账面价值减记至可收回金额。

（二）长期股权投资减值的会计处理

企业计提长期股权投资减值准备，应当设置“长期股权投资减值准备”科目核算。企业按应减记的金额，借记“资产减值损失——计提的长期股权投资减值准备”科目，贷记“长期股权投资减值准备”科目。

长期股权投资减值损失一经确认，在以后会计期间不得转回。

典型案例

（一）成本法下长期股权投资的核算

案例6-6：2012年5月15日，华亿世贸公司以银行存款购买远征股份有限公司的股票100 000股作为长期股权投资，对远征股份有限公司具有控制能力。2012年6月20日收到现金股利20 000元。

2012年6月20日，

借：银行存款　　20 000

　　贷：应收股利　　20 000

案例6-7：承例6-6，如果华亿世贸公司于2013年2月20日收到远征股份有限公司宣告发放现金股利的通知，应分得现金股利5 000元。

借：应收股利——远征股份有限公司　　5 000

　　贷：投资收益　　5 000

案例6-8：南方公司将其作为长期股权投资持有的威海股份有限公司15 000股股票，以每股10元的价格卖出，支付相关税费1 000元，取得价款 149 000 元，款项已由银行收妥。该长期股权投资账面价值为 140 000 元，假定没有计提减值准备。南方公司对威海公司具有控制能力。

借：银行存款　　149 000

　贷：长期股权投资——威海股份有限公司　　140 000

　　　投资收益——威海股份有限公司　　9 000

（二）权益法下长期股权投资的核算

案例 6－9：2012 年 4 月 2 日，吉峰农机公司以支付现金资产方式取得丰田股份有限公司普通股 200 000 股，拥有丰田公司 30% 的有表决权资本，每股买价 4 元，另支付相关税费 8 000 元，吉峰农机公司对丰田股份有限公司具有重大影响，将该股权划分为长期股权投资。购入时，丰田股份有限公司可辨认净资产的公允价值为 3 000 000 元（账面价值与公允价值相等）。

初始投资成本＝200 000×4＋8 000＝808 000（元）

应享有的被投资单位可辨认净资产公允价值份额＝3 000 000×30%＝900 000（元）

借：长期股权投资——成本　　900 000

　贷：银行存款　　808 000

　　　营业外收入　　92 000

案例 6－10：保利房产公司 2012 年 1 月 20 日购买虹彩股份有限公司发行的股票 5 000 000 股准备长期持有，占虹彩股份有限公司股份的 30%。每股买入价为 6 元，另外，购买该股票时发生相关税费 500 000 元，款项已由银行存款支付。2011 年 12 月 31 日，虹彩股份有限公司的所有者权益的账面价值（与其公允价值不存在差异）为 100 000 000 元。

初始投资成本＝5 000 000×6＋500 000＝30 500 000（元）

应享有的被投资单位可辨认净资产公允价值份额＝100 000 000×30%＝30 000 000（元）

借：长期股权投资——成本　　30 500 000

　贷：银行存款　　30 500 000

案例 6－11：承例 6－10，2012 年虹彩股份有限公司实现净利润 10 000 000 元。保利房产公司按照持股比例确认投资收益 3 000 000 元。2013 年 5 月 15 日，虹彩股份有限公司已宣告发放现金股利。每 10 股派 3 元，保利房产公司可分派到 1 500 000 元。2013 年 6 月 15 日，保利房产公司收到虹彩股份有限公司分派的现金股利。

2012 年年末确认虹彩股份有限公司实现的投资收益时，

借：长期股权投资——损益调整　　3 000 000

　贷：投资收益　　3 000 000

2013 年 5 月 15 日，虹彩股份有限公司宣告发放现金股利时，

借：应收股利　　1 500 000

　贷：长期股权投资——损益调整　　1 500 000

2013 年 6 月 15 日，收到虹彩股份有限公司宣告发放的现金股利时，

借：银行存款　　1 500 000

　贷：应收股利　　1 500 000

案例 6 - 12：承例 6 - 11，2012 年虹彩股份有限公司可供出售金融资产的公允价值增加了 4 000 000 元。保利房产公司按照持股比例确认相应的资本公积 1 200 000 元。

借：长期股权投资——其他权益变动　　1 200 000

　贷：资本公积——其他资本公积　　1 200 000

案例 6 - 13：承案例 6 - 12，2013 年 7 月 20 日，保利房产公司出售所持虹彩股份有限公司的股票 5 000 000 股，每股出售价为 10 元，款项已收回。

借：银行存款　　50 000 000

　贷：长期股权投资——成本　　30 500 000

　　　　　　　　——损益调整　　1 500 000

　　　　　　　　——其他权益变动　　1 200 000

　　投资收益　　16 800 000

同时：

借：资本公积——其他资本公积　　1 200 000

　贷：投资收益　　1 200 000

（三）长期股权投资减值的核算

案例 6 - 14：福林公司持有通佳公司 30% 的普通股，采用权益法核算。至 2012 年年末，该项长期股权投资的账面价值为 3 624 000 元。通佳公司因自然灾害导致资产巨额损失，出现财务危机，股票价格出现非暂时性的严重下跌。2012 年 12 月 31 日，福林公司对持有的通佳公司股份进行减值测试，确定的可收回金额为 2 000 000 元。

借：资产减值损失　　1 624 000

　贷：长期股权投资减值准备　　1 624 000

情境演练 6 - 2

武陵股份有限公司（以下简称“武陵公司”）于 2010 年 9 月 10 日设立，注册资本为 40 000 万元，主要经营水泵和离心机的生产与销售。2011 年 ~2013 年发生下列与长期股权投资相关的经济业务（分录金额单位为万元，保留小数点后 2 位）。

业务 1：2011 年 1 月 4 日，武陵公司与东方机械股份有限公司共同投资设立大华有限责任公司（以下简称“大华公司”），投资合同约定武陵公司出资现金资产 1 200 万元，持有大华公司有表决权股份 1 200 万股（普通股，每股面值 1 元），占其总股份的 60%，公司已按

合同约定划转款项，并办妥投资相关手续。武陵公司对大华公司具有控制能力。

业务2：2011年1月5日，武陵公司通过公开市场购入通佳公司股票9 000万股，支付买价每股3.2元，另支付印花税、佣金等交易费用57.6万元，所持股份占通佳公司有表决权资本的30%，全部款项已通过武陵公司在成华证券公司账户支付。投资后，武陵公司对通佳公司财务与经营政策能够实施重大影响。2011年1月5日，通佳公司可辨认净资产公允价值为12亿元，其账面价值与可辨认净资产公允价值相等。

业务3：2011年4月20日，武陵公司所持有的阳光有限责任公司（以下简称“阳光公司”）宣告分配现金股利2 600万，实际发放日为2011年5月18日。武陵公司于2010年取得60%的阳光公司股份，对阳光公司具有控制能力。

业务4：2011年12月31日，通佳公司提供的有关资料显示2011年其实现净利润为2 000万元。

业务5：2012年4月28日，通佳公司宣告发放现金股利1 200万，股利发放日为2012年5月10日。

业务6：通佳公司因自然灾害导致资产巨额损失，出现财务危机，股票价格出现非暂时性的严重下跌。2012年12月31日，武陵公司对持有通佳公司股份进行减值测试，可收回金额为2亿元，对其计提长期股权投资减值准备。

业务7：2013年2月3日，武陵公司通过公开交易市场出售所持通佳公司股份2 000万股，每股售价2.0元，支付交易费用5万元。出售部分股票后，武陵公司对通佳公司仍能够实施重大影响。

要求：（1）查找资料，了解上述业务完成的过程以及涉及的部门；
（2）确认上述业务发生或完成时应取得的单据；
（3）根据上述业务，填制记账凭证，并登记长期股权投资有关总账及其所属明细并结账。

知识拓展

一、金融资产投资管理流程

以长期股权投资为例，其投资管理流程如图6－1所示：

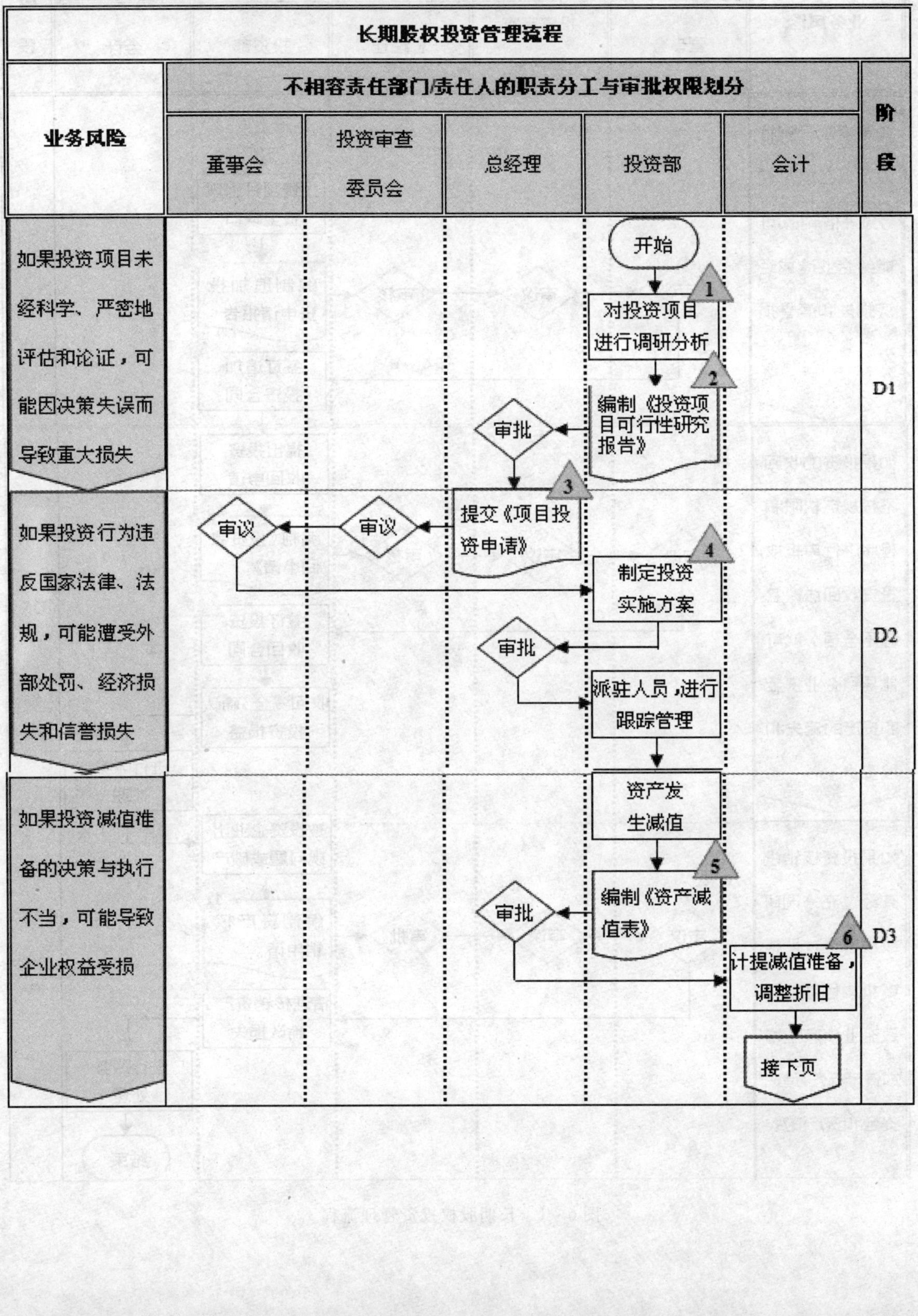
长期股权投资管理流程
业务风险
不相容责任部门/责任人的职责分工与审批权限划分
董事会
投资审查委员会
总经理
投资部
会计
阶段
如果投资项目未经科学、严密地评估和论证，可能因决策失误而导致重大损失
开始
对投资项目进行调研分析
编制《投资项目可行性研究报告》
审批
提交《项目投资申请》
审议
审议
D1
如果投资行为违反国家法律、法规，可能遭受外部处罚、经济损失和信誉损失
制定投资实施方案
审批
派驻人员，进行跟踪管理
D2
如果投资减值准备的决策与执行不当，可能导致企业权益受损
资产发生减值
编制《资产减值表》
审批
计提减值准备，调整折旧
接下页
D3
1
2
3
4
5
6

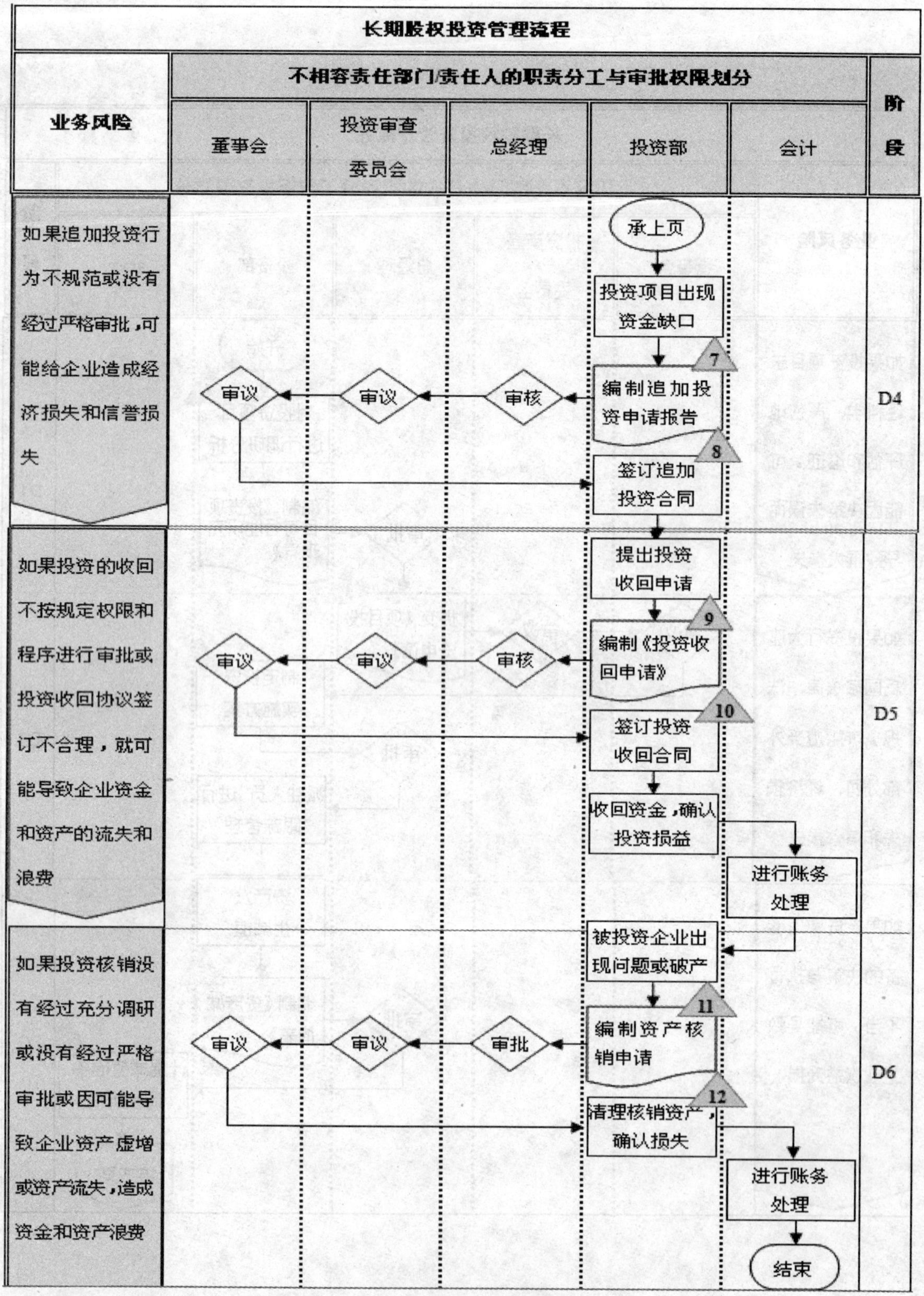

图 6-1 长期股权投资管理流程

二、内部控制制度

企业在建立和实施对外投资内部控制中，至少应当强化对以下关键方面或者关键环节的风险控制，并采取相应的控制措施：职责分工、权限范围和审批程序应当明确，机构设置和人员配备应当科学合理；投资项目建议书和可行性研究报告的内容应当真实，支持投资建议和可行性的依据与理由应当充分、可靠；对外投资实施方案应当科学完整，投资合同或协议的签订应当征求法律顾问的意见，对投资项目的跟踪管理应当全面及时，投资收益的确认应当符合规定，投资权益证书的管理应当严格有效，计提对外投资减值准备的依据应当充分、审批程序应当明确；对外投资处置的方式、权限范围和审批程序应当明确，与投资处置有关的文件资料和凭证记录应当真实完整。

（一）职责分工与授权批准

企业应当建立对外投资业务的情境责任制，明确相关部门和情境的职责权限，确保办理对外投资业务的不相容情境相互分离、制约和监督。

对外投资不相容情境至少应当包括：对外投资项目的可行性研究与评估；对外投资的决策与执行；对外投资处置的审批与执行；对外投资绩效评估与执行。

企业应当配备合格的人员办理对外投资业务。办理对外投资业务的人员应当具备良好的职业道德，掌握金融、投资、财会、法律等方面的专业知识。企业可以根据具体情况，对办理对外投资业务的人员定期进行岗位轮换。

企业应当建立对外投资授权制度和审核批准制度，并按照规定的权限和程序办理对外投资业务。

企业应当根据对外投资类型制定相应的业务流程，明确对外投资中主要业务环节的责任人员、风险点和控制措施等。

对实际发生的对外投资业务，企业应当设置相应的记录或凭证，如实记载各环节业务的开展情况，加强内部审计，确保对外投资全过程得到有效控制。

企业应当加强对审批文件、投资合同或协议、投资方案书、对外投资处置决议等文件资料的管理，明确各种文件资料的取得、归档、保管、调阅等各个环节的管理规定及相关人员的职责权限。

（二）对外投资的可行性研究、评估与决策控制

企业应当加强对外投资的可行性研究、评估与决策环节的控制，对投资项目建议书的提出、可行性研究、评估、决策等作出明确规定，确保对外投资决策合法、科学、合理。

企业应当编制对外投资项目建议书，由相关部门或人员对投资建议项目进行分析与论证，对被投资企业资信情况进行尽责调查或实地考察，并关注被投资企业管理层或实际控制人的能力、资信等情况。对外投资项目如有其他投资者，应当根据情况对其他投资者的资信情况进行了解或调查。

企业应当由相关部门或人员或委托具有相应资质的专业机构对可行性研究报告进行

独立评估，形成评估报告。评估报告应当全面反映评估人员的意见，并由所有评估人员签章。对重大对外投资项目，必须委托具有相应资质的专业机构对可行性研究报告进行独立评估。

（三）对外投资执行控制

企业应当制定对外投资实施方案，明确出资时间、金额、出资方式及责任人员等内容。对外投资实施方案及方案的变更，应当经企业董事会或其授权人员审查批准。

对外投资业务需要签订合同的，应当征询企业法律顾问或相关专家的意见，并经授权部门或人员批准后签订。

企业应当指定专门的部门或人员对投资项目进行跟踪管理，掌握被投资企业的财务状况、经营情况和现金流量，定期组织对外投资质量分析，发现异常情况，应当及时向有关部门和人员报告，并采取相应措施。

企业可以根据管理需要和有关规定向被投资企业派出董事、监事、财务负责人或其他管理人员。

企业应当加强投资收益的控制，投资收益的核算应当符合国家统一的会计制度的规定，对外投资取得的股利以及其他收益，均应当纳入企业会计核算体系，严禁账外设账。

企业应当加强对外投资有关权益证书的管理，指定专门部门或人员保管权益证书，建立详细的记录。未经授权人员不得接触权益证书。财会部门应当定期和不定期地与相关管理部门和人员清点核对有关权益证书。

被投资企业股权结构等发生变化的，企业应当取得被投资企业的相关文件，及时办理相关产权变更手续，反映股权变更对本企业的影响。

企业应当定期和不定期地与被投资企业核对有关投资账目，保证对外投资的安全、完整。

（四）对外投资的处置控制

企业应当加强对外投资处置环节的控制，对投资收回、转让、核销等的决策和授权批准程序作出明确规定。

对外投资的收回、转让与核销，应当按规定权限和程序进行审批，并履行相关审批手续。

对应收回的对外投资资产，要及时足额收取。

转让对外投资应当由相关机构或人员合理确定转让价格，并报授权批准部门批准；必要时，可委托具有相应资质的专门机构进行评估。

核销对外投资，应当取得因被投资企业破产等原因不能收回投资的法律文书和证明文件。

企业财会部门应当认真审核与对外投资处置有关的审批文件、会议记录、资产回收清单等相关资料，并按照规定及时进行对外投资处置的会计处理，确保资产处置真实、合法。

情境演练参考答案

情境演练 6－1：

业务 1：

借：交易性金融资产——成本（三佳公司股票）　7 600

　应收股利——三佳公司　400

　投资收益——三佳公司股票　50

　贷：其他货币资金——存出投资款　8 050

业务 2：

借：银行存款　400

　贷：应收股利——三佳公司　400

业务 3：

6 月 30 日：借：交易性金融资产——公允价值变动（三佳公司股票）　4 400

　贷：公允价值变动损益——三佳公司股票　4 400

12 月 31 日：借：公允价值变动损益——三佳公司股票　2 400

　贷：交易性金融资产——公允价值变动（三佳公司股票）　2 400

业务 4：

1. 借：其他货币资金——存出投资款　3 080

　贷：交易性金融资产——成本（三佳公司股票）　1 900

　　——公允价值变动（三佳公司股票）　500

　投资受益——三佳公司股票　680

2. 借：公允价值变动损益——三佳公司股票　500

　贷：投资受益——三佳公司股票　500

情境演练 6－2：

业务 1：

借：长期股权投资——大华公司　1 200

　贷：银行存款　1 200

业务 2：

1. 借：长期股权投资——成本（通佳公司）　28 857.6

　贷：其他货币资金——存出投资款　28 857.6

2. 借：长期股权投资——成本（通佳公司）　7 142.4

　贷：营业外收入　7 142.4

业务3：

1. 借：应收股利——武陵公司　　1 560
　　贷：投资收益——武陵公司　　1 560
2. 借：银行存款　　1 560
　　贷：应收股利——武陵公司　　1 560

业务4：

借：长期股权投资——损益调整（通佳公司）　　600
　　贷：投资收益——通佳公司　　600

业务5：

1. 借：应收股利——通佳公司　　360
　　贷：长期股权投资——损益调整（通佳公司）　　360
2. 借：银行存款　　360
　　贷：应收股利——通佳公司　　360

业务6：

借：资产减值损失　　16 240
　　贷：长期股权投资减值准备——通佳公司　　16 240

业务7：

借：银行存款　　3 995
　　长期股权投资减值准备——通佳公司　　3 608.89
　　投资收益——通佳公司　　449.44
　　贷：长期股权投资——成本（通佳公司）　　8 000
　　　　——损益调整（通佳公司）　　53.33

7 学习情境七 职工薪酬的核算

情境学习目标

- 能正确判断职工薪酬核算的职工范畴；
- 能充分了解职工薪酬核算的内容；
- 能正确编制和审核职工薪酬业务的会计凭证；
- 能完成应付职工薪酬总账、明细账的建立；
- 能完成应付职工薪酬账簿的登记；
- 能了解职工薪酬账务处理结果提供的会计信息。

情境关键术语

职工、职工薪酬、职工薪酬主要包括的内容

情境有关参考资料

- 《关于印发修订〈企业会计准则第 9 号——职工薪酬〉的通知》（财会［2014］8 号）
- 《企业会计准则讲解》
- 《初级会计实务——2014 年度全国会计专业技术资格考试辅导教材》

学习子情境一
货币性职工薪酬的核算

☞ 科目设置

为完成有关应付职工薪酬业务的核算工作，应设置“应付职工薪酬”科目，该科目属于负债类，贷方记录按照准则应支付的各项职工薪酬金额，借方记录实际发生的职工薪酬金额。明细科目分别按工资、职工福利费、社会保险费、住房公积金、工会经费、职工教育经费等设置。

■ 核算内容

一、职工范围及职工薪酬组成

职工薪酬是指企业为获得职工提供的服务或解除劳动关系而给予的各种形式的报酬或补偿。职工包括三类人员：一是与企业订立劳动合同的所有人员，含全职、兼职和临时职工；二是未与企业订立劳动合同、但由企业正式任命的企业治理层和管理层人员，如董事会成员、监事会成员等；三是在企业的计划和控制下虽未与企业订立劳动合同或未由其正式任命，但为其提供与职工类似服务的人员，包括通过企业与劳务中介公司签订用工合同而向企业提供服务的人员。

二、职工薪酬主要包括的内容

职工薪酬包括短期薪酬、离职后福利、辞退福利和其他长期职工福利。企业提供给职工配偶、子女、受赡养人、已故员工遗属及其他受益人等的福利，也属于职工薪酬。

（1）短期薪酬，是指企业在职工提供相关服务的年度报告期间结束后十二个月内需要全部予以支付的职工薪酬，因解除与职工的劳动关系给予的补偿除外。短期薪酬具体包括：职工工资、奖金、津贴和补贴，职工福利费，医疗保险费、工伤保险费和生育保险费等社会保险费，住房公积金，工会经费和职工教育经费，短期带薪缺勤，短期利润分享计划，非货币性福利以及其他短期薪酬。

（2）带薪缺勤，是指企业支付工资或提供补偿的职工缺勤，包括年休假、病假、短期伤残、婚假、产假、丧假、探亲假等。利润分享计划，是指因职工提供服务而与职工达成的基于利润或其他经营成果提供薪酬的协议。

（3）离职后福利，是指企业为获得职工提供的服务而在职工退休或与企业解除劳动关系后，提供的各种形式的报酬和福利，短期薪酬和辞退福利除外。

（4）辞退福利，是指企业在职工劳动合同到期之前解除与职工的劳动关系，或者为鼓励职工自愿接受裁减而给予职工的补偿。

（5）其他长期职工福利，是指除短期薪酬、离职后福利、辞退福利之外所有的职工薪酬，包括长期带薪缺勤、长期残疾福利、长期利润分享计划等。

三、职工薪酬的确认和计量

企业应当在职工为其提供服务的会计期间，将应付的职工薪酬确认为负债，除辞退福利外，应当根据职工提供服务的受益对象，分别下列情况处理：

1. 应由生产产品、提供劳务负担的职工薪酬，计入产品成本或劳务成本。生产产品、提供劳务中的直接生产人员和直接提供劳务人员发生的职工薪酬，计入存货成本，但非正常消耗的直接生产人员和直接提供劳务人员的职工薪酬，应当在发生时确认为当期损益。

2. 应由在建工程、无形资产负担的职工薪酬，计入建造固定资产或无形资产的成本。自行建造固定资产和自行研究开发无形资产过程中发生的职工薪酬，能否计入固定资产或无形资产的成本，取决于相关资产的成本确定原则。比如企业在研究阶段发生的职工薪酬不能计入自行开发无形资产的成本，在开发阶段发生的职工薪酬，符合无形资产资本化条件的，应当计入自行开发无形资产的成本。

3. 上述1、2两项之外的其他职工薪酬，计入当期损益。除直接生产人员、直接提供劳务人员、建造固定资产人员、开发无形资产人员以外的职工，包括公司总部管理人员、董事会成员、监事会成员等人员相关的职工薪酬，因难以确定直接对应的受益对象，均应当在发生时计入当期损益。

对于短期薪酬，在确定应付职工薪酬和应当计入成本费用的职工薪酬金额时，企业应当区分两种情况：

（1）具有明确计提标准的短期薪酬。对于国务院有关部门、省、自治区、直辖市人民政府或经批准的企业年金计划规定了计提基础和计提比例的职工薪酬项目，企业应当按照规定的计提标准，计量企业承担的职工薪酬义务和计入成本费用的职工薪酬。其中：①“三险一金”。对于医疗保险费、工伤保险费、生育保险费和住房公积金，企业应当按照国务院、所在地政府或企业年金计划规定的标准计量应付职工薪酬义务和应相应计入成本费用的薪酬金额。②工会经费和职工教育经费。企业应当根据国家相关规定，分别按照职工应付工资总额的2%和1.5%计量应付职工薪酬（工会经费、职工教育经费）义务金额和应相应计入成本费用的薪酬金额；从业人员技术要求高、培训任务重、经济效益好的企业，可根据国家相关规定，按照职工工资总额的2.5%计量应计入成本费用的职工教育经费。按照明确标准计算确定应承担的职工薪酬义务后，再根据受益对象计入相关资产的成本或当期费用。

（2）没有明确计提标准的短期薪酬。对于国家（包括省、市、自治区政府）相关法律法规没有明确规定计提基础和计提比例的职工薪酬，企业应当根据历史经验数据和自身实际情况，计算确定应付职工薪酬金额和应计入成本费用的薪酬金额。

典型案例

1. 支付职工工资。通常单位在本月月初按计算的实际支付额支付上月职工工资，发放工资时同时代扣个人应交所得税。

案例7－1：东方纺织公司根据工资结算单发放工资200万元，代扣个人应缴所得税18.7万元。

借：应付职工薪酬——工资　　2 187 000

　贷：银行存款　　2 000 000

　　应交税费——应交个人所得税　　187 000

2. 支付三险一金，包括个人部分和单位部分。

案例7－2：根据国家的有关规定，东方纺织公司开出转账支票向社会保障部门缴纳本月职工基本医疗保险29.7万元（其中，个人缴纳部分为5.4万元，单位缴纳部分为24.3万元），工伤保险2.7万元（单位承担），生育保险2.7万元（单位承担）；向住房公积金管理部门缴纳住房公积金43.2万元，（其中，个人缴纳部分21.6万元，单位缴纳部分21.6万元）。

借：应付职工薪酬——住房公积金　　216 000

　　——社会保险费　　297 000

　　——工资　　270 000

　贷：银行存款　　783 000

3. 支付职工困难补助、外地就医路费，以及组织工会活动或培训职工发生的各项费用。

案例7－3：东方纺织公司纺纱车间工人王往因工伤到外地就医，报销路费1 500元，以现金支付。

借：应付职工薪酬——职工福利费　　1 500

　贷：库存现金　　1 500

案例7－4：东方纺织公司工会为组织职工联欢会购买饮料、水果等物品，报销费用9 000元，退回多余的借款1 000元。

借：应付职工薪酬——工会经费　　9 000

　　库存现金　　1 000

　贷：其他应收款——工会　　10 000

案例7－5：东方纺织公司按照培训计划已完成本阶段职工培训，开出转账支票支付培训费20 000元。

借：应付职工薪酬——职工教育经费　　20 000

　贷：银行存款　　20 000

4. 月末根据考勤等由劳资部门计算并编制工资结算单，按照国家规定的计提比例计提三险一金、工会经费和职工教育经费，财务部门依据上述计算编制薪酬费用分配表，分配职工薪酬费用。

案例7－6：东方纺织公司计算本月应付职工工资总额270万元，工资费用分配表中列示：生产工人工资150万元，车间管理人员工资8万元，行政管理部门人员工资90万元，辅助生产车间人员工资5万元，销售人员工资17万元。

借：生产成本——基本生产成本 1 500 000
　　　　　　——辅助生产成本 50 000
　　制造费用 80 000
　　管理费用 900 000
　　销售费用 170 000
　　贷：应付职工薪酬——工资 2 700 000

案例7-7： 东方纺织公司根据本月应付职工工资总额计提基本医疗保险、工伤保险、生育保险和住房公积金，计提工会经费和职工教育经费。计提比例为基本医疗保险9%、工伤保险1%、生育保险1%、住房公积金8%；计提工会经费2%和职工教育经费2.5%。

借：生产成本——基本生产成本 352 500
　　　　　　——辅助生产成本 11 750
　　制造费用 18 800
　　管理费用 211 500
　　销售费用 39 950
　　贷：应付职工薪酬——社会保险费 297 000
　　　　　　　　　　——住房公积金 216 000
　　　　　　　　　　——工会经费 54 000
　　　　　　　　　　——职工教育经费 67 500

5. 月末对本月实际发生的职工困难补助等职工福利按照职工所在部门进行分配。

案例7-8： 东方纺织公司分配本月支付王往的职工福利1 500元。

借：生产成本——基本生产成本 1 500
　　贷：应付职工薪酬——职工福利费 1 500

情境演练7-1

大陆公司主要生产并销售1#产品，设有一、二两个基本生产车间，2012年4月末，应付职工薪酬总账余额1 342 500元，其中明细账余额分别为：工资750 000元，工会经费120 000元，职工教育经费150 000元，社会保险费232 500元，住房公积金90 000元。

5月大陆公司有关职工薪酬的业务如下：

业务1： 4日，根据工资结算单实付工资总额600 000元，开出转账支票交银行工资科发放工资。

业务2： 6日，根据开出转账支票向社会保障局支付各种保险315 000，其中单位缴纳部分232 500元，代个人缴纳部分82 500元；

向住房公积金管理处支付住房公积金 180 000 元，其中单位缴纳部分 90 000 元，代个人缴纳部分 90 000 元。

业务 3：10 日，因一车间生产工人李齐家庭生活困难，以现金支付生活困难补助 2 000 元。

业务 4：15 日，以转账支票结算委托鹏达培训机构培训技术工人的技术培训费 30 000 元。

业务 5：31 日，根据出勤等各种考核表编制工资计算单和工资费用分配表，本月应付职工工资 750 000 元，其中一车间生产工人 220 000 元，车间管理人员 30 000 元；二车间生产工人 180 000 元，车间管理人员 30 000 元；销售人员 90 000 元，行政管理人员 200 000 元。

业务 6：31 日，按照应付工资总额的 12%计提住房公积金，9%计提医疗保险，1%计提工伤保险，1%计提生育保险，2%计提工会经费，2.5%计提职工教育经费，编制各项费用计提和费用分配表，分配计提的各项费用。

业务 7：31 日，根据本月发生的货币性职工福利费用额及相关人员所在部门编制费用分配表，分配实际发生的职工福利费。

要求：（1）查找资料，了解上述业务完成的过程以及涉及的部门；

（2）确认上述业务发生或完成时应取得的单据；

（3）编制上述业务的会计分录。

学习子情境二 非货币性职工薪酬的核算

☞ 科目设置

在“应付职工薪酬”科目下设置“非货币性福利”明细账，核算实际发生和分配的非货币性职工福利费用。

核算内容

非货币性福利，包括企业以自产产品发放给职工作为福利、将企业拥有的资产无偿提供给职工使用、为职工无偿提供医疗保健服务等。非货币性福利按照实际发生额在月末按照福利的受益对象进行分配。

企业向职工提供的非货币性职工薪酬，应当分别情况处理：

第一，以自产产品或外购商品发放给职工作为福利。企业以其生产的产品作为非货币性福利提供给职工的，应当按照该产品的公允价值和相关税费，计量应计入成本费用的职工薪酬金额，并确认为主营业务收入，其销售成本的结转和相关税费的处理，与正常商品销售相同。以外购商品作为非货币性福利提供给职工的，应当按照该商品的公允价值和相关税费，计量应计入成本费用的职工薪酬金额。

第二，将拥有的房屋等资产无偿提供给职工使用、或租赁住房等资产供职工无偿使用。企业将拥有的房屋等资产无偿提供给职工使用的，应当根据受益对象，将住房每期应计提的折旧计入相关资产的成本或费用，同时确认应付职工薪酬。租赁住房等资产供职工无偿使用的，应当根据受益对象，将每期应付的租金计入相关资产成本或费用，并确认应付职工薪酬。难以认定受益对象的，直接计入当期损益，并确认应付职工薪酬。

典型案例

1. 单位以自产的产品作为福利发放。

案例 7-9：大陆公司管理层决定以自产的热水器作为福利，每位职工发放一台。该热水器每台成本 800 元，市场售价 1 200 元，公司开出增值税专用发票，发票中注明共售出 300 台，每台售价 1 200 元，价款总计 360 000 元，增值税 61 200 元。

（1）发放热水器：

借：应付职工薪酬——非货币性福利	421 200	
贷：主营业务收入		360 000
应交税费——应交增值税（销项税额）		61 200

（2）结转销售成本：

借：主营业务成本	240 000	
贷：库存商品		240 000

2. 购买商品作为福利发放。

案例 7-10：东风公司购进成套厨房用品作为福利，每位员工发放一套，取得的增值税发票上注明：数量 400 套，售价 160 元，增值税税额 10 880 元。货款已经支付，商品已经发放。

借：应付职工薪酬——非货币性福利	74 880	
贷：银行存款		74 880

3. 租入住房提供员工无偿使用。

案例 7-11：阳光公司租入公寓房无偿提供给员工住宿，本月应支付房屋租金 2 000 元。

借：应付职工薪酬——非货币性福利	2 000	
贷：其他应付款——房租		2 000

4. 为员工无偿提供自有固定资产使用。

案例 7-12：太力公司为 4 位部门经理每人配备轿车一辆，本月每辆轿车应计提折旧700元。

借：应付职工薪酬——非货币性福利 2 800

贷：累计折旧 2 800

5. 月末按受益对象分配实际支付的非货币性福利费用

案例7－13：接案例7－9，月末大陆公司分配本月发生的非货币性职工福利421 200元。受益对象分别是：生产车间工人200人，车间管理人员20人，销售人员30人，行政管理人员50人。

借：生产成本——基本生产成本 280 800

制造费用 28 080

管理费用 70 200

销售费用 42 120

贷：应付职工薪酬——非货币性福利 421 200

情境演练7－2

长鸿有限公司共有职工200名，其中生产工人158人，车间管理人员2名，行政管理人员20名，销售人员20名。2012年12月发生如下经济业务：

业务1：1日，以现金支付总经理租住房屋的一年租金1 500元，取得房屋租赁公司的服务行业发票。

业务2：10日，公司管理层决定给每位员工发放一台本公司生产的电暖器作为福利。12日，将电暖器从库房领出发放到每位员工手中，该电暖器每台成本200元，销售价格280元，开出增值税发票，发票中注明售价56 000元，增值税9 520元。

业务3：31日，编制的折旧费用计提表中，为公司经理配车计提折旧1 000元。

业务4：31日，根据本月实际发生的非货币性福利费用额，按照享有人员的服务部门编制非货币性福利费用分配表，分配实际发生的非货币性福利费。

要求：（1）查找资料，了解上述业务完成的过程以及涉及的部门；

（2）确认上述业务发生或完成时应取得的单据；

（3）编制上述业务的会计分录。

知识拓展

一、工资核算流程

工资核算流程如图7－1所示：

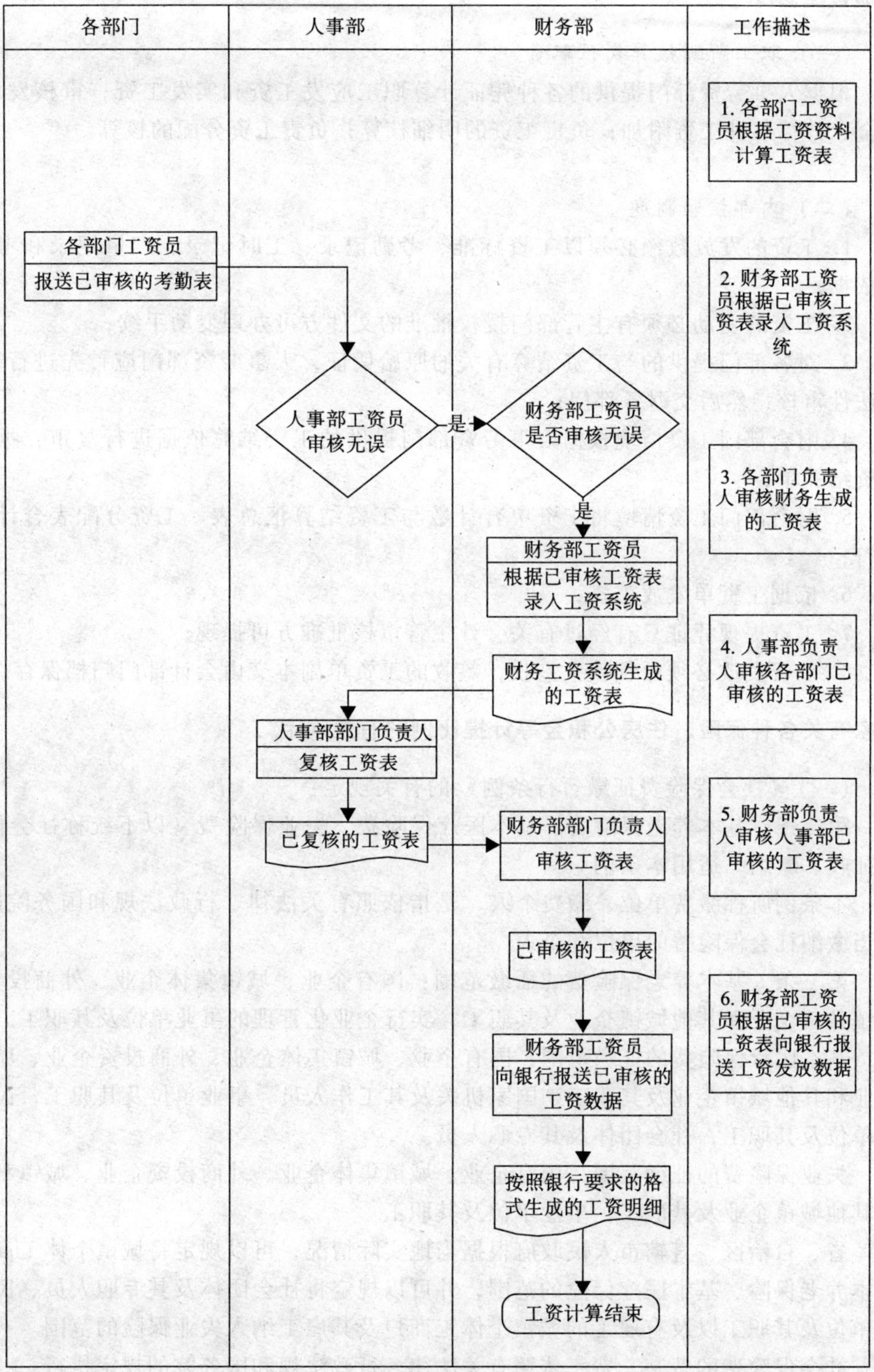
各部门
人事部
财务部
工作描述
1. 各部门工资员根据工资资料计算工资表
各部门工资员
报送已审核的考勤表
2. 财务部工资员根据已审核工资表录入工资系统
人事部工资员审核无误
是
财务部工资员是否审核无误
3. 各部门负责人审核财务生成的工资表
是
财务部工资员
根据已审核工资表录入工资系统
4. 人事部负责人审核各部门已审核的工资表
财务工资系统生成的工资表
人事部部门负责人
复核工资表
5. 财务部负责人审核人事部已审核的工资表
已复核的工资表
财务部部门负责人
审核工资表
已审核的工资表
6. 财务部工资员根据已审核的工资表向银行报送工资发放数据
财务部工资员
向银行报送已审核的工资数据
按照银行要求的格式生成的工资明细
工资计算结束

图 7-1　工资核算流程图

二、内部管理制度

（一）职工薪酬核算岗位职责

根据人事劳资部门提供的各种凭证计算职工应发工资和实发工资；审核发放工资、奖金；计算各种工资附加；负责工资的明细核算；负责工资分配的核算。

（二）内部控制制度

1. 工资的发放数额必须以工资标准、考勤记录、工时记录、产量记录和考核记录为依据；

2. 工资的变动必须有主管部门授权批准的文件方可办理变动手续；

3. 对各部门提供的与工资结算有关的原始凭证，人事劳资部门应首先进行真实性、合法性审核，然后交财务部门；

4. 财会部门工资情境根据人事劳资部门提供的工资结算依据进行复审，据以编制工资结算单；

5. 财会部门工资情境将工资单合计数与工资结算汇总表、工资分配表合计数核对相符；

6. 依据工资单发放工资；

7. 工资提现凭证只有经过有关会计主管审核批准方可提现；

8. 工资发放必须由领款人签收，签收的工资单副本交由会计部门归档保存。

三、国家有关各种保险、住房公积金等计提比例的有关规定

（一）《社会保险费征缴暂行条例》的有关规定：

第二条　基本养老保险费、基本医疗保险费、失业保险费（以下统称社会保险费）的征收、缴纳，适用本条例。

本条例所称缴费单位、缴费个人，是指依照有关法律、行政法规和国务院的规定，应当缴纳社会保险费的单位和个人。

第三条　基本养老保险费的征缴范围：国有企业、城镇集体企业、外商投资企业、城镇私营企业和其他城镇企业及其职工，实行企业化管理的事业单位及其职工。

基本医疗保险费的征缴范围：国有企业、城镇集体企业、外商投资企业、城镇私营企业和其他城镇企业及其职工，国家机关及其工作人员，事业单位及其职工，民办非企业单位及其职工，社会团体及其专职人员。

失业保险费的征缴范围：国有企业、城镇集体企业、外商投资企业、城镇私营企业和其他城镇企业及其职工，事业单位及其职工。

省、自治区、直辖市人民政府根据当地实际情况，可以规定将城镇个体工商户纳入基本养老保险、基本医疗保险的范围，并可以规定将社会团体及其专职人员、民办非企业单位及其职工以及有雇工的城镇个体工商户及其雇工纳入失业保险的范围。

社会保险费的费基、费率依照有关法律、行政法规和国务院的规定执行。

（二）《住房公积金管理条例》中的有关规定：

第十六条　职工住房公积金的月缴存额为职工本人上一年度月平均工资乘以职工住

房公积金缴存比例。

单位为职工缴存的住房公积金的月缴存额为职工本人上一年度月平均工资乘以单位住房公积金缴存比例。

第十七条 新参加工作的职工从参加工作的第二个月开始缴存住房公积金，月缴存额为职工本人当月工资乘以职工住房公积金缴存比例。

单位新调入的职工从调入单位发放工资之日起缴存住房公积金，月缴存额为职工本人当月工资乘以职工住房公积金缴存比例。

第十八条 职工和单位住房公积金的缴存比例均不得低于职工上一年度月平均工资的5%；有条件的城市，可以适当提高缴存比例。具体缴存比例由住房公积金管理委员会拟订，经本级人民政府审核后，报省、自治区、直辖市人民政府批准。

第十九条 职工个人缴存的住房公积金，由所在单位每月从其工资中代扣代缴。

单位应当于每月发放职工工资之日起5日内将单位缴存的和为职工代缴的住房公积金汇缴到住房公积金专户内，由受委托银行计入职工住房公积金账户。

第二十条 单位应当按时、足额缴存住房公积金，不得逾期缴存或者少缴。

对缴存住房公积金确有困难的单位，经本单位职工代表大会或者工会讨论通过，并经住房公积金管理中心审核，报住房公积金管理委员会批准后，可以降低缴存比例或者缓缴；待单位经济效益好转后，再提高缴存比例或者补缴缓缴。

第二十一条 住房公积金自存入职工住房公积金账户之日起按照国家规定的利率计息。

第二十二条 住房公积金管理中心应当为缴存住房公积金的职工发放缴存住房公积金的有效凭证。

情境演练参考答案

情境演练7-1：

1. 借：应付职工薪酬——工资	600 000	
贷：银行存款		600 000
2. 借：应付职工薪酬——社会保险费	232 500	
——工资	172 500	
——住房公积金	90 000	
贷：银行存款		495 000
3. 借：应付职工薪酬——职工福利费	2 000	
贷：库存现金		2 000
4. 借：应付职工薪酬——职工教育经费	30 000	
贷：银行存款		30 000
5. 借：生产成本	400 000	
制造费用	60 000	
销售费用	90 000	
管理费用	200 000	

贷：应付职工薪酬——工资 750 000

6. 借：生产成本 110 000

制造费用 16 500

销售费用 24 750

管理费用 55 000

贷：应付职工薪酬——住房公积金 90 000

——社会保险费 82 500

——工会经费 15 000

——职工教育经费 18 750

7. 借：生产成本 2 000

贷：应付职工薪酬——职工福利费 2 000

情境演练 7－2：

1. 借：应付职工薪酬——非货币性福利 1 500

贷：库存现金 1 500

2. （1）借：应付职工薪酬——非货币性福利 65 520

贷：主营业务收入 56 000

应交税费——应交增值税（销项税额） 9 520

（2）借：主营业务成本 40 000

贷：库存商品 40 000

3. 借：应付职工薪酬——非货币性福利 1 000

贷：累计折旧 1 000

4. 借：管理费用 9 052

生产成本 51 760.8

制造费用 655.2

销售费用 6 552

贷：应付职工薪酬——非货币性福利 68 020

8 学习情境八 税费的核算

情境学习目标

- 能正确取得或填制并审核各种涉税的票证；
- 能根据经审核的各种涉税票证准确地编制记账凭证；
- 能根据企业涉及所得税的资料进行正确的纳税调整；
- 能准确地核算所得税费用和应交所得税；
- 能正确取得或填制并审核各种涉及期间费用的票据；
- 能根据经审核的各种涉及期间费用的票据准确地编制记账凭证；
- 能参与办税的相关事宜、期间费用预算编制和日常控制等工作。

情境关键术语

应交税费、所得税费用、暂时性差异、递延所得税资产、递延所得税负债、期间费用

情境有关参考资料

- 《企业会计准则第 18 号——所得税》
- 《初级会计实务——2014 年度全国会计专业技术资格考试辅导教材》
- 《会计实务——2014 年度全国会计专业技术资格考试辅导教材》
- 《中华人民共和国增值税暂行条例实施细则》
- 《中华人民共和国消费税暂行条例实施细则》
- 《中华人民共和国营业税暂行条例实施细则》
- 《中华人民共和国企业所得税暂行条例实施细则》

学习子情境一
应交税费的核算

知识准备

税法基础知识

(一) 税收和税种

税收是国家为满足社会公共需要，凭借公共权力，按照法律所规定的标准和程序，参与国民收入分配，强制地、无偿地取得财政收入的一种方式。税收的基本特征是强制性、无偿性和固定性。

目前，我国共有增值税、消费税、营业税、企业所得税、个人所得税、资源税、城镇土地使用税、房产税、城市房地产税、城市维护建设税、耕地占用税、土地增值税、车辆购置税、车船税、印花税、契税、烟叶税、关税、船舶吨税、固定资产投资方向调节税等20个税种，其中，17个税种由税务部门负责征收。固定资产投资方向调节税由国务院决定从2000年起暂停征收。关税和船舶吨税由海关部门征收，另外，进口货物的增值税、消费税由海关部门代征。

(二) 税与费的区别

与税收规范筹集财政收入的形式不同，费是政府有关部门为单位和居民个人提供特定的服务，或赋予某种权利而向直接受益者收取的代价。税和费的区别主要表现在以下几个方面：

1. 主体不同。税收的主体是国家，税收管理的主体是代表国家的税务机关、海关或财政部门；而费的收取主体多是行政事业单位、行业主管部门等。

2. 特征不同。税收具有无偿性，纳税人缴纳的税收与国家提供的公共产品和服务之间不具有对称性。费则通常具有补偿性，主要用于成本补偿的需要，特定的费与特定的服务往往具有对称性。税收具有稳定性，而费则具有灵活性。税法一经制定对全国具有统一效力，并相对稳定，费的收取一般由不同部门、不同地区根据实际情况灵活确定。

3. 用途不同。税收收入由国家预算统一安排使用，用于社会公共需要支出，而费一般具有专款专用的性质。

☞ 科目设置

为完成有关应交税费的核算工作，企业应设置“应交税费”科目，本科目属于负债类科目，用来核算企业按照税法规定计算应缴纳的各种税费，包括增值税、消费税、营业税、所得税、资源税、土地增值税、城市维护建设税、房产税、土地使用税、车船使用税、教育费附加、矿产资源补偿费等，以及企业代扣代交的个人所得税。企业不需要预计应交数所交纳的税金，如印花税、耕地占用税、车辆购置税等，不在本科目核算。本科目应当按照应交税费的税种进行明细核算。增值税一般纳税人为了核算企业应交增值税的发生、抵扣、缴纳、退税及转出等情况，还应在“应交税费”科目下设置“未交增值税”明细科目，核算企业月份终了从“应交税费——应交增值税”科目转入的当月未交或多交的增值税。应交增值税还应分别“进项税额”、“已交税金”、“销项税额”、“出口退税”、“进项税额转出”、“转出未交增值税”、“转出多交增值税”、“减免税款”、“出口抵减内销产品应纳税额”等设置专栏进行明细核算。

在日常核算时，企业应缴纳的各项税金在本科目的贷方登记，实际缴纳时在本科目的借方登记，本科目期末贷方余额，反映企业尚未交纳的税费；期末如为借方余额，反映企业多交或尚未抵扣的税金。

核算内容

一、增值税的核算

增值税是对我国境内销售货物、进口货物，或提供加工、修理修配的增值额征收的一种流转税（注：从2011年营改增方案实施以后，增值税征税范围将逐步扩展到营业税纳税人）。按照纳税人的经营规模及会计核算的健全程度，增值税纳税人分为一般纳税人和小规模纳税人。一般纳税人应纳增值税税额，根据当期销项额减去当期进项额计算确定；小规模纳税人应纳增值税税额，按照销售额和规定的征收率计算确定。

（一）一般纳税人应纳增值税的核算

从税务角度看增值税的一般纳税企业，一是可以使用增值税专用发票，企业销售货物或提供劳务可以开具增值税专用发票（或完税凭证、购进免税农产品凭证、外购物资支付的运输费用的结算单据等）；二是购入货物时支付的符合规定的增值税税额可以用销项税额抵扣；三是如果企业销售货物或者提供劳务采用销售额和销项税额合并定价方法的，按公式“$销售额=\frac{含税销售额}{1+增值税税率}$”还原为不含税销售额，并按不含税销售额计算销项税额。

按照增值税暂行条例规定，一般纳税人购入货物或接受劳务必须具备以下凭证，其进项税额才能予以扣除：一是从销售方取得的增值税专用发票；二是从海关取得的进口货物的完税凭证；三是购进免税农产品时取得的经税务机关批准的收购凭证。

企业购入货物或者接受应税劳务，没有按照规定取得并保存增值税扣税凭证，或者增值税扣税凭证上未按照规定注明增值税税额及其他有关事项的，其进项税额不能从销项税额中抵扣。会计核算中，如果企业不能取得有关的扣税证明，则购进货物或接受应税劳务支付的增值税税额不能作为进项税额扣税，其已支付的增值税只能记入购入货物或接受劳务的成本。

1. 一般购销业务的处理。一般纳税人在账务处理上的主要特点：一是在购进阶段，会计处理时实行价与税的分离，价与税分离的依据为增值税专用发票上注明的价款与增值税，属于价款部分，计入购入货物的成本；属于增值税额部分，计入进项税额。二是在销售阶段，销售收入中不应含税，如果定价时含税，应还原为不含税价格作为销售收入，向购买方收取的增值税作为销项税额。

2. 购入免税产品的处理。按照增值税暂行条例规定，对农业生产者销售的自产农业产品等部分项目免征增值税。企业销售免征增值税项目的货物，不能开具增值税专用发票，只能开具普通发票。企业购进免税产品，一般情况下不能扣税，但按税法规定，对于购入的免税产品可以按买价（或收购金额）的一定比率计算进项税额，并准予从销项税额中抵扣。这里的买价是指购进免税产品时取得的经税务机关批准的收购凭证上的价款。在会计核算时，一是按购进时取得的收购凭证上确定的金额扣除一定比例的进项税额作为购进物资的成本；二是扣除的部分作为进项税额，待以后用销项税额抵扣。

3. 视同销售的处理。按照增值税暂行条例实施细则的规定，对于企业将自产、委托加工或购买的货物分配给股东或投资者；将自产、委托加工的货物用于集体福利或个人消费等行为，视同销售货物，需计算缴纳增值税。对于税法上某些视同销售的行为，从会计角度看不属于销售行为，不会增加现金流量，因此会计核算不作为销售处理，按成本转账。但是，无论会计上是否作销售处理，只要税法规定需要缴纳增值税的，应当计算缴纳增值税销项税额，并计入“应交税费——应交增值税”科目中的“销项税额”专栏。

4. 不予抵扣项目的处理。按照增值税暂行条例及其实施细则的规定，企业购进非生产经营用固定资产、用于非应税项目的购进货物或者应税劳务等按规定不予抵扣增值税进项税额。

属于购入货物时即能认定其进项税额不能抵扣的，如购进非生产用固定资产、购入的货物直接用于免税项目、直接用于非应税项目，或者直接用于集体福利和个人消费的，进行会计处理时，其增值税专用发票上注明的增值税税额，计入购入货物及接受劳务的成本。属于购入货物时不能直接认定其进项税额能否抵扣的，增值税专用发票上注明的增值税税额，按照增值税会计处理方法记入“应交税费——应交增值税（进项税额）”科目；如果这部分购入货物以后用于按规定不得抵扣进项税额项目的，应将原已计入进项税额并已支付的增值税转入有关的承担者予以承担，通过“应交税费——应交增值税（进项税额转出）”科目转入有关的“在建工程”、“应付职工薪酬——职工福利”、“待处理财产损溢”等科目。

5. 营改增一般纳税人的处理。一般纳税人提供应税服务，试点期间按照营业税改征增值税有关规定，允许从销售额中扣除其支付给非试点纳税人价款的，应在“应交税费——应交增值税”科目下增设“营改增抵减的销项税额”专栏，用于记录该企业因按规定扣减销售额而减少的销项税额；企业接受应税服务时，按规定允许扣减销售额而减少的销项税额，借记“应交税费——应交增值税（营改增抵减的销项税额）”科目，按实际支付或应付的金额与上述增值税税额的差额，借记“主营业务成本”等科目，按实际支付或应付的金额，贷记“银行存款”、“应付账款”等科目。

对于期末一次性进行账务处理的企业，期末，按规定当期允许扣减销售额而减少的销项税额，借记“应交税费——应交增值税（营改增抵减的销项税额）”科目，贷记“主营业务成本”等科目。

一般纳税人差额征收的会计处理：

借：应交税费——应交增值税（营改增抵减的销项税额）

　　主营业务成本等（差额）

　　贷：银行存款等（实际支付或应付的金额）

　　　对于期末一次性进行账务处理的企业

借：应交税费——应交增值税（营改增抵减的销项税额）

　　贷：主营业务成本等

6. 转出多交增值税和未交增值税的处理。月份终了，企业计算出当月应交未交的增值税，借记“应交税费——应交增值税（转出来交增值税）”科目，贷记“应交税费——未交增值税”科目；当月多交的增值税，借记“应交税费——未交增值税”科目，贷记“应交税费——应交增值税（转出多交增值税）”科目，经过结转后，月份终了，“应交税费——应交增值税”科目的余额在借方，反映企业尚未抵扣的增值税。

值得注意的是，企业当月交纳当月的增值税，仍然通过“应交税费——应交增值税（已交税金）”科目核算；当月交纳以前各期未交的增值税，通过“应交税费——未交增值税”科目，不通过“应交税费——应交增值税（已交税金）”科目核算。

（二）小规模纳税人的会计处理

和增值税一般纳税人相比较，小规模纳税企业的特点有：一是小规模纳税企业销售货物或者提供应税劳务，一般情况下只能开具普通发票，不能开具增值税专用发票；二是小规模纳税企业销售货物或提供应税劳务，实行简易办法计算应纳税额，按照销售额的一定比例计算；三是小规模纳税企业的销售收入不包括其应纳税额。采用销售额和应纳税额合并定价方法的，按照公式“$销售额=\frac{含税销售额}{1+征收率}$”还原为不含税销售额计算。

从会计核算角度看，首先，小规模纳税企业购入货物无论是否具有增值税专用发票，其支付的增值税税额均不计入进项税额，应计入购入货物的成本。相应地，其他企业从小规模纳税企业购入货物或接受劳务支付的增值税税额，如果不能取得经税务部门认可的发票，也不能作为进项税额抵扣，而应计入购入货物或应税劳务的成本；其次，小规模纳税企业“应交税费——应交增值税”科目，应采用三栏式科目，而不设置专栏进行核算。

小规模纳税人提供应税服务，试点期间按照营业税改征增值税有关规定，允许从销售额中扣除其支付给非试点纳税人价款的，按规定扣减销售额而减少的应交增值税，应直接冲减“应交税费——应交增值税”科目。企业接受应税服务时，按规定允许扣减销售额而减少的应交增值税，借记“应交税费——应交增值税”科目，按实际支付或应付的金额与上述增值税额的差额，借记“主营业务成本”等科目，按实际支付或应付的金额，贷记“银行存款”、“应付账款”等科目。对于期末一次性进行账务处理的企业，期末，按规定当期允许扣减销售额而减少的应交增值税，借记“应交税费——应交增值税”科目，贷记“主营业务成本”等科目。

典型案例

1. 一般纳税人的账务处理：包括进项税额、进项税额转出、销项税额、视同销售业务的核算。

案例 8－1：星源公司为增值税一般纳税人，2013 年 10 月 8 日向巩丰公司购入一批原材料——钢材，增值税专用发票上注明的原材料价款为 600 万元，增值税额为 102 万元。货款已经支付，材料已经到达并验收入库。

借：原材料——钢材	6 000 000	
应交税费——应交增值税（进项税额）	1 020 000	
贷：银行存款		7 020 000

案例 8－2：星源公司为增值税一般纳税人，2013 年 10 月 10 日向荣怡公司销售产品——V 型机械，收入为 1 200 万元（不含应向购买者收取的增值税），符合收入确认条件，货款尚未收到。该产品不缴纳消费税。

借：应收账款——荣怡公司	14 040 000	
贷：主营业务收入——V 型机械		12 000 000
应交税费——应交增值税（销项税额）		2 040 000

案例 8－3：星源公司本期收购一批农业产品——原木，实际支付的价款为 200 万元，收购的原木已验收入库，款项已经支付。

借：原材料——原木	1 740 000	
应交税费——应交增值税（进项税额）	260 000	
贷：银行存款		2 000 000

案例 8－4：星源公司为增值税一般纳税人，本期以自产产品发动机对旺方公司投资（非同一控制，占旺方公司有表决权资本的 51%），双方协议按产品的售价作价。该批产品的成本 185 万元，售价和计税价格均为 232 万元。假如该原材料的增值税税率为 17%。

借：长期股权投资——旺方公司	2 714 400	
贷：主营业务收入——发动机		2 320 000
应交税费——应交增值税（销项税额）		394 400
借：主营业务成本——发动机	1 850 000	
贷：库存商品——发动机		1 850 000

案例 8－5：星源公司为增值税一般纳税人，本期购入一批材料橡胶用

于公司厂房工程建设项目，增值税专用发票上注明的增值税税额为20.4万元，材料价款120万元。

借：工程物资——橡胶　　1 404 000
　　贷：银行存款　　1 404 000

假如购入原材料时并没有打算将其用于在建工程，则在购入并验收入库时：

借：原材料——橡胶　　1 200 000
　　应交税费——应交增值税（进项税额）　　204 000
　　贷：银行存款　　1 404 000

厂房工程领用材料时：

借：在建工程　　1 404 000
　　贷：应交税费——应交增值税（进项税额转出）　　204 000
　　　　原材料——橡胶　　1 200 000

2. 小规模纳税人的账务处理。

案例8－6：瑞华企业被税务部门认定为小规模纳税人，2013年10月3日向祥武棉纺厂购入原材料——棉纱，按照增值税专用发票上记载的原材料价款为100万元，支付的增值税额为17万元，企业开出承兑的商业汇票，材料尚未到达。

借：在途物资——棉纱　　1 170 000
　　贷：应付票据——祥武棉纺厂　　1 170 000

案例8－7：瑞华企业被企业税务部门认定为小规模纳税人，2013年10月18日向利华公司销售一批产品——精纺布，销售价格总额为90万元（含税），假定符合收入确认条件，货款尚未收到。根据上述经济业务，企业应作如下账务处理：

不含税价格＝900 000÷（1＋3%）＝873 786.41（元）

应交增值税＝873 786.41×3%＝26 213.59（元）

借：应收账款——利华公司　　900 000
　　贷：主营业务收入——销售收入　　873 786.41
　　　　应交税费——应交增值税（销项税额）　　26 213.59

【营改增小知识】

2011年，经国务院批准，财政部、国家税务总局联合下发营业税改增值税试点方案。从2012年1月1日起，在上海交通运输业和部分现代服务业开展营业税改征增值税试点。至此，货物劳务税收制度的改革拉开序幕。自2012年8月1日起至该年年底，国务院将扩大营改增试点至10省市，北京或9月启动。截止2013年8月1日，“营改增”范围已推广到全国试行。国务院总理李克强2013年12月4日主持召开国务院常务会议，决定从2014年1月1日起，将铁路运输和邮政服务业纳入营业税改征增值税试点，至此交通运输业已全部纳入营改增范围。自2014年6月1日起，将电信业纳入营业税改征增值税试点范围。

试点行业分述如下：

（一）交通运输业：包括陆路、水路、航空、管道运输服务

（二）部分现代服务业［主要是部分生产性服务业］

1. 研发和技术服务

2. 信息技术服务

3. 文化创意服务（设计服务、广告服务、会议展览服务等）

4. 物流辅助服务

5. 有形动产租赁服务

6. 鉴证咨询服务

7. 广播影视服务

（三）邮政服务业

暂时不包括的行业：建筑业、金融保险业和生活性服务业

（四）电信业

按照规定，属于增值税一般纳税人的上述行业，提供相应服务的，开具的增值税专用发票记账联中的税额即为该企业的销项税额；接受相应服务的，从提供服务的企业取得增值税专用发票两联，发票联和抵扣联中的增值税额即为该企业的进项税额，可以抵扣。

对于小规模纳税人，根据《交通运输业和部分现代服务业营业税改征增值税试点有关事项的规定》附件2的规定，试点纳税人中的小规模纳税人提供交通运输业服务和国际货物运输代理服务，按照国家有关营业税政策规定差额征收营业税的，其支付给试点纳税人的价款，也允许从其取得的全部价款和价外费用中扣除；试点小规模纳税人从事联运业务无论联运合作方的纳税人类型，都可以差额计算销售额。

和营业税规定不同，根据国税发［2003］121号文件及相关文件规定，非试点货物运输业纳税人分为自开票纳税人和代开票纳税人，而代开票纳税人从事联运业务取得的收入不得减除支付给其他联运合作方的各种费用。试点小规模纳税人从事联运业务相当于取得了自开票纳税人的资格，可以差额计算销售额并缴纳增值税。

案例 8-8：某货物运输企业A为生产企业甲公司提供运输劳务，甲公司共需支付A企业1 110万元，A企业将承揽甲公司运输业务的一部分分给货物运输企业B，A企业共需支付B企业555万元运输费用（不考虑其他进项税抵扣）。假设A企业是小规模纳税人。

A企业销售额 = 1 110 ÷（1 + 3%）－555 ÷（1 + 3%）= 538.835（万元）。

A企业应纳增值税 = 538.835 × 3% = 16.165（万元）。

A企业的会计处理如下：

借：应收账款　　1 110

　　贷：应交税费——应交增值税　　32.33

　　　　主营业务收入　　1 077.67

借：主营业务成本　　538.835

　　应交税费——应交增值税　　16.165

贷：应付账款　　555

二、消费税的核算

（一）消费税的税法规定

为了正确引导消费方向，国家在普遍征收增值税的基础上，选择部分消费品，再征收一道消费税。消费税的征收方法采取从价定率和从量定额两种方法。实行从价定率方法计征的应纳税额的税基为销售额，如果企业应税消费品的销售额中未扣除增值税税款，或者因不能开具增值税专用发票而发生价款和增值税税款合并收取的，在计算消费税时，按公式“$应税消费品的销售额=\frac{含增值税的销售额}{1+增值税税率或征收率}$”换算为不含增值税税款的销售额。实行从量定额办法计征的应纳税额的销售数量是指应税消费品的数量；属于销售应税消费品的，为应税消费品的销售数量；属于自产自用应税消费品的，为应税消费品的移送使用数量；属于委托加工应税消费品的，为纳税人收回的应税消费品数量；进口的应税消费品，为海关核定的应税消费品进口征税数量。

（二）应税消费品销售的处理

企业销售应税消费品时应交纳的消费税，应分别不同情况进行处理：

1. 企业将生产的产品直接对外销售的，对外销售产品应交纳的消费税，通过“营业税金及附加”科目核算。

2. 企业用应税消费品对外投资或用于在建工程、非生产机构等其他方面，按规定应交纳的消费税，应计入有关的成本。例如，企业以应税消费品对外投资，应交的消费税计入投资的初始投资成本；企业以应税消费品用于在建工程项目，应交的消费税计入在建工程成本。

3. 委托加工应税消费品的处理。按照税法规定，企业委托加工的应税消费品，由受托方在向委托方交货时代收代缴税款（除受托加工或翻新改制金银首饰按规定由受托方交纳消费税外）。委托加工的应税消费品，委托方用于连续生产应税消费品的，符合税法规定的情况下，所纳税款准予抵扣。这里的委托加工应税消费品，是指由委托方提供原料和主要材料，受托方只收取加工费和代垫部分辅助材料加工的应税消费品，对于由受托方提供原材料生产的应税消费品，或者受托方先将原材料卖给委托方，然后再接受加工的应税消费品，以及由受托方以委托方名义购进原材料生产的应税消费品，都不作为委托加工应税消费品，而应当按照销售自制应税消费品交纳消费税。委托加工的应税消费品直接出售的，不再征收消费税。

典型案例

1. 一般销售行为。符合收入确认条件的，应确认收入，并结转成本以及确认应缴纳的消费税税额。

案例8-9：华宇公司为增值税一般纳税人（采用计划成本核算原材料），2012年10月4日向瑞琪公司销售其生产的应纳消费税产品——摩托车（汽缸容量500毫升），售价为24万元（不含应向购买者收取的增值税），产品成本为15万元。该产品的增值税税率为17%，消费税税率为10%。产品已经发出，符合收入确认条件，款项尚未收到。

借：应收账款——瑞琪公司　　280 800
　贷：主营业务收入——摩托车　　240 000
　　　应交税费——应交增值税（销项税额）　　40 800
借：营业税金及附加　　24 000
　贷：应交税费——应交消费税　　24 000
借：主营业务成本——摩托车　　150 000
　贷：库存商品——摩托车　　150 000

2. 视同销售行为。

案例8-10：华宇公司为将生产的应纳消费税产品——摩托车（汽缸容量500毫升）作为福利发放给生产工人，其售价为12万元（不含应向购买者收取的增值税），成本为8万元。该产品的增值税税率为17%，消费税税率为10%。

借：应付职工薪酬——非货币性福利　　152 400
　贷：主营业务收入——摩托车　　120 000
　　　应交税费——应交增值税（销项税额）　　20 400
　　　　　　　——应交消费税　　12 000
借：主营业务成本——摩托车　　80 000
　贷：库存商品——摩托车　　80 000

3. 委托加工行为。

案例8-11：华宇公司委托贵华加工厂加工摩托车，原材料价款200万元，加工费用50万元（取得了增值税专用发票），由受托方代收代缴的消费税5万元（不考虑增值税），摩托车已经加工完毕验收入库，加工费用尚未支付。假定该企业材料采用实际成本核算。

（1）如果华宇公司收回加工后的摩托车用于继续生产应税消费品，委托方的会计处理如下：

①发出原材料：
借：委托加工物资——摩托车　　2 000 000
　贷：原材料　　2 000 000

②支付加工费及税金：
借：委托加工物资——摩托车　　500 000
　　应交税费——应交消费税　　50 000
　　　　　　——应交增值税（进项税额）　　8 500
　贷：应付账款——贵华加工厂　　558 500

③收回委托加工物资：
借：原材料——委托加工半成品　　2 500 000
　贷：委托加工物资——摩托车　　2 500 000

(2) 如果华宇公司收回加工后的材料直接用于销售，委托方的账务处理如下：

①发出原材料：

借：委托加工物资——摩托车	2 000 000	
贷：原材料		2 000 000

②支付加工费及税金：

借：委托加工物资——摩托车	550 000	
应交税费——应交增值税（进项税额）	8 500	
贷：应付账款		558 500

③收回委托加工物资：

借：库存商品——摩托车	2 550 000	
贷：委托加工物资——摩托车		2 550 000

三、营业税的核算

（一）营业税的税法规定

营业税是对提供劳务、转让无形资产或者销售不动产的单位和个人征收的一种税。营业税按照营业额和规定的税率计算应纳税额，其公式为：

应纳税额 = 营业额 × 税率

这里的营业额是指企业提供应税劳务、转让无形资产或者销售不动产向对方收取的全部价款和价外费用。价外费用包括向对方收取的手续费、基金、集资费、代收款项、代垫款项及其他各种性质的价外收费。税率按行业、类别不同分别采用不同的比例税率，从3%到20%不等。

（二）营业税的核算

1. 工业企业其他业务收入相关营业税的会计处理。工业企业经营工业生产以外的其他业务所取得的收入，按规定应交的营业税，通过“营业税金及附加”科目核算。

2. 与销售不动产相关的营业税的会计处理。企业销售不动产，应当向不动产所在地主管税务机关申报缴纳营业税。销售不动产按规定应交的营业税，在“固定资产清理”等科目的借方进行核算。

3. 出租或出售无形资产相关营业税的会计处理。在会计核算时，由于企业出租无形资产所发生的支出是通过“其他业务成本”科目核算的，而出售无形资产所发生的损益是通过营业外收支核算的，所以，出租无形资产应交纳的营业税应通过“营业税金及附加”科目核算，出售无形资产应交纳的营业税，通过“营业外收入”或“营业外支出”科目核算。

典型案例

1. 提供应税劳务。

案例 8－12：华宇公司对外提供运输劳务，收入35万元，营业税税率3%。当期用银行存款上交营业税1万元。根据该项经济业务企业应作如下账务处理：

应交营业税 = 35 × 3% = 1.05（万元）

借：营业税金及附加　　10 500

　贷：应交税费——应交营业税　　10 500

借：应交税费——应交营业税　　10 000

　贷：银行存款　　10 000

2. 销售不动产。

案例8－13：华宇公司出售一栋办公楼，出售收入3 200 000元已存入银行。该办公楼的账面原价为4 000 000元，已提折旧1 000 000元，未曾计提减值准备；出售过程用银行存款支付清理费用5 000元。销售该项固定资产适用的营业税税率为5%。

（1）该固定资产转入清理：

借：固定资产清理　　3 000 000

　累计折旧　　1 000 000

　贷：固定资产——办公楼　　4 000 000

（2）收到出售收入3 200 000元：

借：银行存款　　3 200 000

　贷：固定资产清理　　3 200 000

（3）支付清理费用50 000元：

借：固定资产清理　　50 000

　贷：银行存款　　50 000

（4）计算应交营业税：3 200 000 × 5% = 160 000（元）

借：固定资产清理　　160 000

　贷：应交税费——应交营业税　　160 000

（5）结转销售该固定资产的净损失：

借：营业外支出——固定资产清理净损失　　10 000

　贷：固定资产清理　　10 000

四、其他小税种税的核算

（一）应交城市维护建设税

为了加强城市的维护建设，扩大和稳定城市维护建设资金的来源，国家开征了城市维护建设税。城市维护建设税是以增值税、消费税、营业税为计税依据征收的一种税。其纳税人为交纳增值税、消费税、营业税的单位和个人，税率因纳税人所在地的不同规定了1%、5%、7%三档差别比例税率。计算公式为：

应纳税额 = （应交增值税 + 应交消费税 + 应交营业税）× 适用税率

在会计核算时，企业按规定计算出的城市维护建设税，记入“营业税金及附加”科目。

（二）应交教育费附加

教育费附加是指为了发展教育事业而向企业征收的附加费用，企业按应交流转税的一定比例计算交纳。企业应交的教育费附加，记入“营业税金及附加”科目。

（三）应交资源税

资源税是指对在我国境内开采矿产品或者生产盐的单位和个人征收的税。资源税按照应税产品的课税数量和规定的单位税额计算。开采或生产应税产品对外销售的，以销售数量为课税数量；开采或生产应税产品自用的，以自用数量为课税数量。

对外销售应税产品应交纳的资源税应记入“营业税金及附加”科目；自产自用应税产品应交纳的资源税应记入“生产成本”、“制造费用”等科目。

（四）应交土地增值税

土地增值税是指在我国境内有偿转让土地使用权及地上建筑物和其他附着物产权的单位和个人，就其土地增值额征收的一种税。土地增值额是指转让收入减去规定扣除项目金额后的余额。转让收入包括货币收入、实物收入和其他收入。扣除项目主要包括取得土地使用权所支付的金额、开发土地的费用、新建及配套设施的成本、旧房及建筑物的评估价格等。

企业应交的土地增值税视情况记入不同科目：企业转让的土地使用权连同地上建筑物及其附着物一并在“固定资产”等科目核算的，转让时应交的土地增值税，借记“固定资产清理”科目，贷记“应交税费——应交土地增值税”科目；土地使用权在“无形资产”科目核算的，按实际收到的金额，借记“银行存款”科目，按应交的土地增值税，贷记“应交税费——应交土地增值税”科目，同时冲销土地使用权的账面价值，贷记“无形资产”科目，按其差额，借记“营业外支出”科目或贷记“营业外收入”科目。

（五）应交房产税、土地使用税、车船使用税和矿产资源补偿费

房产税是指国家对在城市、县城、建制县和工矿区征收的由产权所有人缴纳的一种税。房产税依照房产原值一次减除10%至30%后的余额计算交纳。没有房产原值作为依据的，由房产所在地税务机关参考同类房产核定；房产出租的，以房产租金收入为房产税的计税依据。

土地使用税是指国家为了合理利用城镇土地，调节土地级差收入，提高土地使用效益，加强土地管理而开征的一种税，以纳税人实际占用的土地面积为计税依据，依照规定税额计算征收。

车船使用税由拥有并且使用车船的单位和个人交纳。车船使用税按照适用税额计算交纳。

矿产资源补偿费是对在我国领域和管辖海域开采矿产资源而征收的费用。矿产资源补偿费按照矿产品销售收入的一定比例计征，由采矿人交纳。

企业应交的房产税、土地使用税、车船使用税、矿产资源补偿费，记入“管理费用”科目。

（六）应交印花税、耕地占用税和车辆购置税

耕地占用税是指国家为了利用土地资源，加强土地管理，保护农用耕地而征收的一种税。耕地占用税以实际占用的耕地面积计税，按照规定税额一次征收。企业交纳的耕地占用税，不需要通过“应交税费”科目核算。企业按规定计算交纳耕地占用税时，借记“在建工程”科目。

印花税是对书立、领受购销合同等凭证行为征收的税款，实行由纳税人根据规定自行计算应纳税额，购买并一次贴足印花税票的交纳方法。由于企业交纳的印花税，是由纳税人根据规定自行计算应纳税额以购买并一次贴足印花税票的方法交纳的税款。因此，企业交纳的印花税，不会发生应付未付税款的情况，不需要预计应纳税金额，同时也不存在与税务机关结算或清算的问题，因此，企业交纳的印花税不需要通过“应交税费”科目核算，于购买印花税票时，直接借记“管理费用”科目，贷记“银行存款”科目。

车辆购置税是对在境内购买、进口、自产、受赠、获奖或者以其他方式取得并自用应税车辆的行为所征收的税款。企业购置（包括购买、进口、自产、受赠、获奖或者以其他方式取得并自用）应税车辆，按规定交纳的车辆购置税，借记“固定资产”等科目，贷记“银行存款”科目。

典型案例

1. 应交城市维护建设税。

案例8－14： 华宇公司本期实际应上交增值税400 000元，消费税241 000元，营业税159 000元。该企业适用的城市维护建设税税率为7%。该企业的有关会计处理如下：

应交的城市维护建设税＝（400 000＋241 000＋159 000）×7%＝56 000（元）

借：营业税金及附加　　56 000

　贷：应交税费——应交城市维护建设税　　56 000

用银行存款上交城市维护建设税时：

借：应交税费——应交城市维护建设税　　56 000

　贷：银行存款　　56 000

2. 应交教育费附加。

案例8－15： 承案例8－14，该企业适用的教育附加费比例为3%。

应交的教育费附加＝（400 000＋241 000＋159 000）×3%＝24 000（元）

借：营业税金及附加　　24 000

　贷：应交税费——应交教育费附加　　24 000

3. 应交资源税。

案例8－16： 新元矿业公司对外销售资源税应税矿产品磷矿石2 000吨，每吨应交资源税15元。

企业对外销售应税产品而应交的资源税＝2 000×15＝30 000（元）

借：营业税金及附加　30 000

　　贷：应交税费——应交资源税　30 000

案例 8－17：新元矿业公司将自产的资源税应税矿产品磷矿石500吨用于企业的产品生产，每吨应交资源税15元。

企业自产自用应税矿产品而应交纳的资源税＝500×15＝7 500（元）

借：生产成本　7 500

　　贷：应交税费——应交资源税　7 500

4. 应交营业税。

案例 8－18：华宇公司对外转让一栋厂房，根据税法规定计算的应交土地增值税为270 000元。

借：固定资产清理　270 000

　　贷：应交税费——应交土地增值税　270 000

情境演练 8－1

西王公司为一般纳税人，存货按实际成本核算，适用增值税税率17%、适用消费税税率10%，转让无形资产的营业税为5%，城建税税率为7%，教育费附加征收率为3%。2013年5月发生如下经济业务：

业务1：向意林公司采购A#材料，增值税专用发票上注明价款9 000 000元、增值税153 000元，另有运费，取得的运输业增值税专用发票注明的价款2 000元，增值税220元。发票账单已经到达，材料已经验收入库，货款及运费以银行存款支付。

业务2：销售XY－1产品5 000件，单位售价（不含税）200元，单位成本150元。该产品需同时交纳增值税与消费税。产品已经发出，货款已委托银行收取，相关手续办理完毕。

业务3：转让一项专利的所有权，收入15 000元已存入银行。该项专利的账面余值为80 000元、累计摊销75 000元。

业务4：收购农产品一批，实际支付价款80 000元。我国增值税实施条例规定收购农产品按10%的扣除率计算进项税额。农产品已验收入库。

业务5：委托元异公司加工一批原材料，发出材料成本为100 000元。加工费用25 000元。加工过程中发生的增值税4 250元、消费税2 500元，由受托单位代收代交。材料加工完毕并验收入库，准备直接对外销售。加工费用和应交的增值税、消费税已用银行存款与D公司结算。

业务6：购入生产用设备一台，增值税专用发票上注明价款180 000元、增值税30 600元。设备已投入使用，款项已通过银行存款支付。

业务7：公司在建的办公大楼因施工需要，领用原材料一批，成本50 000元。

业务8：月底对原材料进行盘点，盘亏金额4 000元，原因待查。

要求：（1）熟悉业务完成应获取的涉税凭证；

（2）编制上述业务的会计分录；

（3）按当期应交增值税、营业税、消费税计算应交的城建税和教育费附加并进行会计处理。

学习子情境二
所得税的核算

科目设置

为完成所得税业务的核算工作，应设置“所得税费用”、“递延所得税资产”和“递延所得税负债”科目。“所得税费用”科目是损益类科目中的费用科目，借方记录根据所得税准则确认的应从当期利润总额中扣除的所得税费用，贷方记录期末结转至“本年利润”的金额，结转后本科目应无余额。

“递延所得税资产”科目属于资产类科目，本科目用来核算企业确认的可抵扣暂时性差异产生的递延所得税资产，借方记录根据所得税准则应予确认的递延所得税资产和资产负债表日递延所得税资产的应有余额大于其账面余额的差额，贷方记录资产负债表日递延所得税资产的应有余额小于其账面余额的差额，该科目期末为借方余额，反映企业确认的递延所得税资产。本科目应当按照可抵扣暂时性差异等项目进行明细核算。

“递延所得税负债”科目属于负债类科目，本科目核算企业根据所得税准则确认的应纳税暂时性差异产生的所得税负债。贷方记录根据所得税准则应予确认的递延所得税负债和资产负债表日递延所得税负债的应有余额大于其账面余额的差额，借方记录资产负债表日递延所得税负债的应有余额小于其账面余额的差额。本科目期末为贷方余额，反映企业已确认的递延所得税负债的余额。本科目应当按照应纳税暂时性差异项目进行明细核算。

核算内容

一、应交所得税的核算

中华人民共和国境内的企业和其他取得收入的组织，其生产、经营所得和其他所得，依照有关所得税暂行条例及其细则的规定需要缴纳所得税。应交所得税额等于应纳税所得额乘以适用税率，即：

应交所得税额＝应纳税所得额×所得税税率－减免税额－抵免税额

企业所得税实行比例税率，基本税率为25%。其中，应纳税所得额的基本公式为：

应纳税所得额＝收入总额－不征税收入－免税收入－各项扣除－以前年度亏损（直接计算法）或

＝会计利润总额±纳税调整项目金额（间接计算法）

从上面的计算公式可以看出会计利润和应纳税所得额是不完全一致的，会计利润是按会计准则的规定计算，而应纳税所得额按税法的规定计算，由于会计准则和税法两者的目的不同，所以对收益、费用、资产、负债等的确认时间和范围也不同，从而导致会计利润与应税所得之间的不同。

二、所得税费用的核算

我国所得税会计采用了资产负债表债务法，因为这种方法较为完全地体现了资产负债观。它要求企业从资产负债表出发，通过比较资产负债表上列示的资产、负债按照会计准则规定确定的账面价值与按照税法规定确定的计税基础，将两者之间的差异区分为应纳税暂时性差异与可抵扣暂时性差异，从而确认相关的递延所得税负债与递延所得税资产，并在此基础上确定每一会计期间利润表中的所得税费用。

（一）认识资产负债的计税基础

1. 资产的计税基础。资产的计税基础，是指企业收回资产账面价值过程中，计算应纳税所得额时按照税法规定可以自应税经济利益中抵扣的金额，即某一项资产在未来期间计税时按照税法规定可以税前扣除的金额。资产在初始确认时，其计税基础一般为取得成本，即企业为取得某项资产支付的成本在未来期间准予税前扣除。在资产持续持有的过程中，其计税基础是指资产的取得成本减去以前期间按照税法规定已经税前扣除的金额后的余额。用公式表示即为：

资产的计税基础＝未来可税前列支的金额

＝资产成本－以前期间按照通过税法规定已税前列支的金额

以固定资产为例，通过各种方式取得的固定资产，初始确认时按照会计准则规定确定的入账价值基本上是被税法认可的，即取得时其账面价值一般等于计税基础。固定资产在持有期间进行后续计量时，会计准则规定按照“成本－累计折旧－固定资产减值准备”进行计量，税法则以“成本－按税法规定计提的累计折旧”进行计量，两者的差异主要产生于折旧方法、折旧年限的不同以及固定资产减值准备的提取。

2. 负债的计税基础。负债的计税基础，是指负债的账面价值减去未来期间计算应纳税所得额时按照税法规定可予抵扣的金额。用公式表示为：

负债的计税基础 = 账面价值 - 未来期间按照税法规定可予税前扣除的金额

负债的确认与偿还一般不会影响企业的损益，也不会影响其应纳税所得额，未来期间计算应纳税所得额时按照税法规定可予抵扣的金额为零，计税基础即为账面价值。但是，某些情况下，负债的确认可能会影响企业的损益，进而影响不同期间的应纳税所得额，使得其计税基础与账面价值之间产生差额，如企业因销售产品承诺提供3年的保修服务，在当年度利润表中确认了400万元的销售费用，同时确认为预计负债，当年度未发生任何保修支出。该项预计负债在资产负债表中的账面价值为400万元。因税法规定与产品保修相关的支出在未来期间实际发生时允许税前扣除，则该项负债未来期间计算应纳税所得额时按照税法规定可予抵扣的金额为400万元，该项负债的计税基础 = 400万元 - 400万元 = 0。

（二）认识暂时性差异

暂时性差异是指资产、负债的账面价值与其计税基础不同产生的差额。因资产、负债的账面价值与其计税基础不同，产生了在未来收回资产或清偿负债的期间内，应纳税所得额增加或减少并导致未来期间应交所得税增加或减少的情况，形成企业的资产和负债，在有关暂时性差异发生当期，符合确认条件的情况下，应当确认相关的递延所得税负债或递延所得税资产。

根据暂时性差异对未来期间应纳税所得额的影响，分为应纳税暂时性差异和可抵扣暂时性差异。

1. 应纳税暂时性差异。应纳税暂时性差异，是指在确定未来收回资产或清偿负债期间的应纳税所得额时，将导致产生应税金额的暂时性差异，即在未来期间不考虑该事项影响的应纳税所得额的基础上，由于该暂时性差异的转回，会进一步增加转回期间的应纳税所得额和应交所得税金额，在其产生当期应当确认相关的递延所得税负债。应纳税暂时性差异通常产生于以下情况：

（1）资产的账面价值大于其计税基础。资产的账面价值代表的是企业在持续使用或最终出售该项资产时将取得的经济利益的总额，而计税基础代表的是资产在未来期间可予税前扣除的总金额。资产的账面价值大于其计税基础，该项资产未来期间产生的经济利益不能全部税前抵扣，两者之间的差额需要交税，产生应纳税暂时性差异。

（2）负债的账面价值小于其计税基础。负债的账面价值为企业预计在未来期间清偿该项负债时的经济利益流出，而其计税基础代表的是账面价值在扣除税法规定未来期间允许税前扣除的金额之后的差额。负债的账面价值与其计税基础不同产生的暂时性差异，实质上是税法规定就该项负债在未来期间可以税前扣除的金额（即与该项负债相关的费用支出在未来期间可予税前扣除的金额）。负债的账面价值小于其计税基础，则意味着就该项负债在未来期间可以税前抵扣的金额为负数，即应在未来期间应纳税所得额的基础上调增，增加应纳税所得额和应交所得税金额，产生应纳税暂时性差异，应确认相关的递延所得税负债。

2. 可抵扣暂时性差异。可抵扣暂时性差异是指在确定未来收回资产或清偿负债期间的应纳税所得额时，将导致产生可抵扣金额的暂时性差异。该差异在未来期间转回时会减少转回期间的应纳税所得额，减少未来期间的应交所得税。在可抵扣暂时性差异产生当期，符合确认条件时，应当确认相关的递延所得税资产。可抵扣暂时性差异一般产生于以下情况：

（1）资产的账面价值小于其计税基础，意味着资产在未来期间产生的经济利益少，按照税法规定允许税前扣除的金额多，两者之间的差额可以减少企业在未来期间的应纳税所得额并减少应交所得税，符合有关条件时，应当确认相关的递延所得税资产。

（2）负债的账面价值大于其计税基础，负债产生的暂时性差异实质上是税法规定就该项负债可以在未来期间税前扣除的金额。负债的账面价值大于其计税基础，意味着未来期间按照税法规定与负债相关的全部或部分支出可以自未来应税经济利益中扣除，减少未来期间的应纳税所得额和应交所得税。符合有关确认条件时，应确认相关的递延所得税资产。

3. 特殊项目产生的暂时性差异。

（1）未作为资产、负债确认的项目产生的暂时性差异。某些交易或事项发生以后，因为不符合资产、负债确认条件而未体现为资产负债表中的资产或负债，但按照税法规定能够确定其计税基础的，其账面价值零与计税基础之间的差异也构成暂时性差异。

如企业发生的符合条件的广告费，除另有规定外，不超过销售收入15%的部分准予扣除；超过部分准予向以后纳税年度结转扣除。该类费用在发生时按照会计准则规定即计入当期损益，不形成资产负债表中的资产。但按照税法规定可以确定其计税基础，两者之间的差异也形成暂时性差异。

（2）可抵扣亏损及税款抵减产生的暂时性差异。按照税法规定可以结转以后年度的未弥补亏损及税款抵减，虽不是因资产、负债的账面价值与计税基础不同产生的，但与可抵扣暂时性差异具有同样的作用，均能够减少未来期间的应纳税所得额，进而减少未来期间的应交所得税，会计处理上视同可抵扣暂时性差异，符合条件的情况下，应确认与其相关的递延所得税资产。

（三）递延所得税负债及递延所得税资产的确认和计量

企业在计算确定了应纳税暂时性差异与可抵扣暂时性差异后，应当按照所得税会计准则规定的原则确认相关的递延所得税负债以及递延所得税资产。

1. 递延所得税负债的确认和计量。

（1）递延所得税负债的确认。递延所得税负债产生于应纳税暂时性差异。因应纳税暂时性差异在转回期间将增加企业的应纳税所得额和应交所得税，导致企业经济利益的流出，在其发生当期，构成企业应支付税金的义务，应作为负债确认。

企业在确认递延所得税负债时，应遵循以下原则：

除所得税准则中明确规定可不确认递延所得税负债的情况以外，企业对于所有的应纳税暂时性差异均应确认相关的递延所得税负债。除与直接计入所有者权益的交易或事项以及企业合并中取得资产、负债相关的以外，在确认递延所得税负债的同时，应增加利润表中的所得税费用。

（2）递延所得税负债的计量。所得税准则规定，资产负债表日，对于递延所得税负债，应当根据适用税法规定，按照预期收回该资产或清偿该负债期间的适用税率计量。即递延所得税负债应以相关应纳税暂时性差异转回期间按照税法规定适用的所得税税率计量。无论应纳税暂时性差异的转回期间如何，相关的递延所得税负债不要求折现。

2. 递延所得税资产的确认和计量。

（1）递延所得税资产的确认。递延所得税资产产生于可抵扣暂时性差异。确认递延所得税资产的一般原则是：应以未来期间可能取得的应纳税所得额为限。在可抵扣暂时性差异转回的未来期间内，企业无法产生足够的应纳税所得额用以利用可抵扣暂时性差异的影响，使得与可抵扣暂时性差异相关的经济利益无法实现的，不应确认递延所得税资产；企业有明确的证据表明其于可抵扣暂时性差异转回的未来期间能够产生足够的应纳税所得额，进而利用可抵扣暂时性差异的，则应以可能取得的应纳税所得额为限，确认相关的递延所得税资产。

（2）递延所得税资产的计量。同递延所得税负债的计量原则相一致，确认递延所得税资产时，应当以预期收回该资产期间的适用所得税税率为基础计算确定。无论相关的可抵扣暂时性差异转回期间如何，递延所得税资产均不要求折现。

企业在确认了递延所得税资产以后，资产负债表日，应当对递延所得税资产的账面价值进行复核。如果未来期间很可能无法取得足够的应纳税所得额用以利用可抵扣暂时性差异带来的利益，应当减记递延所得税资产的账面价值。减记的递延所得税资产，除原确认时记入所有者权益的，其减记金额亦应记入所有者权益外，其他的情况均应增加所得税费用。

因无法取得足够的应纳税所得额利用可抵扣暂时性差异减记递延所得税资产账面价值的，以后期间根据新的环境和情况判断能够产生足够的应纳税所得额利用可抵扣暂时性差异，使得递延所得税资产包含的经济利益能够实现的，应相应恢复递延所得税资产的账面价值。

另外，无论是递延所得税资产还是递延所得税负债的计量，均应考虑资产负债表日企业预期收回资产或清偿负债方式的所得税影响，在计量递延所得税资产和递延所得税负债时，应当采用与收回资产或清偿债务的预期方式相一致的税率和计税基础。例如，企业持有的某项固定资产，一般情况下是为企业的正常生产经营活动提供必要的生产条件，但在某一时点上，企业决定将该固定资产对外出售，实现其为企业带来的未来经济利益，且假定税法规定长期资产处置时适用的所得税税率与一般情况有所不同，则企业在计量因该资产产生的应纳税暂时性差异或可抵扣暂时性差异的所得税影响时，应考虑该资产带来的经济利益预期实现方式的影响。

典型案例

1. 按照相关会计准则规定确定资产负债表中除递延所得税资产和递延所得税负债以外的其他资产和负债项目的账面价值。

案例 8－19：俊鹏机械有限公司 2012 年度利润表中利润总额为 6 000

万元，该公司适用的所得税税率为25%。递延所得税资产及递延所得税负债不存在期初余额。与所得税核算有关的情况如下：

（1）2012年1月开始计提折旧的一项固定资产，成本为3 000万元，使用年限为10年，净残值为0，会计处理按双倍余额递减法计提折旧，税收处理按直线法计提折旧。假定税法规定的使用年限与会计规定相同。

（2）向关联企业捐赠现金650万元。假定按照税法规定，企业向关联方的捐赠不允许税前扣除。

（3）当期取得作为交易性金融资产核算的股票投资成本为880万元，2012年12月31日的公允价值为1 090万元。税法规定，以公允价值计量的金融资产持有期间市价变动不计入应纳税所得额。

（4）违反环保法规定应支付罚款320万元。

（5）期末对持有的存货2 000万元计提了150万元的存货跌价准备。

固定资产的账面价值 $=3\,000-3\,000\times\frac{2}{10}=2\,400$（万元）

交易性金融资产的账面价值 $=880+210=1\,090$（万元）

存货的账面价值 $=2\,000-150=1\,850$（万元）

其他应付款账面价值 $=320$（万元）

2. 按照会计准则中对于资产和负债计税基础的确定方法，以适用的税收法规为基础，确定资产负债表中有关资产、负债项目的计税基础。

案例8－20：接案例8－19：

固定资产的计税基础 $=3\,000-3\,000\times\frac{1}{10}=2\,700$（万元）

交易性金融资产的计税基础 $=880$（万元）

存货的计税基础 $=2\,000$（万元）

其他应付款计税基础 $=320$（万元）

3. 比较资产、负债的账面价值与其计税基础，对于两者之间存在差异的，分析其性质，除准则中规定的特殊情况外，分别应纳税暂时性差异与可抵扣暂时性差异，确定资产负债表日递延所得税负债和递延所得税资产的应有金额，并与期初递延所得税资产和递延所得税负债的余额相比，确定当期应予进一步确认的递延所得税资产和递延所得税负债金额或应予转销的金额，作为递延所得税。

递延所得税是指按照所得税准则规定当期应予确认的递延所得税资产和递延所得税负债金额，即递延所得税资产及递延所得税负债当期发生额的综合结果。用公式表示即为：

递延所得税＝当期递延所得税负债的增加＋当期递延所得税资产的减少－当期递延所得税负债的减少－当期递延所得税资产的增加

案例8－21：接案例8－20：

固定资产的账面价值＜固定资产的计税基础：形成可抵扣暂时性差异 $=2\,700-2\,400=300$（万元）

交易性金融资产的账面价值 > 交易性金融资产的计税基础：形成应纳税暂时性差异 = 1 090 − 880 = 210（万元）

存货的账面价值 < 存货的计税基础：形成可抵扣暂时性差异 = 2 000 − 1 850 = 150（万元）

其他应付款账面价值 = 其他应付款计税基础：没有差异

因此综合来看，可抵扣暂时性差异 = 300 + 150 = 450（万元）：形成当期递延所得税资产 = 450 × 25% = 112.5（万元）

应纳税暂时性差异 = 210（万元）：形成当期递延所得税负债 = 210 × 25% = 52.5（万元）

4. 就企业当期发生的交易或事项，按照适用的税法规定计算确定当期应纳税所得额，将应纳税所得额与适用的所得税税率计算的结果确认为当期应交所得税，作为当期所得税费用。

当期所得税是指企业按照税法规定计算确定的针对当期发生的交易和事项，应交纳给税务部门的所得税金额，即当期应交所得税。

当期应交所得税 = 当期应纳税所得额 × 适用所得税税率

案例 8－22：接案例 8－21：

当期应纳税所得额 = 6 000 + 300 + 650 − 210 + 320 + 150 = 7 210（万元）

当期应交所得税 = 7 210 × 25% = 1 802.5（万元）

5. 确定利润表中的所得税费用。利润表中的所得税费用包括当期所得税（当期应交所得税）和递延所得税两个组成部分，企业在计算确定了当期所得税和递延所得税后，两者之和（或之差），是利润表中的所得税费用，即：所得税费用 = 当期所得税 + 递延所得税。

递延所得税 = 52.5 − 112.5 = −60（万元）

所得税费用 = 1 802.5 − 60 = 1 742.5（万元）

借：所得税费用	1 742.5	
递延所得税资产	112.5	
贷：应交税费——应交所得税		1 802.5
递延所得税负债		52.5

情境演练 8－2

俊鹏机械有限公司 2013 年度利润表中的利润总额为 6 020 万元。所得税税率为 25%。与所得税核算有关的情况如下：

（1）企业取得一固定资产，原值为 100 万元，预计使用寿命 10 年。从 2013 年 1 月开始计提折旧的固定资产，会计处理按双倍余额递减法计提折旧，税收处理按直线法计提折旧。假定税法规定的使用年限与会计规定相同。

（2）购买国债获得利息收入 234 万元。

（3）当期持有作为交易性金融资产核算的股票投资成本为 1 880 万元，2013 年 12 月 31 日的公允价值为 2 190 万元。税法规定，以公允价值计量的金融资产持有期间市价变动不计入应纳税所得额。

（4）非广告性赞助支出 208 万元。

（5）期末对持有的存货 4 200 万元计提了 239 万元的存货跌价准备。

要求：（1）按照所得税会计核算步骤计算 2013 年的所得税费用；

（2）编制确认所得税费用的会计分录。

学习子情境三
期间费用的核算

☞ 科目设置

为完成有关期间费用业务的核算工作，应分别设置“管理费用”、“销售费用”、“财务费用”三个科目，三个科目均属于损益类中的费用科目，借方记录实际发生的各项期间费用，贷方记录期间费用的减少数和期末转入“本年利润”数，结转后期末无余额。三个科目均按费用项目设置明细科目，一般采用多栏式账页进行登记。

▣ 核算内容

一、费用及其确认

（一）费用的概念和特点

费用是指企业在日常活动中发生的、会导致所有者权益减少的、与向所有者分配利润无关的经济利益的总流出。根据费用的定义，费用具有以下特征：

1. 费用是企业在日常活动中形成的。费用必须是企业在其日常活动中所形成的，这些日常活动的界定与收入定义中涉及的日常活动的界定相一致。因日常活动所产生的费用通常包括销售成本（营业成本）、管理费用等。将费用界定为日常活动所形成的，目的是为了将其与损失相区分，企业非日常活动所形成的经济利益的流出不能确认为费用，而应当计入损失。

2. 费用会导致所有者权益的减少。与费用相关的经济利益的流出应当会导致所有者权益的减少，否则将不符合费用的定义，不应确认为费用。

3. 费用是与向所有者分配利润无关的经济利益的总流出。费用的发生应当会导致经济利益的流出，从而导致资产的减少或者负债的增加（最终也会导致资产的减少）。其表现形式包括现金或者现金等价物的流出，存货、固定资产和无形资产等的流出或者消耗等。鉴于企业向所有者分配利润也会导致经济利益的流出，而该经济利益的流出属于所有者权益的抵减项目，不应确认为费用，应当将其排除在费用的定义之外。

（二）费用的确认条件

费用的确认除了应当符合定义之外，还应严格地满足以下条件：

（1）与费用相关的经济利益应当很可能流出企业；

（2）经济利益流出企业的结果会导致资产的减少或者负债的增加；

（3）经济利益的流出额能够可靠地计量。

二、期间费用及其特点

期间费用是企业当期发生的费用中的重要组成部分，是指本期发生的、不能直接或间接归入某种产品成本的、直接计入损益的各项费用，包括管理费用、销售费用和财务费用。

与产品成本相比，期间费用有如下几个特点：

1. 与产品生产的关系不同。期间费用的发生是为产品生产提供正常的条件和进行管理的需要，而与产品的生产本身并不直接相关；生产成本是指与产品生产直接相关的成本，它们应直接计入或分配计入有关的产品中去。

2. 与会计期间的关系不同。期间费用只与费用发生的当期有关，不影响或不分摊到其他会计期间；生产成本中当期完工部分当期转为产品成本，未完工部分则结转下一期继续加工，与前后会计期间都有联系。

3. 与会计报表的关系不同。期间费用直接计入当期损益，列入当期利润表；生产成本完工部分转为产品成本，已销售产成品的生产成本再转入利润表列作产品销售成本，而未售产品和未完工的产品都应作为存货列入资产负债表。因此，也可把生产成本称为可盘存成本，把期间费用称为不可盘存成本。

4. 与所有者权益的关系不同。期间费用的发生会直接导致所有者权益减少，而产品成本的发生不会直接导致所有者权益减少。

三、期间费用的确认和计量

期间费用的确认和费用确认的条件一样。基于费用和资产的特殊联系，费用可以根据投入价值基础和产出价值基础，分别采用历史成本、重置成本、可变现净值、公允价值等计量。但由于按照历史成本（实际成本）进行费用的计量易于验证，因此，历史成本（实际成本）已经成为会计实务中广泛采用的费用计量属性。

四、期间费用的核算内容

（一）管理费用的核算内容

管理费用核算企业为组织和管理企业生产经营所发生的费用，包括企业的董事会和行政管理部门在企业的经营管理中发生的或者应由企业统一负担的公司经费（比如行政管理部门的职工薪酬、修理费、物料消耗、低值易耗品摊销、办公费和差旅费等）、工会经费、董事会费（包括董事会成员津贴、会议费和差旅费等）、聘请中介机构费、咨询费（含顾问费）、诉讼费、业务招待费、房产税、车船使用税、土地使用税、印花税、技术转让费、矿产资源补偿费、研究费用、排污费等。企业与固定资产有关的后续支出，包括固定资产发生的日常修理费、大修理费用、更新改造支出、房屋的装修费用等，没有满足固定资产准则规定的固定资产确认条件的，也通过“管理费用”核算。

商品流通企业管理费用不多的，可将管理费用的核算内容并入销售费用核算。

（二）销售费用的核算内容

销售费用核算企业销售商品和材料、提供劳务的过程中发生的各种费用，包括保险费、包装费、展览费和广告费、商品维修费、预计产品质量保证损失、运输费、装卸费等以及为销售本企业商品而专设的销售机构（含销售网点、售后服务网点等）的职工薪酬、业务费、折旧费用等。

（三）财务费用的核算内容

财务费用核算企业为筹集生产经营所需资金等而发生的筹资费用，包括利息支出（减利息收入）、汇兑差额以及相关的手续费、企业发生的现金折扣或收到的现金折扣等。企业为购建或生产满足资本化条件的资产发生的应予资本化的借款费用，在“在建工程”、“制造费用”等科目核算，不在“财务费用”中核算。

典型案例

1. 期间费用的日常发生。

企业日常发生的费用会比较多且比较频繁，会计应判断哪些费用是期间费用以及属于哪一种期间费用，进行正确的核算。

案例 8-23：俊鹏机械有限公司采购部用银行存款 1 500 元购置一批打印纸作为日常办公之用。

借：管理费用——公司经费	1 500	
贷：银行存款		1 500

案例 8-24：俊鹏机械有限公司转账支付给华亚广告公司新产品广告设计费 40 000 元。

借：销售费用——广告费	40 000	
贷：银行存款		40 000

案例 8-25：俊鹏机械有限公司月末预提短期借款的利息支出 23 000 元。

借：财务费用——利息支出　　23 000
　贷：应付利息　　23 000

2. 期末结转期间费用。

期末企业应将期间费用的余额全部结转到“本年利润”，以便进行利润和所得税费用的计算。

案例 8－26：期末，俊鹏机械有限公司结转当期发生的管理费用 213 000 元、销售费用 325 000 元、财务费用 32 000 元。

借：本年利润　　541 200
　贷：管理费用　　213 000
　　销售费用　　325 000
　　财务费用　　32 000

情境演练 8－3

俊鹏机械有限公司 2013 年 10 月发生的有关期间费用的业务如下：

业务 1：2 日，用现金购买行政办公用品笔记本和签字笔，共计 300 元。

业务 2：3 日，签发转账支票一张支付油机进气管产品广告费 9 000 元。

业务 3：5 日，以银行存款支付排污费 18 000 元。

业务 4：9 日，以现金支付在销售商品时应由本企业负担的运输费 600 元，保险费 100 元。

业务 5：18 日，财务部张力报销到北京出差的差旅费 2 000 元。之前预借差旅费 2 400 元。

业务 6：25 日，支付本季短期借款利息 6 000 元。第一、第二个月的利息费用各为 2 000 元，已计入“财务费用”。

业务 7：25 日，接到银行通知，第二季度银行存款利息收入为 3 000 元。

业务 8：28 日，以现金购买印花税票 500 元。

业务 9：28 日，支付银行承兑汇票手续费 2 000 元。

业务 10：31 日，分配本月职工工资薪酬，其中行政管理人员工资为 20 000 元，专设销售机构人员的工资为 18 000 元。

业务 11：31 日，计提行政管理部门和销售部门固定资产折旧费，分别为 6 700 元和 5 000 元。

业务 12：31 日，结转当月的期间费用。

要求：（1）查找资料，了解上述业务完成的过程以及涉及的部门；
（2）判断上述业务发生或完成时应取得的单据；
（3）编制上述业务的会计分录。

■ 知识拓展

业务流程

一、税务开票流程（见图 8－1）

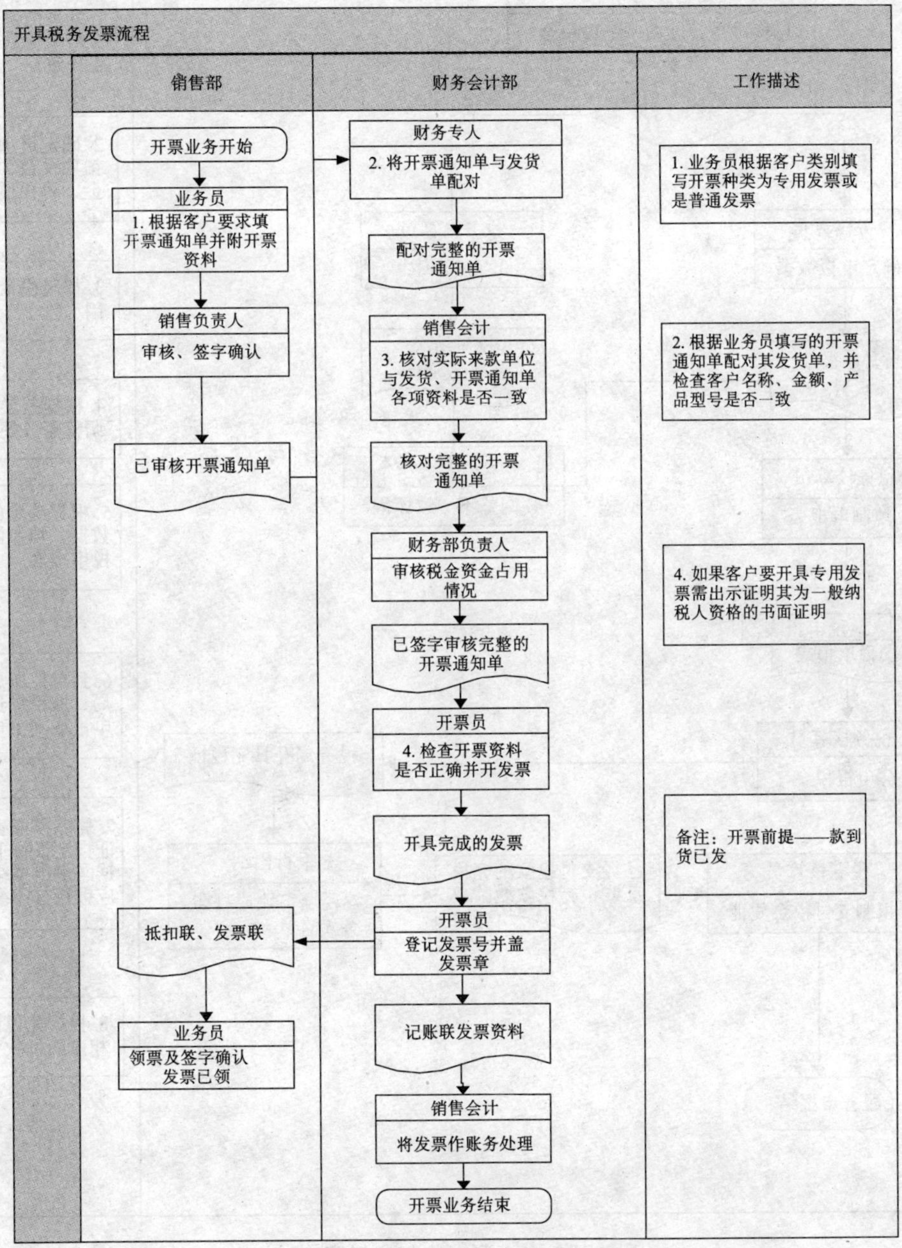

图 8－1　税务开票流程图

二、税务申报流程（见图 8－2）

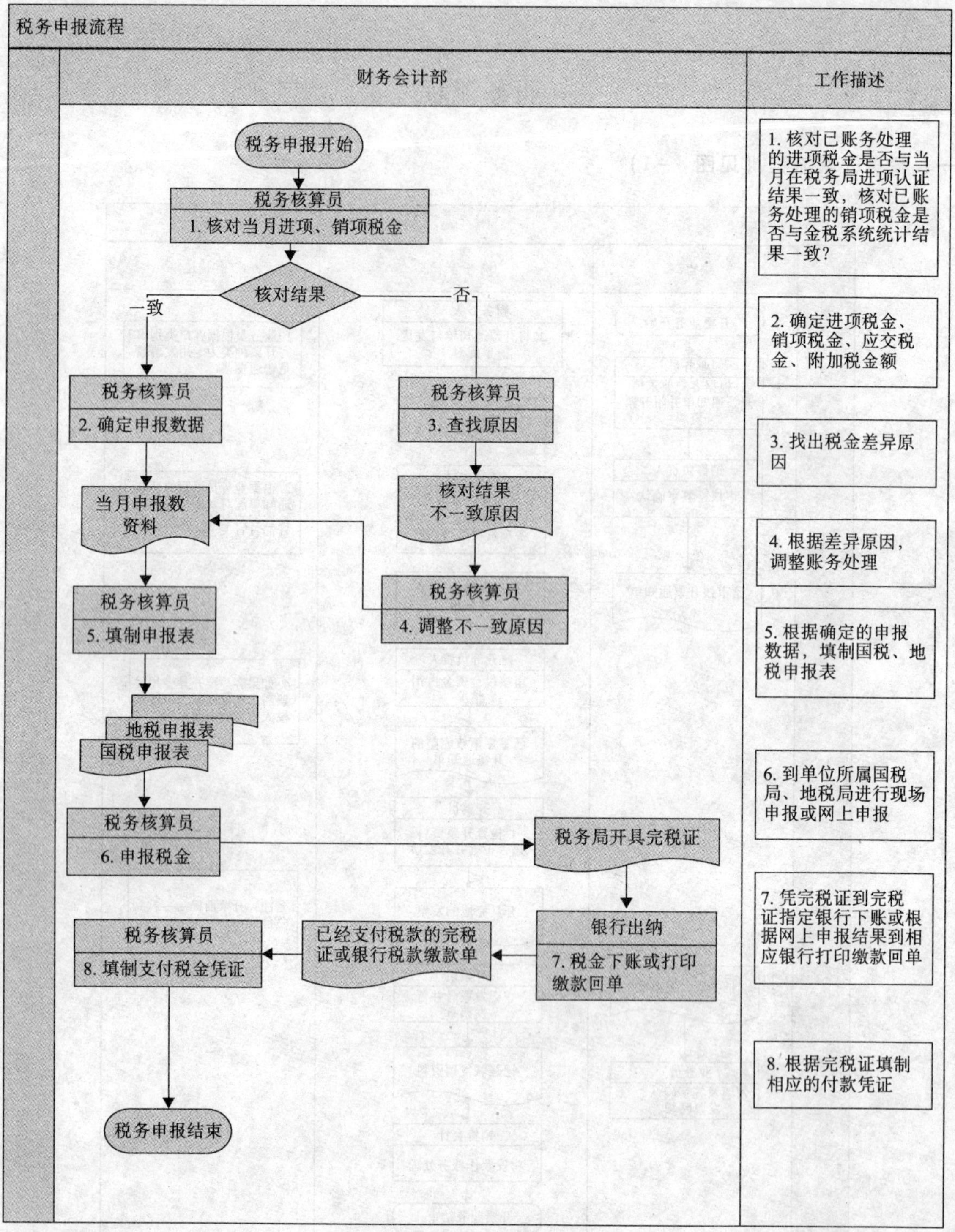

图 8－2 税务申报流程图

三、费用报销流程（见图8-3）

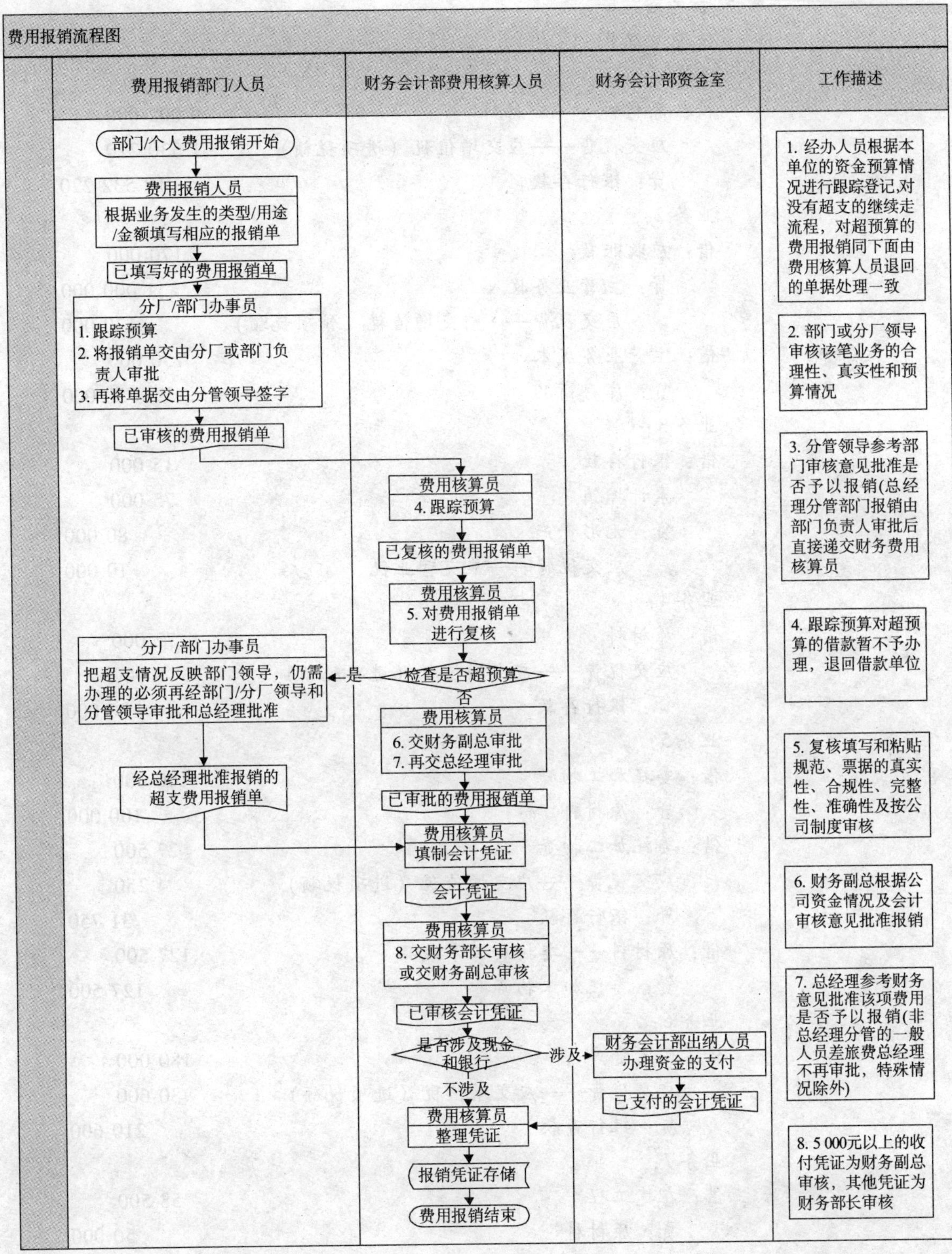

图8-3　费用报销流程图

情境演练参考答案

情境演练 8－1：

业务 1：

借：原材料——A#材料　　9 002 000
　　应交税费——应交增值税（进项税额）　　1 530 220
　　贷：银行存款　　10 532 220

业务 2：

借：应收账款　　1 170 000
　　贷：主营业务收入　　1 000 000
　　　　应交税费——应交增值税（销项税额）　　170 000
借：主营业务成本　　750 000
　　贷：库存商品　　750 000

业务 3：

借：银行存款　　15 000
　　累计摊销　　75 000
　　贷：无形资产　　80 000
　　　　应交税费——应交营业税　　10 000

业务 4：

借：原材料　　72 000
　　应交税费——应交增值税（进项税额）　　8 000
　　贷：银行存款　　80 000

业务 5：

借：委托加工物资　　100 000
　　贷：原材料　　100 000
借：委托加工物资　　27 500
　　应交税费——应交增值税（进项税额）　　4 250
　　贷：银行存款　　31 750
借：原材料——委托加工半成品　　127 500
　　贷：委托加工物资　　127 500

业务 6：

借：固定资产　　180 000
　　应交税费——应交增值税（进项税额）　　30 600
　　贷：银行存款　　210 600

业务 7：

借：在建工程　　58 500
　　贷：原材料　　50 000
　　　　应交税费——应交增值税（进项税额转出）　　8 500

业务8：

借：待处理财产损溢　585 000

　　贷：原材料　50 000

　　　　应交税费——应交增值税（进项税额转出）　8 500

情境演练8-2：

2013年所得税费用计算：

应纳税所得额=6 020+10-234-310+208+239=5 933万元

应交所得税=5 933×25%=1 483.25万元

递延所得税资产=（239+10）×25%=62.25万元

递延所得税负债=310×25%=77.5万元

所得税费用=（77.5-62.25）+1 483.25=1 498.5万元

借：所得税费用　1 498.5

　　递延所得税资产　62.25

　　贷：应交税费——应交所得税　1 483.5

　　　　递延所得税负债　77.5

情境演练8-3：

业务1：2日

借：管理费用　300

　　贷：库存现金　300

业务2：3日

借：销售费用　9 000

　　贷：银行存款　9 000

业务3：5日

借：管理费用　18 000

　　贷：银行存款　18 000

业务4：9日

借：销售费用　700

　　贷：库存现金　700

业务5：18日

借：管理费用　2 000

　　库存现金　400

　　贷：其他应收款　2 400

业务6：25日

借：财务费用　2 000

　　应付利息　4 000

　　贷：银行存款　6 000

业务7：25日

借：银行存款　3 000

　贷：财务费用　3 000

业务8：28日

借：管理费用——印花税　500

　贷：库存现金　500

业务9：28日

借：财务费用——手续费　2 000

　贷：银行存款　2 000

业务10：31日

借：管理费用　20 000

　销售费用　18 000

　贷：应付职工薪酬——工资　38 000

业务11：31日

借：管理费用　6 700

　销售费用　5 000

　贷：累计折旧　11700

业务12：31日

借：本年利润　97 110

　贷：管理费用　56 400

　　销售费用　40 710

9 学习情境九 销售的核算

情境学习目标

- 能充分理解收入的概念及其涵盖的内容；
- 能正确判断收入的确认时点；
- 能正确编制和审核收入业务会计凭证；
- 能了解利润的形成过程并掌握损益类账户结转的办法；
- 能完成收入和利润分配总账、明细账的建立；
- 能完成收入和利润分配相关账簿的登记；
- 能了解收入和利润分配账务处理结果提供的会计信息。

情境关键术语

收入、利润分配

情境有关参考资料

- 《企业会计准则第 14 号——收入》
- 《企业会计准则讲解》
- 《初级会计实务——2014 年度全国会计专业技术资格考试辅导教材》

学习子情境一
收入的核算

知识准备

一、收入概述

收入作为影响利润指标的重要因素，越来越受到企业和投资者等众多信息使用者的重视。《企业会计准则第 14 号——收入》（以下简称收入准则）主要规范了收入的确认、计量和相关信息的披露要求，有助于如实反映企业的生产经营成果，准确核算企业实现的损益。

收入的核算内容包括：销售商品收入、提供劳务收入和让渡资产使用权收入。另外，企业发生的与经常性活动相关的其他活动，企业发生的既不属于经常性活动也不属于与经常性活动相关的其他活动不属于收入。

（一）收入的概念

收入是指企业在日常活动中形成的、会导致所有者权益增加的、与所有者投入资本无关的经济利益的总流入。其中，日常活动是指企业为完成其经营目标所从事的经常性活动以及与之相关的其他活动。

（二）收入的分类

按照企业从事日常活动的性质，收入分为销售商品收入、提供劳务收入、让渡资产使用权收入、建造合同收入等。其中，销售商品收入是指企业通过销售商品实现的收入，如工业企业制造并销售产品、商业企业销售商品等实现的收入。提供劳务收入是指企业通过提供劳务实现的收入，如咨询公司提供咨询服务、软件开发企业为客户开发软件、安装公司提供安装服务等实现的收入，如商业银行对外贷款、租赁公司出租资产等实现的收入。建造合同收入是指企业承担建造合同所形成的收入。

按照企业从事日常活动在企业的重要性，可将收入分为主营业务收入、其他业务收入等。其中，主营业务收入是指企业为完成其经营目标从事的经常性活动实现的收入。如工业企业制造并销售产品、商业企业销售商品、保险公司签发保单、咨询公司提供咨询服务、软件开发企业为客户开发软件、安装公司提供安装服务、商业银行对外贷款、租赁公司出租资产等实现的收入。

二、收入确认的条件

(一) 销售商品收入的确认条件

销售商品同时满足下列条件的，才能予以确认：

1. 企业已将商品所有权上的主要风险和报酬转移给购货方。企业已将商品所有权上的主要风险和报酬转移给购货方，是指与商品所有权有关的主要风险和报酬同时转移给了购货方。其中，与商品所有权有关的风险，是指商品可能发生减值或毁损等形成的损失；与商品所有权有关的报酬，是指商品价值增值或通过使用商品等形成的经济利益。

判断企业是否已将商品所有权上的主要风险和报酬转移给购货方，应当关注交易的实质，并结合所有权凭证的转移进行判断。如果与商品所有权有关的任何损失均不需要销货方承担，与商品所有权有关的任何经济利益也不归销货方所有，就意味着商品所有权上的主要风险和报酬转移给了购货方。一般从以下几个方面进行判断：

(1) 通常情况下，转移商品所有权凭证并交付实物后，商品所有权上的所有风险和报酬随之转移，如大多数零售商品。

(2) 某些情况下，转移商品所有权凭证但未交付实物，商品所有权上的主要风险和报酬随之转移，企业只保留商品所有权上的次要风险和报酬，如交款提货方式销售商品。在这种情形下，应当视同商品所有权上的所有风险和报酬已经转移给购货方。

案例9-1：甲公司销售一批商品给乙公司。乙公司已根据甲公司开出的发票账单支付了货款，取得了提货单，但甲公司尚未将商品移交乙公司。

根据本例的资料，甲公司采用交款提货的销售方式，即购买方已根据销售方开出的发票账单支付货款，并取得卖方开出的提货单。在这种情况下，购买方支付货款并取得提货单，说明商品所有权上的主要风险和报酬已转移给购买方，虽然商品未实际交付，甲公司仍可以认为商品所有权上的主要风险和报酬已经转移。

(3) 某些情况下，转移商品所有权凭证或交付实物后商品所有权上的主要风险和报酬并未随之转移。

第一种情况：企业销售的商品在质量、品种、规格等方面不符合合同或协议要求，又未根据正常的保证条款予以弥补，因而仍负有责任。

案例9-2：甲公司向乙公司销售一批商品，商品已经发出，乙公司已经预付部分货款，剩余货款由乙公司开出一张商业承兑汇票，销售发票账单已交付乙公司。乙公司收到商品后，发现商品质量没有达到合同约定的要求，立即根据合同有关条款与甲公司交涉，要求在价格上给予一定折让，否则要求退货。双方没有就此达成一致意见，甲公司也未采取任何补救措施。

根据本例的资料，尽管商品已经发出，并将发票账单交付买方，同时收到部分货款，但是由于双方在商品质量的弥补方面未达成一致意见，说明购买方尚未正式接受商品，商品可能被退回。因此，商品所有权上的主要风险和报酬仍保留在甲公司，没有随商品所有权凭证的转移或实物的交付而转移。

第二种情况：企业销售商品的收入是否能够取得，取决于购买方是否已将商品销售出去，如采用支付手续费方式委托代销商品等。

支付手续费方式委托代销商品，是指委托方和受托方签订合同或协议，委托方根据代销商品数量向受托方支付手续费的销售方式。在这种方式下，委托方发出商品时，商品所有权上的主要风险和报酬并未转移给受托方，委托方在发出商品时通常不应确认销售商品收入，而应在收到受托方开出的代销清单时确认销售商品收入；受托方应在商品销售后，按合同或协议约定的方法计算确定的手续费确认收入。

第三种情况：企业尚未完成售出商品的安装或检验工作，且安装或检验工作是销售合同或协议的重要组成部分。如需要安装或检验的商品销售等；

案例 9-3：甲公司向乙公司销售一部电梯，电梯已经运抵乙公司，发票账单已经交付，同时收到部分货款。合同约定，甲公司应负责该电梯的安装工作，在安装工作结束并经乙公司验收合格后，乙公司应立即支付剩余货款。

根据本例的资料，电梯安装调试工作通常是电梯销售合同的重要组成部分，在安装过程中可能会发生一些不确定因素，影响电梯销售收入的实现。因此，电梯实物的交付并不表明商品所有权上的主要风险和报酬随之转移。

需要说明的是，在需要安装或检验的销售中，如果安装程序比较简单或检验是为了最终确定合同或协议价格而必须进行的程序，企业可以在发出商品时确认收入。

第四种情况：销售合同或协议中规定了买方由于特定原因有权退货的条款，且企业又不能确定退货的可能性。

案例 9-4：甲公司为推销一种新产品，承诺凡购买新产品的客户均有一个月的试用期，在试用期内如果对产品使用效果不满意，甲公司无条件给予退货。该种新产品已交付买方，货款已收讫。

根据本例的资料，甲公司虽然已将产品售出，并已收到货款。但是由于是新产品，甲公司无法估计退货的可能性，这表明产品所有权上的主要风险和报酬并未随实物的交付而发生转移。

2. 企业既没有保留通常与所有权相联系的继续管理权，也没有对已售出的商品实施有效控制。通常情况下，企业售出商品后不再保留与商品所有权相联系的继续管理权，也不再对售出商品实施有效控制，商品所有权上的主要风险和报酬已经转移给购货方，通常应在发出商品时确认收入。

案例 9-5：甲公司属于房地产开发商。甲公司将住宅小区销售给客户后，接受客户委托代售住宅小区商品房并管理住宅小区物业。

根据本例的资料，甲公司接受客户委托代售住宅小区商品房并管理住宅小区物业是与住宅小区销售无关的另一项提供劳务的交易。甲公司虽然仍对住宅小区进行管理，但这种管理与住宅小区的所有权无关，因为住宅小区的所有权属于客户。

案例9－6：乙公司属于软件开发公司。乙公司销售某成套软件给客户后，接受客户委托对该成套软件进行日常管理。

根据本例的资料，乙公司接受客户委托对成套软件进行日常管理，是与成套软件销售无关的另一项提供劳务的交易。乙公司虽然仍对该成套软件进行管理，但这种管理与成套软件所有权无关，因为成套软件的所有权属于客户。

对售出商品实施继续管理既可能源于仍拥有商品的所有权，也可能与商品的所有权没有关系。如果商品售出后，企业仍保留与商品所有权相联系的继续管理权，则说明此项销售交易没有完成，销售不能成立，不应确认销售商品收入。同样的道理，如果商品售出后，企业仍对商品可以实施有效控制，也说明销售不能成立，不应确认销售商品收入。

3. 收入的金额能够可靠地计量。收入的金额能够可靠地计量，是指收入的金额能够合理的估计。收入的金额不能够合理的估计就无法确认收入。企业在销售商品时，商品销售价格通常已经确定。但是，由于销售商品过程中某些不确定因素的影响，也有可能存在商品销售价格发生变动的情况。在这种情况下，新的商品销售价格未确定前通常不应确认销售商品收入。

企业销售商品满足收入确认条件时，应当按照已收或应收的合同或协议价款的公允价值确定销售商品收入金额。从购货方已收或应收的合同或协议价款，通常为公允价值。某些情况下，合同或协议明确规定销售商品需要延期收取价款，如分期收款销售商品，实质上具有融资性质的，应当按照应收的合同或协议价款的公允价值确定收入金额；已收或应收的价款不公允的，企业应按公允的交易价格确定收入金额。

4. 相关的经济利益很可能流入企业。相关的经济利益很可能流入企业，是指销售商品价款收回的可能性大于不能收回的可能性，即销售商品价款收回的可能性超过50%。企业在确定销售商品价款收回的可能性时，应当结合以前和买方交往的直接经验、政府有关政策、其他方面取得的信息等因素进行分析。企业销售的商品符合合同或协议要求，已将发票账单交付买方，买方承诺付款，通常表明满足本确认条件（相关的经济利益很可能流入企业）。如果企业判断销售商品收入满足确认条件确认了一笔应收债权，以后由于购货方资金周转困难无法收回该债权时，不应调整原确认的收入，而应对该债权计提坏账准备、确认坏账损失。如果企业根据以前与买方交往的直接经验判断买方信誉较差，或销售时得知买方在另一项交易中发生了巨额亏损，资金周转十分困难，或在出口商品时不能肯定进口企业所在国政府是否允许将款项汇出等，就可能会出现与销售商品相关的经济利益不能流入企业的情况，不应确认收入。

5. 相关的已发生或将发生的成本能够可靠地计量。通常情况下，与销售商品相关的已发生或将发生的成本能够合理地估计，如库存商品的成本、商品运输费用等。如果库存商品是本企业生产的，其生产成本能够可靠计量；如果是外购的，购买成本能够可靠计量。有时，销售商品相关的已发生或将发生的成本不能够合理地估计，此时企业不应确认收入，已收到的价款应确认为负债。

案例9-7：甲公司与乙公司签订协议，约定甲公司生产并向乙公司销售一台大型设备。限于自身生产能力不足，甲公司委托丙公司生产该大型设备的一个主要部件。甲公司与丙公司签订的协议约定，丙公司生产该主要部件发生的成本经甲公司认定后，其金额的110%即为甲公司应支付给丙公司的款项。假定甲公司本身负责的部件生产任务和丙公司负责的部件生产任务均已完成，并由甲公司组装后运抵乙公司，乙公司验收合格后及时支付了货款。但是，丙公司尚未将由其负责的部件相关的成本资料交付甲公司认定。

本例中，虽然甲公司已将大型设备交付乙公司，且已收到货款。但是甲公司为该大型设备发生的相关成本因丙公司相关资料未送达而不能可靠地计量，也不能合理估计。因此，甲公司收到货款时不应确认为收入。

如果甲公司为该大型设备发生的相关成本因丙公司相关资料未送达而不能可靠地计量，但是甲公司基于以往经验能够合理估计出该大型设备的成本，仍可以认为满足本确认条件。

（二）提供劳务收入的确认条件

企业在资产负债日提供劳务交易的结果能够可靠估计的，应当采用完工百分比法确认提供劳务收入。

提供劳务的交易结果能否可靠估计，是指同时满足下列条件：

（1）收入的金额能够可靠地计量。收入的金额能够可靠地计量，是指提供劳务收入的总额能够合理的估计。通常情况下，企业应当按照从接受劳务方已收或应收的合同或协议价款确定提供劳务收入总额。随着劳务的不断提供，可能会根据实际情况增加或减少已收或应收的合同或协议价款，此时，企业应及时调整提供劳务收入总额。

（2）相关的经济利益很可能流入企业。相关的经济利益很可能流入企业，是指提供劳务收入总额收回的可能性大于不能收回的可能性。企业在确定提供劳务收入总额能否收回时，应当结合接受劳务方的信誉、以前的经验以及双方就结算方式和期限达成的合同或协议条款等因素，进行综合判断。

企业在确定提供劳务收入总额收回的可能性时，应当进行定性分析。如果确定提供劳务收入总额收回的可能性大于不能收回的可能性，即可认为提供劳务收入总额很可能流入企业。通常情况下，企业提供的劳务符合合同或协议要求，接受劳务方承诺付款，就表明提供劳务收入总额收回的可能性大于不能收回的可能性。如果企业判断提供劳务收入总额不是很可能流入企业，应当提供确凿证据。

（3）交易的完工进度能够可靠地确定。交易的完工进度能够可靠地确定，是指交易的完工进度能够合理地估计。企业确定提供劳务交易的完工进度，可以选用下列方法：

①已完工作的测量，这是一种比较专业的测量方法，由专业测量师对已经提供的劳务进行测量，并按一定方法计算确定提供劳务交易的完工程度。

②已经提供的劳务占应提供劳务总量的比例，这种方法主要以劳务量为标准确定提供劳务交易的完工程度。

③已经发生的成本占估计总成本的比例，这种方法主要以成本为标准确定提供劳务交易的完工程度。只有反映已提供劳务的成本才能包括在已经发生的成本中，只有反映已提供或将提供劳务的成本才能包括在估计总成本中。

（4）交易中已发生和将发生的成本能够可靠地计量。交易中已发生和将发生的成本能够可靠地计量，是指交易中已经发生和将要发生的成本能够合理地估计。企业应当建立完善的内部成本核算制度和有效的内部财务预算及报告制度，准确地提供每期发生的成本，并对完成剩余劳务将要发生的成本做出科学、合理的估计。同时应随着劳务的不断提供或外部情况的不断变化，随时对将要发生的成本进行修订。

☞ 科目设置

为了对收入进行核算，应设置主营业务收入、其他业务收入、劳务成本、代理业务资产、代理业务负债、发出商品等科目，主营业务收入和其他业务收入科目属于损益类科目，贷方记录企业日常的经营活动（如销售商品、销售材料、提供劳务、让渡资产使用权等）带来的经济利益的流入，借方记录企业期末转入本年利润账户的累计发生额；明细科目可以按照产品或客户名称等进行设置；劳务成本科目核算企业对外提供劳务发生的成本，如提供培训、修理、搬运、服务等劳务，相应的人工工资等费用就是劳务成本，借方登记实际发生的劳务成本，贷方登记结转已完成的劳务成本；代理业务资产科目为资产类科目，用于核算企业不承担风险的代理业务形成的资产，如受托代销商品的成本、受托理财业务进行的证券投资、受托贷款等；代理业务负债为负债类科目，指公司不承担风险的代理业务收到的款项，包括受托代销商品应支付委托方的商品款、受托投资资金、受托贷款资金等，贷方登记受托代销商品应支付委托方的商品款，借方登记已支付的实现销售的代销款，余额在贷方，为未支付的代销商品款；发出商品核算企业未满足收入确认条件但已发出商品的实际成本（或进价）或计划成本（或售价），可按购货单位、商品类别和品种进行明细核算。

■ 核算内容

一、销售商品的核算

1. 一般销售业务。确认销售商品收入时，企业应按已收或应收的合同或协议价款，加上应收取的增值税税额，借记“银行存款”、“应收账款”、“应收票据”等科目，按确定的收入金额，贷记“主营业务收入”、“其他业务收入”等科目，按应收取的增值税税额，贷记“应交税费——应交增值税（销项税额）”科目。如果售出商品不符合收入确认条件，则不应确认收入，已经发出的商品，应当通过“发出商品”科目进行核算。

2. 销售商品涉及现金折扣、商业折扣、销售折让的处理。

（1）现金折扣，是指债权人为鼓励债务人在规定的期限内付款而向债务人提供的债务扣除。企业销售商品涉及现金折扣的，应当按照扣除现金折扣前的金额确定销售商品收入金额。现金折扣在实际发生时计入财务费用。

（2）商业折扣，是指企业为促进商品销售而在商品标价上给予的价格扣除。企业销售商品涉及商业折扣的，应当按照扣除商业折扣后的金额确定销售商品收入金额。

（3）销售折让，是指企业因售出商品的质量不合格等原因而在售价上给予的减让。对于销售折让，企业应分别不同情况进行处理：①已确认收入的售出商品发生销售折让的，通常应当在发生时冲减当期销售商品收入；②已确认收入的销售折让属于资产负债表日后事项的，应当按照有关资产负债表日后事项的相关规定进行处理。

3. 销售退回的处理。销售退回，是指企业售出的商品由于质量、品种不符合要求等原因而发生的退货。对于销售退回，企业应分别不同情况进行会计处理：

（1）对于未确认收入的售出商品发生销售退回的，企业应按已记入“发出商品”科目的商品成本金额，借记“库存商品”科目，贷记“发出商品”科目。采用计划成本或售价核算的，应按计划成本或售价记入“库存商品”科目，同时计算产品成本差异或商品进销差价。

（2）对于已确认收入的售出商品发生退回的，企业应在发生时冲减当期销售商品收入，同时冲减当期销售商品成本。如该项销售退回已发生现金折扣的，应同时调整相关财务费用的金额；如该项销售退回允许扣减增值税的，应同时调整“应交税费——应交增值税（销项税额）”科目的相应金额。已确认收入的售出商品发生的销售退回属于资产负债表日后事项的，应当按照有关资产负债表日后事项的相关规定进行会计处理。

4. 预收款销售商品。预收款销售商品，是指购买方在商品尚未收到前按照合同或协议约定分期付款，销售方在收到最后一笔款项时才交货的销售方式。在这种方式下，销售方直到收到最后一笔款项才将商品交付购货方，表明商品所有权上的主要风险和报酬只有在收到最后一笔款时才转移给购货方，企业通常应在发出商品时确认收入，在此之前预收的货款应确认为负债。

5. 收取手续费方式委托代销商品的处理。在这种方式下，委托方在发出商品时通常不应确认销售商品收入，而应在收到受托方开出的代销清单时确认销售商品收入；受托方应在商品销售后，按合同或协议约定的方法计算确定的手续费确认收入。

典型案例

1. 一般商品销售业务。企业销售商品符合收入确认条件时，确认收入并在同一期间内结转成本。若商品已经发出但不符合收入的确认条件，需要在借方确认发出商品，并在对应的贷方确认库存商品，纳税义务已经发生时，确认增值税的销项税额。

案例9-8：2012年3月3日，汇源公司采用托收承付结算方式向琳达公司销售一批商品，开出的增值税专用发票注明售价为100 000元，增值税税额为17 000元；该批商品成本为70 000元。汇源公司在销售该批商品时已得知琳达公司资金流转发生暂时困难，但为了减少存货积压，同时也为了维持与琳达公司长期以来建立的商业关系，汇源公司仍将商品发出，并办妥托收手续。假定汇源公司销售该批商品的纳税义务已经发生。

发出商品时：

借：发出商品	70 000	
贷：库存商品		70 000
借：应收账款	17 000	
贷：应交税费——应交增值税（销项税额）		17 000

（分析：本例中，由于琳达公司现金流转存在暂时困难，汇源公司不是很可能收回销售货款。根据销售商品收入的确认条件，汇源公司在发出商品时不能确认收入。为此，A公司应将已发出的商品成本通过“发出商品”科目反映。如果销售该批商品的纳税义务尚未发生，则不作这笔分录，待纳税义务发生时再作“应交增值税”的相关分录）。

2. 销售商品时若销售方给予现金折扣，则购买方在满足现金折扣条件时享受的折扣额计入销售方的财务费用账户。

案例9-9：宏大公司为增值税一般纳税人，适用的增值税税率为17%。2012年3月1日，向红星公司销售某商品1 000件，每件标价2 000元，实际售价1 800元（售价中不含增值税税额），成本1 600元/件，已开出增值税专用发票，商品已交付给乙公司。为了及早收回货款，宏大公司在合同中规定的现金折扣条件为：2/10，1/20，n/30。假定现金折扣时不考虑增值税。红星公司在3月8日按合同规定付款，宏大公司收到款项并存入银行。

借：应收账款	2 106 000	
贷：主营业务收入		1 800 000
应交税费——应交增值税（销项税额）		306 000
借：主营业务成本	1 600 000	
贷：库存商品		1 600 000
借：银行存款	2 070 000	
财务费用	36 000	
贷：应收账款		2 106 000

3. 销售商品时发生销售折让。

案例9-10：宏大公司销售一批商品给乙公司，开出的增值税专用发票上注明的售价为100 000元，增值税税额为17 000元。该批商品的成本为70 000元。货到后红星公司发现商品质量不符合合同的要求，要求在价格上给予5%的折让。红星公司提出的销售折让要求符合原合同的约定，宏大公司同意并办妥了相关手续，开具了增值税专用发票（红字）。假定此前宏大公司未确认该批商品的销售收入，销售款项尚未收到。

（1）发出商品时：

借：发出商品　　70 000

　　贷：库存商品　　70 000

（2）宏大公司确认销售收入时：

借：应收账款　　111 150

　　贷：主营业务收入　　95 000（100 000 - 100 000×5%）

　　　　应交税费——应交增值税（销项税额）　　16 150

借：主营业务成本　　70 000

　　贷：发出商品　　70 000

（3）实际收到款项时：

借：银行存款　　111 150

　　贷：应收账款　　111 150

思考： 若发生销售折让前，宏大公司已经确认该批商品的销售收入，则在发生销售折让时，宏大公司应该做怎样的会计处理？

分析： 宏大公司在发生销售折让时，应当直接冲减收入，冲减税费。

4. 销售商品发生销售退回。

案例9-11： 琳达公司在2012年3月18日向大兴公司销售一批商品，开出的增值税专用发票上注明的售价为50 000元，增值税税额为8 500元。该批商品成本为26 000元。为及早收回货款，琳达公司和大兴公司约定的现金折扣条件为：2/10，1/20，n/30。大兴公司在2012年3月27日支付货款。2012年7月5日，该批商品因质量问题被大兴公司退回，琳达公司当日支付有关退货款。假定计算现金折扣时不考虑增值税。

（1）2012年3月18日销售实现时：

借：应收账款　　58 500

　　贷：主营业务收入　　50 000

　　　　应交税费——应交增值税（销项税额）　　8 500

借：主营业务成本　　26 000

　　贷：库存商品　　26 000

（2）2012年3月27日收到货款时，发生现金折扣1 000（50 000×2%）元，实际收款57 500（58 500 - 1 000）元：

借：银行存款　　57 500

　　财务费用　　1 000

　　贷：应收账款　　58 500

（3）2012年7月5日发生销售退回时：

借：主营业务收入　　50 000

应交税费——应交增值税（销项税额）　　8 500

贷：银行存款　　57 500

财务费用　　1 000

借：库存商品　　26 000

贷：主营业务成本　　26 000

5. 预收款方式销售商品。

案例 9－12：汉斯公司与宏大公司签订协议，采用预收款方式向宏大公司销售一批商品。该批商品实际成本为 600 000 元。协议约定，该批商品售价为 800 000 元，增值税税额为 136 000 元；宏大公司应在协议签订时预付 50% 的货款（按销售价格计算），剩余货款于 2 个月后支付。

（1）收到 50% 货款时：

借：银行存款　　400 000

贷：预收账款——宏大公司　　400 000

（2）发出商品时：

借：预收账款——宏大公司　　936 000

贷：主营业务收入　　800 00

应交税费——应交增值税（销项税额）　　136 000

借：主营业务成本　　600 000

贷：库存商品　　600 000

（3）收到剩余贷款时：

借：银行存款　　536 000

贷：预收账款——宏大公司　　536 000

6. 收取手续费方式委托代销商品。

案例 9－13：红星公司委托吕燕公司销售商品 200 件，商品已经发出，每件成本为 60 元。合同约定吕燕公司应按每件 100 元对外销售，红星公司按售价的 10% 向吕燕公司支付手续费。吕燕公司对外实际销售 100 件，开出的增值税专用发票上注明的销售价格为 10 000 元，增值税税额为 1 700 元，款项已经收到。红星公司收到吕燕公司开具的代销清单时，向吕燕公司开具一张相同金额的增值税专用发票。假定：红星公司发出商品时纳税义务尚未发生；红星公司采用实际成本核算，吕燕公司采用进价核算代销商品。

红星公司的会计处理如下：

（1）发出商品时：

借：发出商品　　12 000

贷：库存商品　　12 000

（2）收到代销清单时：

借：应收账款——吕燕公司　　11 700

贷：主营业务收入　　10 000

应交税费——应交增值税（销项税额）　　1 700

借：主营业务成本　　6 000
　　贷：发出商品　　6 000
借：销售费用　　1 000
　　贷：应收账款——吕燕公司　　1 000
代销手续费金额 = 10 000 × 10% = 1 000（元）
（3）收到吕燕公司支付的货款时：
借：银行存款　　10 700
　　贷：应收账款——吕燕公司　　10 700
吕燕公司的会计处理如下：
（1）收到商品时：
借：代理业务资产　　20 000
　　贷：代理业务负债　　20 000
（2）对外销售时：
借：银行存款　　11 700
　　贷：代理业务资产　　10 000
　　　　应交税费——应交增值税（销项税额）　　1 700
（3）收到增值税专用发票时：
借：应交税费——应交增值税（进项税额）　　1 700
　　贷：应付账款——红星公司　　1 700
借：代理业务负债　　10 000
　　贷：应付账款——红星公司　　10 000
（4）支付货款并计算代销手续费时：
借：应付账款——红星公司　　11 700
　　贷：银行存款　　10 700
　　　　其他业务收入　　1 000

二、提供劳务收入核算

1. 资产负债表日，提供劳务交易结果能够可靠估计，采用完工百分比法确认收入，结转成本。

本期确认的收入 = 劳务总收入 × 本期末止劳务的完工进度 − 以前期间已确认的收入

本期确认的费用 = 劳务总成本 × 本期末止劳务的完工进度 − 以前期间已确认的费用

2. 资产负债表日，提供劳务交易结果不能可靠估计，企业不能采用完工百分比法确认提供劳务收入。此时，企业应正确预计已经发生的劳务成本能够得到补偿和不能得到补偿，分别进行会计处理：

（1）已经发生的劳务成本预计全部能够得到补偿的，应按已收或预计能够收回的金额确认提供劳务收入，并结转已经发生的劳务成本。

（2）已经发生的劳务成本预计部分能够得到补偿的，应按能够得到补偿的劳务成本金额确认提供劳务收入，并结转已经发生的劳务成本。

（3）已经发生的劳务成本预计全部不能得到补偿的，应将已经发生的劳务成本计入当期损益（主营业务成本），不确认提供劳务收入。

典型案例

1. 提供劳务的交易结果能够可靠估计。

案例9-14：甲、乙两公司签订了一份400万元的劳务合同，甲公司为乙公司开发一套软件系统（以下简称项目）。2011年3月2日项目开发工作开始，预计2013年2月26日完工。预计开发完成该项目的总成本为360万元。其他有关资料如下：

① 2011年3月30日，甲公司预收乙公司支付的项目款170万元，存入银行。

② 2011年甲公司为该项目实际发生劳务成本126万元。

③ 至2012年12月31日，甲公司为该项目累计实际发生劳务成本315万元。

④ 甲公司在2011年末、2012年末均能对该项目的结果予以可靠估计。

要求：(1) 计算甲公司2011年、2012年该项目的完成程度。

(2) 计算甲公司2011年、2012年该项目确认的收入和费用。

(3) 编制甲公司2011年收到项目款、确认收入和费用的会计分录。(答案中的金额单位用万元表示)

(1) 2011年该项目的完成程度 = 126/360 × 100% = 35%

2012年该项目的完成程度 = 315/360 × 100% = 87.5%

(2) 2011年该项目的收入 = 400 × 35% = 140（万元）

2011年该项目的费用 = 360 × 35% = 126（万元）

2012年该项目的收入 = 400 × 87.5% - 140 = 210（万元）

2012年该项目的费用 = 360 × 87.5% - 126 = 189（万元）

(3) 借：银行存款　　1 700 000

　　贷：预收账款（或：应收账款）　　1 700 000

借：预收账款（或：应收账款）　　1 400 000

　　贷：主营业务收入（或：劳务收入、其他业务收入）

　　　　1 400 000

借：主营业务成本（或：其他业务成本）　　1 260 000

　　贷：劳务成本（或：生产成本、开发成本）　　1 260 000

2. 提供劳务交易结果不能可靠估计。

案例9-15：里湖公司于2012年12月25日接受家系公司委托，为其培训一批学员，培训期为6个月，2013年1月1日开学。协议约定，家系公司应向里湖公司支付的培训费总额为60 000元，分三次等额支付，第一次在开学时预付，第二次在2012年3月1日支付，第三次在培训结束时支付。2013年1月1日，家系公司预付第一次培训费。至2013年2月

28 日，里湖公司发生培训成本30 000 元（均为培训人员薪酬）。2013 年3 月1 日，里湖公司得知家系公司经营发生困难，后两次培训费能否收回难以确定。

(1) 2013 年1 月1 日，收到家系公司预付的培训费：

借：银行存款 20 000

　贷：预收账款 20 000

(2) 实际发生培训成本30 000 元：

借：劳务成本 30 000

　贷：应付职工薪酬 30 000

(3) 2013 年2 月28 日，确认提供劳务收入并结转劳务成本：

借：预收账款 20 000

　贷：主营业务收入 20 000

借：主营业务成本 30 000

　贷：劳务成本 30 000

分析：里湖公司已经发生的劳务成本30 000 元预计只能部分得到补偿，即只能按预收款项得到补偿，应按预收账款20 000 元确认劳务收入，并将已经发生的劳务成本30 000 元结转入当期损益。

三、让渡资产使用权收入核算

让渡资产使用权收入主要包括：

(1) 利息收入，主要是指金融企业对外贷款形成的利息收入，以及同业之间发生往来形成的利息收入等。

(2) 使用费收入，主要是指企业转让无形资产（如商标权、专利权、专营权、软件、版权）等资产的使用权形成的使用费收入。

(3) 企业对外出租资产收取的租金、进行债权投资收取的利息、进行股权投资取得的现金股利，也构成让渡资产使用权收入，有关的会计处理，请参照有关租赁、金融工具确认和计量、长期股权投资等内容。

让渡资产使用权收入同时满足下列条件的，才能予以确认：

1. 相关的经济利益很可能流入企业。相关的经济利益很可能流入企业，是指让渡资产使用权收入金额收回的可能性大于不能收回的可能性。企业在确定让渡资产使用权收入金额能否收回时，应当根据对方企业的信誉和生产经营情况、双方就结算方式和期限等达成的合同或协议条款等因素，综合进行判断。如果企业估计让渡资产使用权收入金额收回的可能性不大，就不应确认收入。

2. 收入的金额能够可靠地计量。收入的金额能够可靠地计量，是指让渡资产使用权收入的金额能够合理地估计。如果让渡资产使用权收入的金额不能够合理地估计，则不应确认收入。

企业确认让渡资产使用权的使用费收入时，按确定的收入金额，借记“银行存款”、“应收账款”等科目，贷记“其他业务收入”科目。企业对所让渡资产计提摊销以及所发生的与让渡资产有关的支出等，借记“其他业务成本”科目，贷记“累计摊销”等科目。

如果合同或协议规定一次性收取使用费，且不提供后续服务的，应当视同销售该项资产一次性确认收入；提供后续服务的，应在合同或协议规定的有效期内分期确认收入。如果合同或协议规定分期收取使用费的，通常应按合同或协议规定的收款时间和金额或规定的收费方法计算确定的金额分期确认收入。

典型案例

案例9－16：惠达公司于2012年1月1日向慧远公司转让某专利权的使用权，协议约定转让期为5年，每年年末收取使用费200 000元。2012年，该专利权计提的摊销额为120 000元，每月计提金额为10 000元。假定不考虑其他因素和相关税费。

(1) 2012年年末，确认使用费收入时：

借：应收账款（或银行存款） 200 000

　贷：其他业务收入 200 000

(2) 2012年，每月计提专利权摊销额时：

借：其他业务成本 10 000

　贷：累计摊销 10 000

情境演练9－1

航大有限公司于2012年1月设立，主营机电产品的制造、销售，以及提供开发软件的劳务。2012年12月航大有限公司有关收入的业务如下：

业务1：2日，采用托收承付结算方式销售一批商品，开出的增值税专用发票上注明售价为600 000元，增值税税额为102 000元；商品已经发出，并已向银行办妥托收手续；该批商品的成本为420 000元。

业务2：8日，采用托收承付结算方式向黄河公司销售一批商品，开出的增值税专用发票注明售价为100 000元，增值税税额为17 000元；该批商品成本为60 000元。在销售该批商品时已得知黄河公司资金流转发生暂时困难，但为了减少存货积压，同时也为了维持与黄河公司长期以来建立的商业关系，航大公司仍将商品发出，并办妥托收手续。假定航大公司销售该批商品的纳税义务已经发生。

业务3：9日，上月30日销售商品10 000件，每件商品的标价为20元（不含增值税），每件商品的实际成本为12元，航大公司销售商品适用的增值税税率为17%；由于是成批销售，航大公司给予购货方10%的商业折扣，并在销售合同中规定现金折扣条件为2/10、1/20、n/30；购货方于9日付款。假定计算现金折扣时考虑增值税。

业务4：15 日，上月销售给长江公司的商品价款 10 000 元，增值税税额 1 700 元。货到后长江公司发现商品质量不符合合同要求，其要求在价格上给予 5%的折让。航大公司同意并办妥了相关手续，开具了增值税专用发票（红字）。此前航大公司已确认该批商品的销售收入，销售款项尚未收到，发生的销售折让允许扣减当期增值税销项税额。

业务5：20 日，上月销售给宏达公司的商品一批，价款 20 000 元，增值税税额 3 400 元。商品的成本为 10 000 元。由于质量出现了严重问题，购货方将该批商品全部退回，航大公司同意退货，于退货当日支付了退货款，并按规定向购货方开具了增值税专用发票（红字）。航大公司对该项销售确认了销售收入。

业务6：22 日，与宜家公司签订协议，采用预收款方式销售一批商品。该批商品实际成本为 600 000 元。协议约定，该批商品销售价格为 800 000 元，增值税额为 136 000 元；宜家公司应在协议签订时预付 60%的货款（按销售价格计算），剩余货款于 2 日后支付。

业务7：24 日，向宜家公司发出货物，收到剩余货款。

业务8：25 日，委托虎都有限公司销售商品 200 件，商品已经发出，每件成本为 60 元。合同约定大红门公司应按每件 100 元对外销售，虎都公司按售价的 10%向大红门公司支付手续费。

业务9：28 日，虎都公司对外实际销售 100 件，开出的增值税专用发票上注明的销售价款为 10 000 元，增值税额为 1 700 元，款项已经收到。30 日，杭大公司收到虎都公司开具的代销清单时，向虎都公司开具一张相同金额的增值税专用发票，收到货款。

情境演练 9－2

航大有限公司于 2012 年 1 月设立，主营机电产品的制造、销售，以及提供开发软件的劳务。2012 年 12 月航大有限公司有关收入的业务如下：

业务1：4 日，与华润公司签订合同，为华润公司订制一项软件，工期大约为 5 个月，合同总收入 8 000 000 元，预收账款 5 000 000 元。

业务2：31 日，已发生劳务成本 4 400 000 元（假定均为开发人员薪酬），预计开发该软件还将发生成本 1 600 000 元。经专业测量师测量，该软件的完工进度为 60%。假定不考虑相关税费。

情境演练 9－3

航大有限公司于 2012 年 1 月设立，主营机电产品的制造、销售，以及提供开发软件的劳务。2012 年 12 月，航大有限公司有关收入的业务如下：

业务 1：31 日，收到与红星公司约定的每年年末按年销售收入的 10%的商标使用权使用费 100 000 元。

业务 2：31 日向宏达公司转让某专利权的使用权。专利权的原值为 480 万元，预计折旧年限为 10 年，残值为 0，每年年末收取使用费 50 万元。款项已经收到。

学习子情境二
利润及其分配核算

科目设置

为完成有关利润及利润分配业务的核算工作，应设置"本年利润"、"利润分配"科目，属于所有者权益类，本年利润账户贷方反映该期间取得的收入和结转计入利润分配的亏损；借方反映该期间发生的费用和结转计入利润分配的盈利；利润分配账户则反映本期利润分配的过程和结果，明细科目分别按提取盈余公积、应付股利、未分配利润等设置。

本年利润：本账户为所有者权益类账户，贷方登记本期收入和计入利润的利得的合计额，借方登记本期费用和计入利润的损失的合计额，并登记净利润的结转额，结转后无余额。

利润分配：本账户为所有者权益类账户，借方登记本期分配的利润额，贷方登记本期转入的净利润额和其他转入的金额，贷方余额为未分配利润，借方余额为累计亏损额。

核算内容

一、利润概述

（一）概念

利润是指企业在一定会计期间的经营成果。利润包括收入减去费用后的净额、直接计入当期利润的利得和损失等。

（二）利润相关计算公式

1. 营业利润 = 营业收入 - 营业成本 - 营业税金及附加 - 销售费用 - 管理费用 - 财务费用 - 资产减值损失 + 公允价值变动收益（ - 公允价值变动损失） + 投资收益（ - 投资损失）

其中，营业收入是指企业经营业务所确定的收入总额，包括主营业务收入和其他业务收入；营业成本是指企业经营业务所发生的实际成本总额，包括主营业务成本和其他业务成本；资产减值损失是指企业计提各项资产减值准备所形成的损失；公允价值变动收益（或损失）是指企业交易性金融资产等公允价值变动形成的应计入当期损益的利得（或损失）；投资收益（或损失）是指企业以各种方式对外投资所取得的收益（或发生的损失）。

2. 利润总额 = 营业利润 + 营业外收入 - 营业外支出

其中，营业外收入（或支出）是指企业发生的与日常活动无直接关系的、直接计入当期损益的各项利得（或损失）。

3. 净利润 = 利润总额 - 所得税费用

其中，所得税费用是指企业确认的应从当期利润总额中扣除的所得税费用。

二、利润形成与分配的核算

会计期末，企业应将“主营业务收入”、“其他业务收入”、“营业外收入”等科目的余额分别转入“本年利润”科目的贷方，将“主营业务成本”、“其他业务成本”、“营业税金及附加”、“销售费用”、“管理费用”、“财务费用”、“资产减值损失”、“营业外支出”、“所得税费用”等科目的余额分别转入“本年利润”科目的借方。企业还应将“公允价值变动损益”、“投资收益”科目的净收益转入“本年利润”科目的贷方，将“公允价值变动损益”、“投资收益”科目的净损失转入“本年利润”科目的借方。结转后，“本年利润”科目如为贷方余额，表示当年实现的净利润；如为借方余额，表示当年发生的净亏损。

年度终了，企业还应将“本年利润”科目的本年累计余额转入“利润分配——未分配利润”科目。如“本年利润”为贷方余额，借记“本年利润”科目，贷记“利润分配——未分配利润”科目；如为借方余额，做相反的会计分录。结转后“本年利润”科目应无余额。按照相关规定，利润分配的顺序是：①弥补以前年度亏损；②提取法定盈余公积金；③支付股东股利。

典型案例

案例 9 - 17：伊达公司 2012 年有关损益类科目的年末余额如表 9 - 1 所示（该企业采用表结法年末一次结转损益类科目，所得税税率为 25%，假设该公司 2012 年度不存在所得税纳税调整因素）：

表 9－1 单位：元

科目名称	借或贷	结账前余额
主营业务收入	贷	6 000 000
其他业务收入	贷	700 000
公允价值变动损益	贷	150 000
投资收益	贷	600 000
营业外收入	贷	50 000
主营业务成本	借	4 000 000
其他业务成本	借	400 000
营业税金及附加	借	80 000
销售费用	借	500 000
管理费用	借	770 000
财务费用	借	200 000
资产减值损失	借	100 000
营业外支出	借	250 000

1. 将各损益类科目年末余额结转入“本年利润”科目：

（1）结转各项收入、利得类科目：

借：主营业务收入 6 000 000
　　其他业务收入 700 000
　　公允价值变动损益 150 000
　　投资收益 600 000
　　营业外收入 50 000
　　贷：本年利润 7 500 000

（2）结转各项费用、损失类科目

借：本年利润 6 300 000
　　贷：主营业务成本 4 000 000
　　　　其他业务成本 400 000
　　　　营业税金及附加 80 000
　　　　销售费用 500 000
　　　　管理费用 770 000
　　　　财务费用 200 000
　　　　资产减值损失 100 000
　　　　营业外支出 250 000

2. 应交所得税 = 1 200 000 × 25% = 300 000（元）

（1）确认所得税费用：

借：所得税费用 300 000
　　贷：应交税费——应交所得税 300 000

（2）将所得税费用结转入“本年利润”科目：

借：本年利润　　　　　　　　　　　　　　　　　　　300 000

　　贷：所得税费用　　　　　　　　　　　　　　　　　　300 000

3. 将“本年利润”科目的年末余额900 000（7 500 000 - 6 300 000 - 300 000）元转入“利润分配——未分配利润”科目：

借：本年利润　　　　　　　　　　　　　　　　　　　900 000

　　贷：利润分配——未分配利润　　　　　　　　　　　　900 000

情境演练 9 - 4

北极公司2012年1月设立，主营电子产品的制造、销售。2012年12月发生以下经济业务：

业务1：2日，因延期付款支付销货单位违约金2 000元。

业务2：4日，结转设备销售净收入10 000元。

业务3：月末将主营业务收入1 000万元，其他业务收入2万元，投资收益55万元，公允价值变动收益5万元，营业外收入1万元转入“本年利润”账户。

业务4：将管理费用300万元，财务费用70万元，销售费用70万元，主营业务成本500万元，其他业务成本0.1万元，营业税金及附加1万元，资产减值损失0.5万元，营业外支出0.2万元转入“本年利润”账户。

业务5：12月应纳税所得额1 100 000元，所得税税率20%，因应纳税暂时性差异本期确认递延所得税负债发生额500元。

业务6：将所得税费用转入“本年利润”。

业务7：将净利润转入“利润分配”。

业务8：经股东大会通过决议，按全年净利润991 500元的10%提取法定盈余公积，向普通股股东发放现金股利300 000元。

业务9：北极公司结转除未分配利润明细账以外的所有“利润分配”明细账合计额。

知识拓展

一、销售业务流程（如图 9－1 所示）：

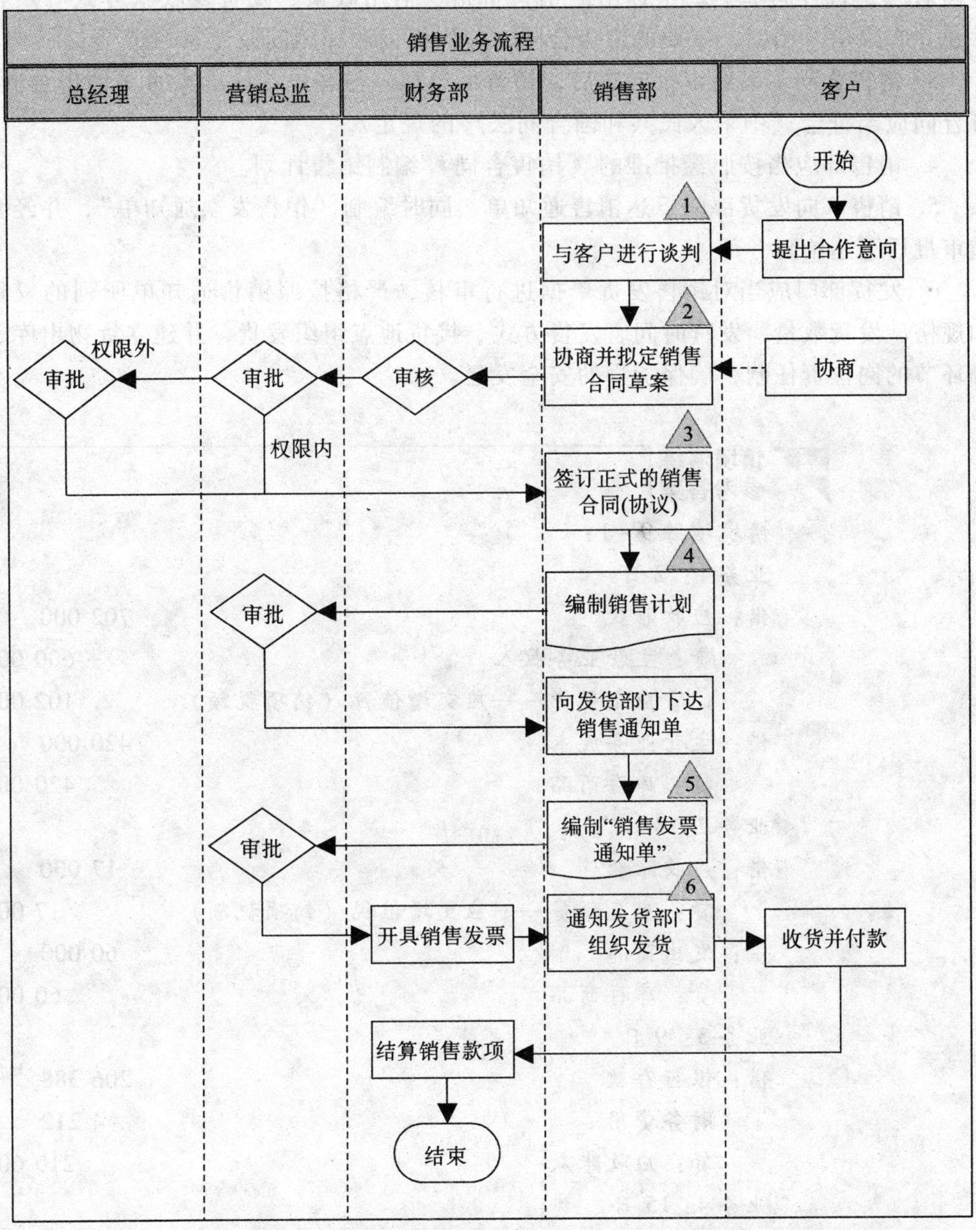

图 9－1

二、内部控制

1. 在销售合同签订之前，销售员应就销售价格、信用政策、发货及收款方式等具体事项与客户进行谈判。对谈判中涉及的重要事项，应当有完整的书面记录。

2. 销售部与客户协商后，拟定《销售合同草案》，提交给营销总监和总经理审批，营销总监和总经理依照企业规定的不同合同金额审批权限进行审批，营销总监和总经理应当对《销售合同草案》中提出的销售价格、信用政策、发货及收款方式等严格审查并建立客户信息档案。重要的销售合同，应当征询法律顾问或专家的意见。

3. 销售合同草案经审批同意后，销售部经理应与客户签订正式的《销售合同》。签订合同应当符合《中华人民共和国合同法》的规定。

4. 销售部应当按照经批准的《销售合同》编制销售计划。

5. 销售部向发货部门下达销售通知单，同时编制“销售发票通知单”，并经营销总监审批后下达给财务部。

6. 发货部门应当对销售发货单据进行审核，严格按照销售通知单所列的发货品种和规格、发货数量、发货时间、发货方式、接货地点组织发货，并建立货物出库、发运等环节的岗位责任制，确保货物的安全发运。

情境演练参考答案

情境演练9－1：

业务1：2日

借：应收账款	702 000	
贷：主营业务收入		600 000
应交税费——应交增值税（销项税额）		102 000
借：主营业务成本	420 000	
贷：库存商品		420 000

业务2：8日

借：应收账款	17 000	
贷：应交税费——应交增值税（销项税额）		17 000
借：发出商品	60 000	
贷：库存商品		60 000

业务3：9日

借：银行存款	206 388	
财务费用	4 212	
贷：应收账款		210 600

业务4：15日

借：主营业务收入	500	
应交税费——应交增值税（销项税额）	85	
贷：应收账款		585

借：主营业务成本　　3 600 000
　　贷：劳务成本　　3 600 000

情境演练9-3：

业务1：31日

借：银行存款　　100 000
　　贷：其他业务收入　　100 000

业务2：31日

借：银行存款　　500 000
　　贷：其他业务收入　　500 000
借：其他业务成本　　480 000
　　贷：累计摊销　　480 000

情境演练9-4：

业务1：

借：营业外支出　　2 000
　　贷：银行存款　　2 000

业务2：

借：固定资产清理　　10 000
　　贷：营业外收入　　10 000

业务3：

借：主营业务收入　　10 000 000
　　其他业务收入　　20 000
　　投资收益　　550 000
　　公允价值变动损益　　50 000
　　营业外收入　　10 000
　　贷：本年利润　　10 630 000

业务4：

借：本年利润　　9 418 000
　　贷：管理费用　　3 000 000
　　　　财务费用　　700 000
　　　　销售费用　　700 000
　　　　主营业务成本　　5 000 000
　　　　其他业务成本　　1 000
　　　　营业税金及附加　　10 000
　　　　资产减值损失　　5 000
　　　　营业外支出　　2 000

业务5：

借：所得税费用　　220 500

业务5：20日

借：主营业务收入　　20 00

　　应交税费——应交增值税（销项税额）　　3 40

　　贷：应收账款　　23

借：库存商品　　10 000

　　贷：主营业务成本　　10 0

业务6：22日

借：银行存款　　480 000

　　贷：预收账款　　480 000

业务7：24日

借：预收账款　　936 000

　　贷：主营业务收入　　800 000

　　　　应交税费——应交增值税（销项税额）　　136 000

借：主营业务成本　　600 000

　　贷：库存商品　　600 000

借：银行存款　　456 000

　　贷：预收账款　　456 000

业务8：25日

借：委托代销商品　　12 000

　　贷：库存商品　　12 000

业务9：28日

借：应收账款　　11 700

　　贷：主营业务收入　　10 000

　　　　应交税费——应交增值税（销项税额）　　1 700

借：主营业务成本　　6 000

　　贷：委托代销商品　　6 000

借：银行存款　　10 700

　　销售费用　　1 000

　　贷：应收账款　　11 700

情境演练9－2：

业务1：4日

借：银行存款　　5 000 000

　　贷：预收账款　　5 000 00

业务2：31日

借：劳务成本　　4 400 000

　　贷：应付职工薪酬　　4 400

借：预收账款　　4 800 000

　　贷：主营业务收入　　4 800

知识拓展

一、销售业务流程（如图9－1所示）：

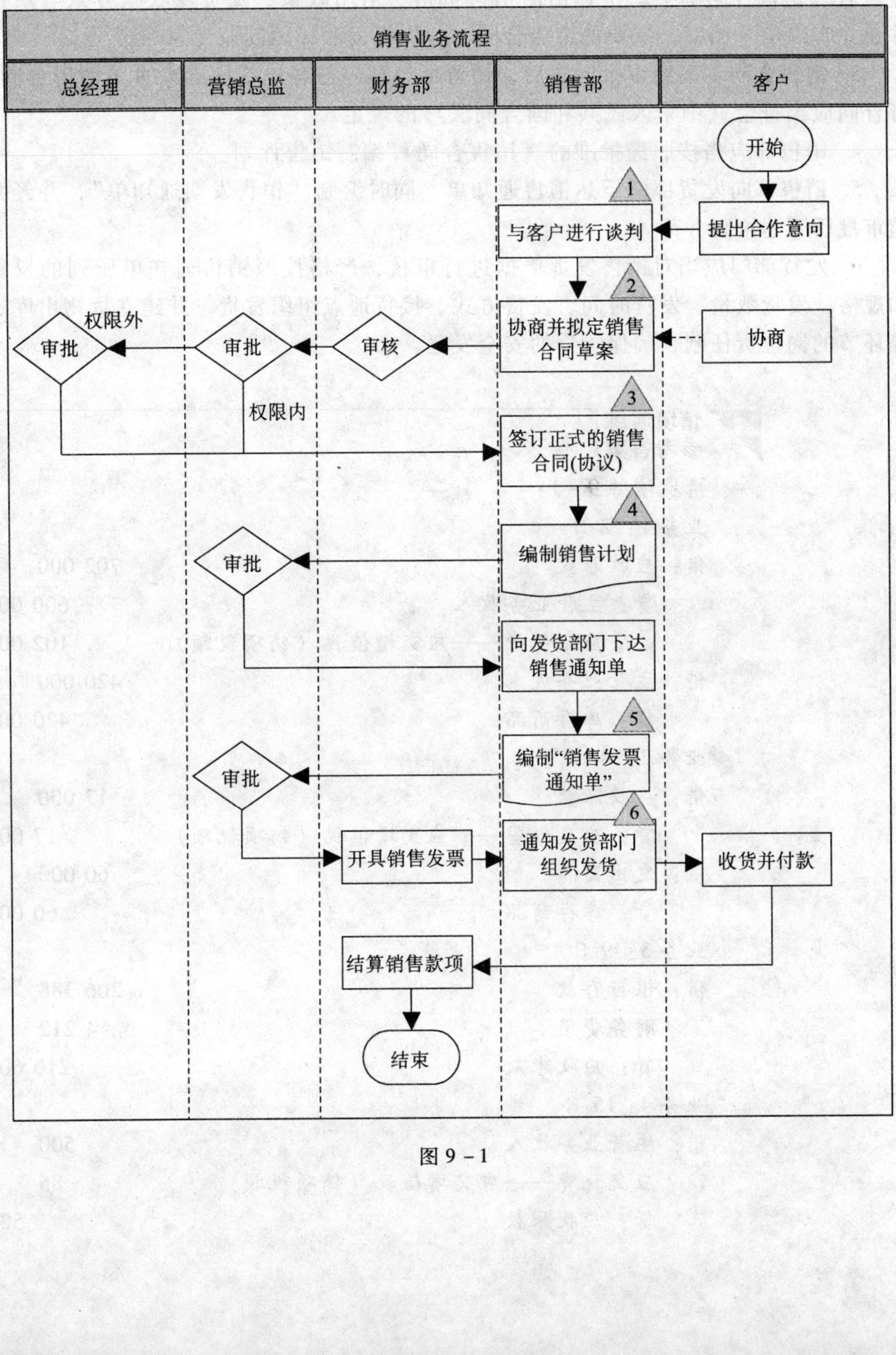

图9－1

二、内部控制

1. 在销售合同签订之前，销售员应就销售价格、信用政策、发货及收款方式等具体事项与客户进行谈判。对谈判中涉及的重要事项，应当有完整的书面记录。

2. 销售部与客户协商后，拟定《销售合同草案》，提交给营销总监和总经理审批，营销总监和总经理依照企业规定的不同合同金额审批权限进行审批，营销总监和总经理应当对《销售合同草案》中提出的销售价格、信用政策、发货及收款方式等严格审查并建立客户信息档案。重要的销售合同，应当征询法律顾问或专家的意见。

3. 销售合同草案经审批同意后，销售部经理应与客户签订正式的《销售合同》。签订合同应当符合《中华人民共和国合同法》的规定。

4. 销售部应当按照经批准的《销售合同》编制销售计划。

5. 销售部向发货部门下达销售通知单，同时编制“销售发票通知单”，并经营销总监审批后下达给财务部。

6. 发货部门应当对销售发货单据进行审核，严格按照销售通知单所列的发货品种和规格、发货数量、发货时间、发货方式、接货地点组织发货，并建立货物出库、发运等环节的岗位责任制，确保货物的安全发运。

情境演练参考答案

情境演练9-1：

业务1：2日

借：应收账款　702 000
　　贷：主营业务收入　600 000
　　　　应交税费——应交增值税（销项税额）　102 000
借：主营业务成本　420 000
　　贷：库存商品　420 000

业务2：8日

借：应收账款　17 000
　　贷：应交税费——应交增值税（销项税额）　17 000
借：发出商品　60 000
　　贷：库存商品　60 000

业务3：9日

借：银行存款　206 388
　　财务费用　4 212
　　贷：应收账款　210 600

业务4：15日

借：主营业务收入　500
　　应交税费——应交增值税（销项税额）　85
　　贷：应收账款　585

知识拓展

一、销售业务流程（如图 9－1 所示）：

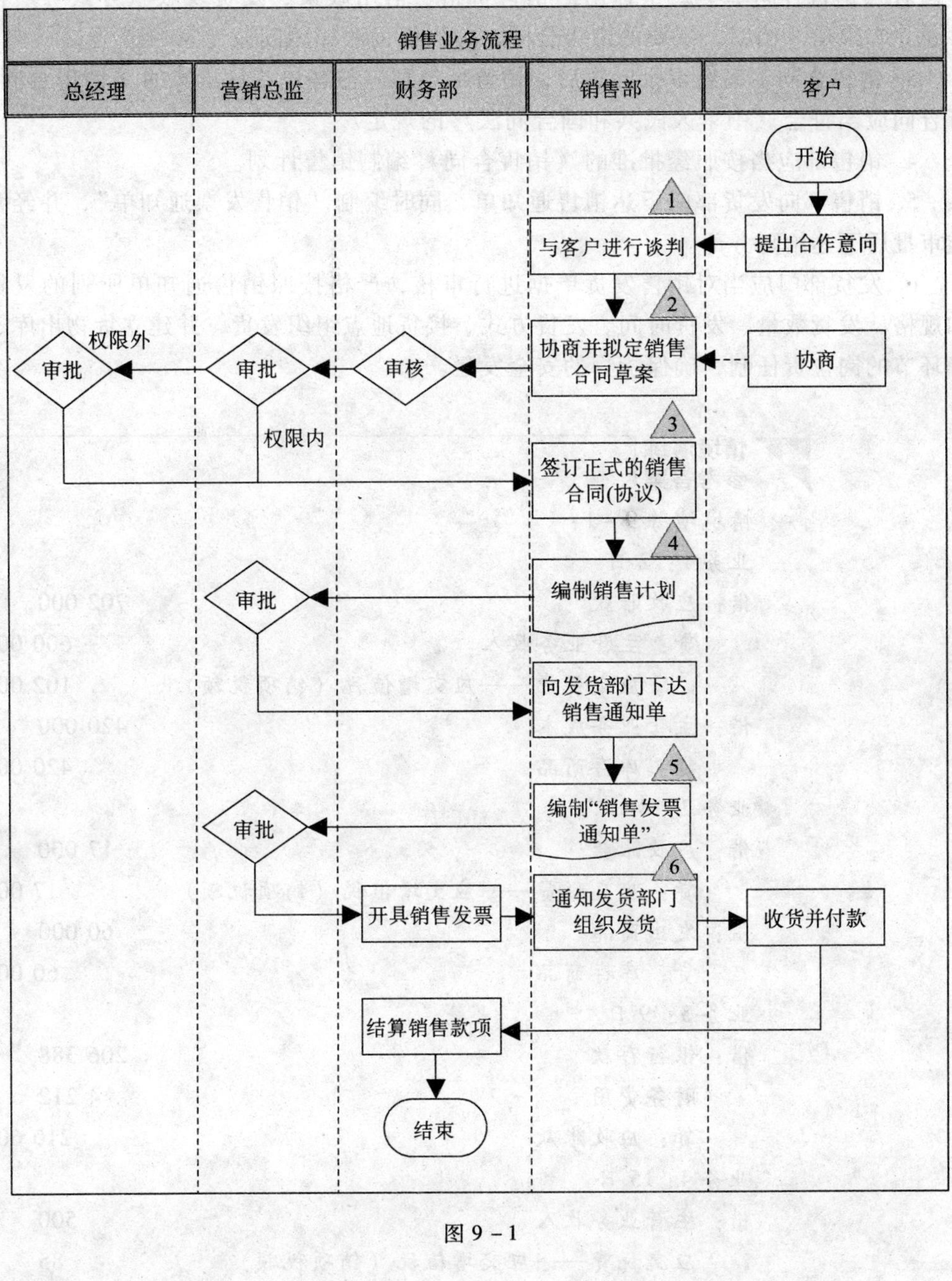

图 9－1

二、内部控制

1. 在销售合同签订之前，销售员应就销售价格、信用政策、发货及收款方式等具体事项与客户进行谈判。对谈判中涉及的重要事项，应当有完整的书面记录。

2. 销售部与客户协商后，拟定《销售合同草案》，提交给营销总监和总经理审批，营销总监和总经理依照企业规定的不同合同金额审批权限进行审批，营销总监和总经理应当对《销售合同草案》中提出的销售价格、信用政策、发货及收款方式等严格审查并建立客户信息档案。重要的销售合同，应当征询法律顾问或专家的意见。

3. 销售合同草案经审批同意后，销售部经理应与客户签订正式的《销售合同》。签订合同应当符合《中华人民共和国合同法》的规定。

4. 销售部应当按照经批准的《销售合同》编制销售计划。

5. 销售部向发货部门下达销售通知单，同时编制“销售发票通知单”，并经营销总监审批后下达给财务部。

6. 发货部门应当对销售发货单据进行审核，严格按照销售通知单所列的发货品种和规格、发货数量、发货时间、发货方式、接货地点组织发货，并建立货物出库、发运等环节的岗位责任制，确保货物的安全发运。

情境演练参考答案

情境演练 9－1：

业务1：2日

借：应收账款	702 000	
贷：主营业务收入		600 000
应交税费——应交增值税（销项税额）		102 000
借：主营业务成本	420 000	
贷：库存商品		420 000

业务2：8日

借：应收账款	17 000	
贷：应交税费——应交增值税（销项税额）		17 000
借：发出商品	60 000	
贷：库存商品		60 000

业务3：9日

借：银行存款	206 388	
财务费用	4 212	
贷：应收账款		210 600

业务4：15日

借：主营业务收入	500	
应交税费——应交增值税（销项税额）	85	
贷：应收账款		585

业务5：20日

借：主营业务收入　20 000

　　应交税费——应交增值税（销项税额）　3 400

　　贷：应收账款　23 400

借：库存商品　10 000

　　贷：主营业务成本　10 000

业务6：22日

借：银行存款　480 000

　　贷：预收账款　480 000

业务7：24日

借：预收账款　936 000

　　贷：主营业务收入　800 000

　　　　应交税费——应交增值税（销项税额）　136 000

借：主营业务成本　600 000

　　贷：库存商品　600 000

借：银行存款　456 000

　　贷：预收账款　456 000

业务8：25日

借：委托代销商品　12 000

　　贷：库存商品　12 000

业务9：28日

借：应收账款　11 700

　　贷：主营业务收入　10 000

　　　　应交税费——应交增值税（销项税额）　1 700

借：主营业务成本　6 000

　　贷：委托代销商品　6 000

借：银行存款　10 700

　　销售费用　1 000

　　贷：应收账款　11 700

情境演练9-2：

业务1：4日

借：银行存款　5 000 000

　　贷：预收账款　5 000 000

业务2：31日

借：劳务成本　4 400 000

　　贷：应付职工薪酬　4 400 000

借：预收账款　4 800 000

　　贷：主营业务收入　4 800 000

借：主营业务成本 3 600 000
　　贷：劳务成本 3 600 000

情境演练9－3：

业务1：31日

借：银行存款 100 000
　　贷：其他业务收入 100 000

业务2：31日

借：银行存款 500 000
　　贷：其他业务收入 500 000

借：其他业务成本 480 000
　　贷：累计摊销 480 000

情境演练9－4：

业务1：

借：营业外支出 2 000
　　贷：银行存款 2 000

业务2：

借：固定资产清理 10 000
　　贷：营业外收入 10 000

业务3：

借：主营业务收入 10 000 000
　　其他业务收入 20 000
　　投资收益 550 000
　　公允价值变动损益 50 000
　　营业外收入 10 000
　　贷：本年利润 10 630 000

业务4：

借：本年利润 9 418 000
　　贷：管理费用 3 000 000
　　　　财务费用 700 000
　　　　销售费用 700 000
　　　　主营业务成本 5 000 000
　　　　其他业务成本 1 000
　　　　营业税金及附加 10 000
　　　　资产减值损失 5 000
　　　　营业外支出 2 000

业务5：

借：所得税费用 220 500

　　贷：应交税费——应交所得税　220 000（1 100 000×20%）
　　　　递延所税负债　　　　　　　　　　　　500

业务6：

借：本年利润　　　　　　　　　　220 500
　　贷：所得税费用　　　　　　　　　　　220 500

业务7：

借：本年利润　　　　　　　　　　991 500
　　贷：利润分配——未分配利润　　　　　991 500

业务8：

借：利润分配——提取的盈余公积　　99 150
　　　　　　——应付普通股股利　　300 000
　　贷：盈余公积　　　　　　　　　　　　99 150
　　　　应付股利——应付普通股股利　　　300 000

业务9：

借：利润分配——未分配利润　　　399 150
　　贷：利润分配——提取盈余公积　　　　99 150
　　　　　　　　——应付普通股股利　　　300 000

10 学习情境十 筹集资金的核算

情境学习目标

- 能正确掌握短期借款、长期借款的概念；
- 能正确掌握应付债券的概念；
- 能正确掌握实收资本、资本公积、盈余公积的概念；
- 能充分了解短期借款、长期借款的内容；
- 能充分了解应付债券主要经济业务的内容；
- 能充分了解权益资本主要经济业务的内容；
- 能正确编制和审核短期借款、长期借款业务的会计凭证；
- 能正确编制和审核应付债券业务的会计凭证；
- 能正确编制和审核权益资本增减变动业务的会计凭证；
- 能完成短期借款、长期借款相关总账、明细账的建立；
- 能完成应付债券相关总账、明细账的建立；
- 能完成审核权益资本增减变动业务相关总账、明细账的建立；
- 能完成短期借款、长期借款账簿的登记；
- 能完成应付债券账簿的登记；
- 能完成权益资本增减变动业务账簿的登记；
- 能了解短期借款、长期借款账务处理结果提供的会计信息；
- 能了解应付债券账务处理结果提供的会计信息；
- 能了解权益资本增减变动业务账务处理结果提供的会计信息。

情境关键术语

筹资　短期借款　长期借款　应付债券　所有者权益

情境有关参考资料

- 《企业会计准则基本准则》

■ 《企业会计准则具体准则第 17 号——借款费用》
■ 《初级会计实务——2014 年度全国会计专业技术资格考试辅导教材》

学习子情境一 借款的核算

☞ 科目设置

为完成有关短期借款的核算工作，应设置“短期借款”科目，“短期借款”科目是用来核算企业向银行或其他金融机构等借入的期限在 1 年以下（含 1 年）的各种借款。该科目属于负债类账户，贷方记录借入的本金，借方记录偿还的本金。

为完成有关长期借款的核算工作，应设置“长期借款”科目，“长期借款”科目是用来核算企业向银行或其他金融机构等借入的期限在 1 年以上的各种借款。该科目属于负债类账户，贷方登记长期借款本息的增加额，借方登记本息的减少额，贷方余额表示企业尚未偿还的长期借款。该科目可按照贷款单位和贷款种类设置明细账，分别“本金”、“利息调整”等进行明细核算。

▣ 核算内容

一、借款概述

企业日常核算中的借款有特定的形成渠道，必须是从金融机构取得的。按照还款时间是否在一年内分为短期借款和长期借款。

短期借款是指企业从银行或其他金融机构取得的偿还期在 1 年（含 1 年）以内的借款。

短期借款的目的是满足日常流动资金周转的需要。短期借款的内容包括临时借款、生产经营周转借款、票据贴现借款、结算借款等。短期借款业务的主要内容包括取得短期借款、期末计提利息以及借款到期还本付息。

长期借款是指企业从银行或其他金融机构取得的偿还期在 1 年（不含 1 年）以上的借款。

长期借款的主要目的是满足长期资产购建的需要。长期借款的内容包括基建借款、更新改造借款、技术研发借款等。长期借款业务的主要内容包括取得长期借款，期末计提利息以及借款到期还本付息。

二、短期借款的账务处理

企业借入的各种短期借款，借记“银行存款”科目，贷记“短期借款”；归还时做相反的会计分录。在实际工作中，如果短期借款利息是按期支付的，如按季度支付利息，或者利息是 在借款到期时连同本金一起归还，并且数额较大的，企业应采用月末预提方式进行短期借款利息的核算。资产负债表日，应按计算确定的利息费用，借记“财务费用”等科目，贷记“银行存款”、“应付利息”等科目。

三、长期借款的账务处理

企业借入长期借款，应按实际收到的金额，借记“银行存款”科目，贷记“长期借款——本金”。如存在差额，还应借记“长期借款——利息调整”。资产负债表日，应按摊余成本和实际利率计算确定的长期借款的利息费用，借记“在建工程”、“制造费用”、“财务费用”、“研发支出”等科目，按合同利率确定的应付未付利息，贷记“应付利息”科目，按其差额，贷记“长期借款——利息调整”。归还长期借款本金，借记“长期借款——本金”，贷记“银行存款”科目。同时，存在利息调整余额的，借记或贷记“在建工程”、“制造费用”、“财务费用”、“研发支出”等科目，贷记或借记“长期借款——利息调整”。

典型案例

1. 短期借款的取得、归还和利息的核算。

案例 10-1：2012 年 2 月 18 日，利佰公司从银行取得一笔期限为 6 个月的借款 200 万元，年利率 6%。利息于每季度最后一个月的 22 日支付（结息日），利佰公司按月计提利息（会计分录金额单位为万元）。

2012 年 2 月 18 日，

借：银行存款　　200

　　贷：短期借款　　200

2012 年 2 月 29 日，计提利息 $=200\times6\%/360\times11=0.37$

借：财务费用　　0.37

　　贷：应付利息　　0.37

2012 年 3 月 22 日，支付利息 $=200\times6\%/360\times33=1.1$

借：应付利息　　0.37

　　财务费用　　0.73

　　贷：银行存款　　1.1

2012 年 3 月 31 日，计提利息 $=200\times6\%/360\times9=0.3$

借：财务费用　　0.3

　　贷：应付利息　　0.3

2012 年 4 月 30 日，计提利息 $=200\times6\%/360\times30=1$

借：财务费用　　　　1

　　贷：应付利息　　　　1

2012 年 5 月 31 日，计提利息 $=200\times6\%/360\times31=1.03$

借：财务费用　　　　1.03

　　贷：应付利息　　　　1.03

2012 年 6 月 22 日，支付利息 $=200\times6\%/360\times22=0.73$

借：应付利息　　　　2.33

　　财务费用　　　　0.73

　　贷：银行存款　　　　3.06

2012 年 6 月 30 日，计提利息 $=200\times6\%/360\times8=0.27$

借：财务费用　　　　0.27

　　贷：应付利息　　　　0.27

2012 年 7 月 31 日，计提利息 $=200\times6\%/360\times31=1.03$

借：财务费用　　　　1.03

　　贷：应付利息　　　　1.03

2012 年 8 月 18 日支付利息 $=200\times6\%/360\times18=0.6$

借：应付利息　　　　1.3

　　财务费用　　　　0.6

　　短期借款　　　　200

　　贷：银行存款　　　　201.9

2. 长期借款的取得、归还和利息的核算。

案例 10-2：2012 年 1 月 1 日，福耀玻璃股份有限公司从银行取得一笔期限为 3 年的借款 100 万元，年利率 6%（实际利率与合同利率相同），利息于每年 1 月 1 日支付。所筹资金用于建造一栋厂房。工程于 2012 年 2 月 1 日发生第一笔资产支出，2012 年 4 月 1 日动工建造，2013 年 6 月 30 日达到预定可使用状态。福耀玻璃股份有限公司按年计提利息。借款费用资本化金额不考虑未动用借款产生的收益。

开始资本化的时间为：2012 年 4 月 1 日；

停止资本化的时间为：2013 年 6 月 30 日；

费用化期间为：2012 年 1 月 1 日—2012 年 3 月 31 日和 2013 年 7 月 1 日— 2014 年 12 月 31 日。

2012 年 1 月 1 日，取得借款：

借：银行存款　　　　100

　　贷：长期借款——本金　　　　100

2012 年 12 月 31 日计提利息，

应提利息 $=100\times6\%\times1=6$（万元）

应予资本化的借款利息 $=100\times6\%/12\times9=4.5$（万元）

应予费用化的借款利息 $=6-4.5=1.5$（万元）

借：在建工程　　　　4.5

财务费用 1.5

贷：应付利息 6

2013 年 1 月 1 日结息：

借：应付利息 6

贷：银行存款 6

2013 年 12 月 31 日计提利息，应提利息 =6（万元）。

应予资本化的借款利息 =100×6%/12×6=3（万元）

应予费用化的借款利息 =6-3=3（万元）

借：在建工程 3

财务费用 3

贷：应付利息 6

2014 年 1 月 1 日结息，同 2013 年 1 月 1 日。

2014 年 12 月 31 日，借款利息应全部费用化，

借：财务费用 6

贷：应付利息 6

2015 年 1 月 1 日，还本付息，

借：长期借款——本金 100

应付利息 6

贷：银行存款 106

情境演练 10-1

利佰商场是一家大型商品零售企业。2012 年发生下列与借款有关的部分经济业务。企业的短期借款业务按月计提利息，每季最后一个月的 21 日与银行结息。长期借款于每年 6 月 30 日和 12 月 31 日计提利息，结息按银行约定时间办理。长期借款利息的资本化期间为 2012 年 7 月 1 日—2013 年 6 月 30 日。不考虑未使用长期借款产生的收益。

业务 1：5 月 10 日，从工商银行取得一笔期限为 3 个月的流动资金借款 300 万元，年利率 6%。

业务 2：6 月 1 日，从建设银行取得一笔期限为 2 年的借款 2 000 万元，年利率 6%，该笔借款用于修建营业用房。工程于 2012 年 6 月 10 日发生第 1 笔资产支出，2012 年 7 月 1 日动工建造。从次年起每年 7 月 1 日支付一年的利息。

业务 3：5 月 31 日，计提 5 月 10 日从工商银行取得的短期借款利息。

业务 4：6 月 21 日，向工商银行支付 5 月 10 日借入的短期借款利息。

业务 5：6 月 30 日，计提短期借款和长期借款利息。

业务 6：7 月 31 日，计提短期借款利息。

业务 7：8 月 10 日，偿还短期借款本息。

业务 8：12 月 31 日，计提长期借款利息。

要求：1. 查找资料，了解上述业务完成的过程以及涉及的部门；

2. 确认上述业务发生或完成时应取得的单据；

3. 编制上述业务的会计分录。

学习子情境二
应付债券的核算

科目设置

“应付债券”科目，用来核算应付债券发行、计提利息、还本付息等情况。该科目的贷方登记应付债券的本金和利息，借方登记归还的债券本金和利息，期末贷方余额表示企业尚未偿还的长期债券。该科目按“面值”、“利息调整”、“应计利息”等进行明细核算。企业应当设置“企业债券备查簿”，详细登记企业债券的票面金额、债券票面利率、还本付息期限与方式、发行总额、发行日期和编号、委托代售单位等资料。企业债券到期兑付，在备查簿中应予注销。

核算内容

一、应付债券概述

企业按法定程序发行偿还时间在 1 年（不含 1 年）以上的债券时，企业应达到国家规定的债券发行条件（资本金规模、盈利能力、信誉状况等），按法定程序发行。

发行债券的筹资程序：发行债券应先由股东大会作出决议；向国务院证券管理部门提出申请并提交公司登记证明、公司章程、公司债券募集办法以及资产评估报告和验资报告等；制定公司债券募集办法，其主要内容包括公司名称、债券总额和票面金额、债券利率、还本付息的期限和方式、债券发行的起止日期、公司净资产、已发行尚未到期债券总额以及公司债券的承销机构等；同债券承销机构签订债券承销协议或包销合同。

债券发行价格：平价发行、溢价发行、折价发行。

债券付息方式：一次还本付息、一次还本分期付息。

二、应付债券的核算

1. 债券发行成功时的处理。企业发行债券，应按实际收到的金额，借记“银行存款”等科目，按债券票面金额，贷记“应付债券（面值）”。存在差额的，还应借记或贷记“应付债券（利息调整）”。

2. 期末计提利息的处理。资产负债表日，对于分期付息、一次还本的债券，应按摊余成本和实际利率计算确定的债券利息费用，借记“在建工程”、“制造费用”、“财务费用”、“研发支出”等科目，按票面利率确定的应付未付利息，贷记“应付利息”科目，按其差额，借记或贷记“应付债券（利息调整）”。对于一次还本付息的债券，应按摊余成本和实际利率计算确定的债券利息费用，借记“在建工程”、“制造费用”、“财务费用”、“研发支出”等科目，按票面利率确定的应付未付利息，贷记“应付债券（应计利息）”，按其差额，借记或贷记“应付债券（利息调整）”。

3. 应付债券到期时的处理。应付债券到期、支付债券本息时，借记“应付债券（面值、应计利息）”、“应付利息”等科目，贷记“银行存款”等科目。同时存在利息调整余额的，借记或贷记“应付债券（利息调整）”，贷记或借记“在建工程”、“制造费用”、“财务费用”、“研发支出”等科目。

典型案例

1. 债券发行。

案例10-3：2012年4月22日，力帆公司成功发行一笔5年期一次还本付息的债券，面值1 000万元，票面利率8%，发行价格1 000万元。不考虑发行费用等其他因素。

借：银行存款	100 000 000	
贷：应付债券——面值		10 000 000

2. 计提利息的处理。

案例10-4：2012年12月31日，嘉华公司计提一次还本分期付息债券利息21万元，按规定其中应予资本化的部分为18万元，应予费用化的部分为3万元。该债券属于建造固定资产的专门借款。不考虑未使用资金产生的收益。

借：在建工程	180 000	
财务费用	30 000	
贷：应付利息		210 000

3. 应付债券到期时的处理。

案例10-5：利通公司偿还已到期的一笔三年期一次还本付息债券本息，共计560万元，其中本金500万元，利息60万元（已按规定计提）。

借：应付债券——面值	5 000 000	
——应计利息	600 000	
贷：银行存款		5 600 000

情境演练 10 – 2

2009 年 7 月 1 日，东方公司按面值发行三年期一次还本付息债券 200 万元，票面利率 6%（实际利率与票面利率相等），不考虑债券发行费用。所筹集的资金用于建造一条生产线。该生产线 2009 年 7 月 1 日开工（借款利息开始资本化），2010 年 6 月 30 日完工并达到预定可使用状态。假定固定资产达到预定可使用状态前的借款利息全部予以资本化。东方公司于每年 6 月 30 日和 12 月 31 日计提利息。

业务 1：2009 年 7 月 1 日，债券发行成功，收到资金 200 万元。

业务 2：2009 年 12 月 31 日，计提债券利息。

业务 3：2010 年 6 月 30 日，计提债券利息。

业务 4：2010 年 12 月 31 日，计提债券利息。

业务 5：2011 年 6 月 30 日、2011 年 12 月 31 日、2012 年 6 月 30 日计提债券利息。

业务 6：2012 年 7 月 1 日，还本付息。

要求：（1）查找资料，了解上述业务完成的过程以及涉及的部门；

（2）确认上述业务发生或完成时应取得的单据；

（3）编制上述业务的会计分录。

学习子情境三
所有者权益的核算

☞ 科目设置

“实收资本”科目，股份制企业称之为“股本”，所有者权益性质，核算企业接受投资者投入的资本金。

“资本公积”科目，所有者权益性质，核算企业接受的投资者出资额超出其在注册资本或股本中所占份额的部分以及直接计入所有者权益的利得和损失。该科目应分别设置“资本公积——资本（股本）溢价”、“其他资本公积”进行明细核算。

“盈余公积”科目，所有者权益性质，核算企业从净利润中提取的盈余公积。设置“法定盈余公积金”和“任意盈余公积金”进行明细核算。

核算内容

一、所有者权益概述

所有者权益是指资产减去负债后由所有者享有的剩余权益。其来源包括投资者投入的资本、直接计入所有者权益的利得和损失以及从净利润中形成的留存收益。具体内容包括：实收资本（股本）、资本公积、盈余公积和未分配利润。

实收资本是指全体股东或发起人实际交付并经公司登记机关依法登记的出资额或者股本总额。实收资本的构成比例即投资者的出资比例或股东的股权比例，是确定所有者在企业所有者权益中份额的基础，也是企业进行利润或股利分配的主要依据。实收资本的构成包括国家投入资本、企业投入资本、外商投入资本、个人投入资本。实收资本的形成方式包括接受现金资产投资、接受非现金资产投资。

资本公积是指企业接受投资过程中收到的投资者出资额超出其在注册资本或股本中所占份额的部分，或直接计入所有者权益的利得或损失，由全体所有者共享的一种所有者权益。资本公积包括资本（股本）溢价、其他资本公积。

留存收益是指企业从税后利润中形成的积累。包括：盈余公积和未分配利润。

二、实收资本的核算

1. 接受现金资产投资。按实际收到的现金资产，借记“银行存款”，按投资者在注册资本或股本中所占的份额，贷记“实收资本（或股本）”，按其差额，贷记“资本公积——资本溢价”。

2. 接受非现金资产投资。非现金资产的入账价值按投资合同或协议约定的价值入账，合同或协议价不公允的除外。实收资本按投资方在企业注册资本中享有的份额入账。资产的入账价值与实收资本入账价值的差额，计入“资本公积——资本溢价”。

3. 实收资本的减少。有限责任公司按法定程序减资，按减少的资本金借记“实收资本”，贷记“银行存款”等科目。股份有限公司按法定程序通过股份回购的方式减资。回购股份时，按回购价借记“库存股”，贷记“银行存款”科目，注销股本时，按回购股份的面值借记“股本”，按回购价贷记“库存股”，若回购价大于回购股份的面值，按其差额冲减“资本公积——股本溢价”，股本溢价不足冲减的部分，依次冲减盈余公积和未分配利润；若回购价小于回购股份的面值，按其差额，贷记“资本公积——股本溢价”。

三、资本公积的核算

1. 资本公积的形成。长期股权投资采用权益法核算的，在持股比例不变的情况下，被投资单位除净损益以外的所有者权益的其他变动，企业按持股比例计算应享有的份额，借记或贷记“长期股权投资——其他权益变动”科目，贷记或借记“资本公积——其他资本公积”。

2. 资本公积的减少。依据公司法的规定，资本公积只能用于转增资本。借记“资本公积”科目，贷记“实收资本”科目。

四、留存收益的核算

1. 盈余公积形成。企业从净利润中提取盈余公积金应借记“利润分配——提取法定公积金”、“利润分配——提取任意盈余公积金”科目，贷记“盈余公积——法定盈余公积金”、“盈余公积——任意盈余公积金”科目。

2. 盈余公积减少。依据公司法的规定，企业的盈余公积金可用于弥补亏损、转增资本、派发现金股利。企业动用盈余公积金弥补以前年度亏损，应借记“盈余公积”科目，贷记“利润分配——盈余公积补亏”科目；企业用盈余公积金转增资本，应借记“盈余公积”科目，贷记“实收资本”等科目；企业用盈余公积金派发现金股利，应借记“盈余公积”科目，贷记“应付股利”科目。

典型案例

1. 接受现金资产投资。

案例 10-6：张三、李四、王五三位同学商定办一家小型超市。三方在企业章程中约定，公司名称为“三四五便利店”，注册资本金 50 万元，三方的出资额分别为张三 20 万元、李四 20 万元、王五 10 万元，出资时间为 2013 年 6 月 30 日前交付完毕。该商店在 6 月 30 日前如期收到三方交付的资金分别为 20 万、20 万、10 万元，并于 2013 年 6 月 30 日办妥公司登记的相关手续，同时向张三、李四、王五出具出资证明书。

2013 年 6 月 30 日：

借：银行存款　　500 000

　贷：实收资本——张三　　200 000

　　　　　　——李四　　200 000

　　　　　　——王五　　100 000

案例 10-7：新味副食品有限责任公司，由王海一人出资设立，注册资本 100 万元，已有 2 年的经营历史。为扩大经营规模，现接受另一投资人赵迪加盟。投资合同约定赵迪交付现金资产 130 万元，享有 50% 的注册资本份额。接受赵迪投资后，2013 年 8 月 20 日，新味副食品有限责任公司注册资本变更为 200 万元。

2013 年 8 月 20 日：

借：银行存款　　1 300 000

　贷：实收资本——赵迪　　1 000 000

　　　资本公积——资本溢价　　300 000

案例 10-8：长安福特股份有限公司董事会决定并按法定程序获得批准增发股票 1 000 万股，每股面值 1 元。与银河证券公司达成承销协议：售价每股 3 元，按售价金额的 0.3% 扣收手续费等发行费用。股票发行期间产生冻结资产利息收入2万元。2013年10月20日股票出售完毕，银行证券公司将股款划入长安福特公司账户。

2013年10月20日：

借：银行存款　　29 930 000

　贷：股本　　10 000 000

　　资本公积——股本溢价　　19 930 000

2. 接受非现金资产投资。

案例10－9：创融房地产开发公司与伊博商贸公司达成协议，共同出资设立悠悠商场（零售企业），注册资本5 000万元，各享有50%的注册资本份额。双方约定：创融公司以其拥有的价值3 000万元（评估价）的一幢房屋的两层楼出资，伊博公司以2 000万元现金资产出资。2013年5月20日，悠悠商场办妥企业设立的相关手续。

借：固定资产　　30 000 000

　银行存款　　20 000 000

　贷：实收资本——创融公司　　25 000 000

　　——伊博公司　　25 000 000

3. 实收资本的减少。

案例10－10：福耀玻璃股份有限公司2013年12月31日的股本为10亿元，每股面值1元，资本公积（股本溢价）3亿元，盈余公积4亿元。董事会决定并经股东大会审议通过，福耀玻璃股份有限公司现金回购本公司股票2亿股并按法定程序注销。公司按每股3.5元回购股票，不考虑其他因素。福耀玻璃股份有限公司账务处理如下（分录单位为亿元）：

（1）回购本公司股票时，

库存股＝2（亿股）×3.5元/股＝7（亿元）

借：库存股　　7

　贷：银行存款　　7

（2）按法定程序注销股票时，

借：股本　　2

　资本公积——股本溢价　　3

　盈余公积　　2

　贷：库存股　　7

先冲减资本公积3亿，不足部分冲减盈余公积2亿。

4. 资本公积的形成。

案例10－11：吉峰农机公司对新路公司的长期股权投资采用权益法核算，拥有新路公司30%的普通股。投资后第3年，新路公司实现净利润60万元，除实现净利润外，其资本公积金增加20万元。

借：长期股权投资——损益调整　　180 000

　——其他权益变动　　60 000

　贷：投资收益　　180 000

资本公积——其他资本公积 60 000

5. 资本公积的减少。

案例 10－12：吉峰农机公司董事会决定，将资本公积金 40 万元转增资本。2013 年 3 月 10 日，完成相关增资手续。

2013 年 3 月 10 日：

借：资本公积 400 000

贷：实收资本 400 000

6. 盈余公积的形成。

案例 10－13：吉峰农机公司年初“利润分配”账户有贷方余额 60 万元。2012 年全年实现净利润 80 万元。董事会决定按税后利润的 10% 提取法定盈余公积金。

借：利润分配——提取法定公积金 80 000

贷：盈余公积——法定盈余公积金 80 000

7. 盈余公积的减少。

案例 10－14：世博有限责任公司董事会决定，动用盈余公积金 90 万元弥补以前年度亏损。

借：盈余公积 900 000

贷：利润分配——盈余公积补亏 900 000

案例 10－15：鑫鑫公司董事会决定，将盈余公积金 80 万元转增资本，将盈余公积金 40 万元用于派发现金股利。2013 年 5 月 20 日，股东大会审议通过董事会的利润分配方案，当日宣告派发。2013 年 7 月 20 日办妥有关增资手续。

2013 年 5 月 20 日：

借：盈余公积 400 000

贷：应付股利 400 000

2013 年 7 月 20 日：

借：盈余公积 800 000

贷：实收资本 800 000

情境演练 10－3

宏达公司 2010 年 1 月设立，主营机电产品的制造、销售。2010 年有关所有者权益的业务如下：

业务 1：2010 年 4 月 8 日，接受鑫源公司投入现金资产 50 万元；原材料一批，合同约定原材料价值 200 万元，增值税专用发票注明原材料进项税额 34 万元。鑫源公司在宏达公司注册资本中享有的份额为 200 万元。

业务 2：2010 年 4 月 20 日，公司董事会决定：将资本公积 40 万元转增资本，动用盈余公积金30万元向股东派发现金股利。

要求：(1) 查找资料，了解上述业务完成的过程以及涉及的部门；

(2) 确认上述业务发生或完成时应取得的单据；

(3) 编制上述业务的会计分录。

知识拓展

一、筹资业务流程（如图10－1所示）

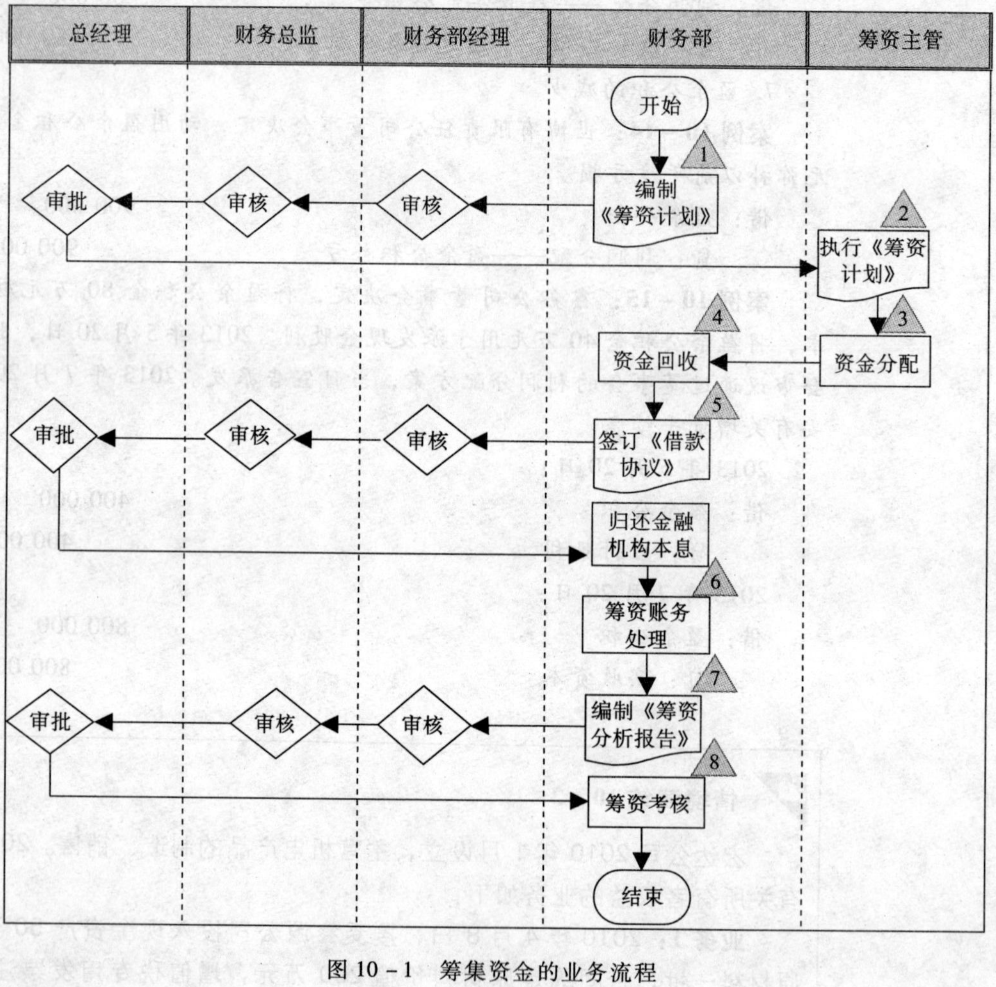

图10－1 筹集资金的业务流程

二、内部管理制度

企业在建立和实施筹资内部控制制度时，至少应当强化对以下关键方面或者关键环节的风险控制：权责分配和职责分工应当明确，机构设置和人员配备应当科学合理；筹资决策、执行与偿付各环节的控制流程应当清晰，筹资方案的拟订与审批、筹资合同的审核和签订、筹集资金的收取与使用、还本付息的审批与办理等应当有明确规定；筹资业务的会计处理应当符合国家统一的会计制度的规定。

（一）情境分工与授权批准

企业应当建立筹资业务的情境责任制，明确有关部门和情境的职责、权限，确保办理筹资业务的不相容情境相互分离、制约和监督。同一部门或个人不得办理筹资业务的全过程。筹资业务的不相容情境至少包括：筹资方案的拟订与决策；筹资合同或协议的审批与订立；与筹资有关的各种款项偿付的审批与执行；筹资业务的执行与相关会计记录。

企业应当对筹资业务建立严格的授权批准制度，明确授权批准方式、程序和相关控制措施，规定审批人的权限、责任以及经办人的职责范围和工作要求。

企业应当制定筹资业务流程，明确筹资决策、执行、偿付等环节的内部控制要求，并设置相应的记录或凭证，如实记载各环节业务的开展情况，确保筹资全过程得到有效控制。

企业应当建立筹资决策、审批过程的书面记录制度以及有关合同或协议、收款凭证、支付凭证等资料的存档、保管和调用制度，加强对与筹资业务有关的各种文件和凭据的管理，明确相关人员的职责权限。

（二）筹资决策控制

企业应当建立筹资业务决策环节的控制制度，对筹资方案的拟订设计、筹资决策程序等作出明确规定，确保筹资方式符合成本效益原则，筹资决策科学合理。

企业拟订的筹资方案应当符合国家有关法律法规、政策和企业筹资预算要求，明确筹资规模、筹资用途、筹资结构、筹资方式和筹资对象，并对筹资时机选择、预计筹资成本、潜在筹资风险和具体应对措施以及偿债计划等作出安排和说明。

企业拟订筹资方案，应当考虑企业经营范围、投资项目的未来效益、目标资本结构、可接受的资金成本水平和偿付能力。

在海外筹集资金的，还应当考虑筹资所在国的政治、法律、汇率、利率、环保、信息安全等风险以及财务风险等因素。

企业对重大筹资方案应当进行风险评估，形成评估报告，报董事会或股东大会审批。评估报告应当全面反映评估人员的意见，并由所有评估人员签章。未经风险评估的方案不能进行筹资。

企业拟定筹资方案，应具备一个以上方案作为比较分析。企业需要综合筹资成本和风险评估等因素对方案进行选定。

企业对于重大筹资方案，应当实行集体决策审批或者联签制度。决策过程应有完整的书面记录。企业筹资方案需经国家有关管理部门或上级主管单位批准的，应及时报请批准。

企业应当建立筹资决策责任追究制度。对重大筹资项目应当进行后评估，明确相关部门及人员的责任，定期或不定期地进行检查。

（三）筹资执行控制

企业应当建立筹资决策执行环节的控制制度，对筹资合同的订立与审核、资产的收取等作出明确规定。

企业应当根据经批准的筹资方案，按照规定程序与筹资对象、中介机构订立筹资合同或协议。企业相关部门或人员应当对筹资合同或协议的合法性、合理性、完整性进行审核，审核情况和意见应有完整的书面记录。

筹资合同或协议的订立应当符合《中华人民共和国合同法》及其他相关法律法规的规定，并经企业有关授权人员批准。重大筹资合同或协议的订立，应当征询法律顾问或专家的意见。

企业筹资通过证券经营机构承销或包销企业债券或股票的，应当选择具备规定资质和资信良好的证券经营机构，并与该机构签订正式的承销或包销合同或协议。

企业变更筹资合同或协议，应当按照原审批程序进行。

企业应当按照筹资合同或协议的约定及时足额取得相关资产。

企业取得货币性资产，应当按实有数额及时入账。

企业取得非货币性资产，应当根据合理确定的价值及时进行会计记录，并办理有关财产转移手续。对需要进行评估的资产，应当聘请有资质的中介机构及时进行评估。

企业应当加强对筹资费用的计算、核对工作，确保筹资费用符合筹资合同或协议的规定。

企业应当结合偿债能力、资金结构等，保持足够的现金流量，确保及时、足额偿还到期本金、利息或已宣告发放的现金股利等。

企业应当按照筹资方案所规定的用途使用对外筹集的资金。由于市场环境变化等特殊情况导致确需改变资金用途的，应当履行审批手续，并对审批过程进行完整的书面记录。严禁擅自改变资金用途。

企业应建立持续符合筹资合同条款的内部控制制度，其中应包括预算不符合条款要求的预警和调整制度。

国家法律、行政法规或者监管协议规定应当披露的筹资业务，企业应及时予以公告和披露。

（四）筹资偿付控制

企业应当建立筹资业务偿付环节的控制制度，对支付偿还本金、利息、租金、股利（利润）等步骤、偿付形式等作出计划和预算制度安排，并正确计算、核对，确保各项款项偿付符合筹资合同或协议的规定。

企业应当指定财会部门严格按照筹资合同或协议规定的本金、利率、期限及币种计算利息和租金，经有关人员审核确认后，与债权人进行核对。本金与应付利息必须和债权人定期对账。如有不符，应查明原因，按权限及时处理。

企业支付筹资利息、股息、租金等，应当履行审批手续，经授权人员批准后方可支付。

企业通过向银行等金融机构举借债务筹资，其利息的支付方式也可按照双方在合同、协议中约定的方式办理。

企业委托代理机构对外支付债券利息，应清点、核对代理机构的利息支付清单，并及时取得有关凭据。

企业应当按照股利（利润）分配方案发放股利（利润），股利（利润）分配方案应当按照企业章程或有关规定，按权限审批。

企业委托代理机构支付股利（利润），应清点、核对代理机构的股利（利润）支付清单，并及时取得有关凭据。

企业以非货币资产偿付本金、利息、租金或支付股利（利润）时，应当由相关机构或人员合理确定其价值，并报授权批准部门批准，必要时可委托具有相应资质的机构进行评估。

企业财会部门在办理筹资业务款项偿付过程中，发现已审批拟偿付的各种款项的支付方式、金额或币种等与有关合同或协议不符的，应当拒绝支付并及时向有关部门报告，有关部门应当查明原因，作出处理。

企业以抵押、质押方式筹资，应当对抵押物资进行登记。业务终结后，应当对抵押或质押资产进行清理、结算、收缴，及时注销有关担保内容。

企业对外筹资业务的会计处理，应当符合国家统一的会计制度的规定。

情境演练参考答案

情境演练 10－1：

业务 1：

借：银行存款	3 000 000	
贷：短期借款		3 000 000

业务 2：

借：银行存款	20 000 000	
贷：长期借款——本金		20 000 000

业务 3：

借：财务费用	10 500	
贷：应付利息		10 500

业务 4：

借：财务费用	10 500	
应付利息	10 500	
贷：银行存款		21 000

业务 5：

借：财务费用	104 500	
贷：应付利息		104 500

业务 6：

借：财务费用	15 000	
贷：应付利息		15 000

业务 7：

借：财务费用	5 000	

　　应付利息　　19 500
　　贷：银行存款　　24 500

业务8：

借：在建工程　　600 000
　　贷：应付利息　　600 000

情境演练10－2：

业务1：

借：银行存款　　2 000 000
　　贷：应付债券——面值　　2 000 000

业务2：

借：在建工程　　60 000
　　贷：应付债券——应计利息　　60 000

业务3：

借：在建工程　　60 000
　　贷：应付债券——应计利息　　60 000

业务4：

借：财务费用　　60 000
　　贷：应付债券——应计利息　　60 000

业务5：

借：财务费用　　60 000
　　贷：应付债券——应计利息　　60 000

业务6：

借：应付债券——应计利息　　360 000
　　　　　　——面值　　2 000 000
　　贷：银行存款　　2 360 000

情境演练10－3：

业务1：

借：银行存款　　500 000
　　原材料　　2 000 000
　　应交税费——应交增值税（进项税额）　　340 000
　　贷：实收资本——鑫源公司　　2 840 000

业务2：

借：资本公积　　400 000
　　贷：实收资本　　400 000

借：盈余公积　　300 000
　　贷：应付股利　　300 000